Kunst-Reiseführer in der Reihe DuMont Dokumente

Zur schnellen Orientierung sind die im Text eingehend beschriebenen Städte für den Reisenden hier alphabetisch aufgeführt:

(Ein ausführliches Orts- und Sachregister finden Sie auf den Seiten 239ff.)

In der vorderen Umschlagklappe: Übersichtskarte Belgien

In der hinteren Umschlagklappe: Verbrennung Ketzerischer ›Minderer Brüder‹ in Brügge

Il sommeillait paisible, on le croyait dompté
Et fier d'un tel succès tout un peuple d'esclaves
Écrasait son repos sous d'ignobles entraves.
Mais soudain retentit un cri de liberté
Le Lion se réveille... Et chaînes et Bataves
Tout disparaît devant son regard irrité

Ernst Günther Grimme

Belgien

Spiegelbild Europas

DuMont Buchverlag Köln

Umschlagvorderseite: Brüssel, Blumenmarkt auf dem Grote Markt/Grand' Place
Umschlagklappe vorn: Jan van Eyck, Ausschnitt aus dem ›Genter Altar‹. Gent, St.-Baafskathedraal
Umschlagrückseite: Brügge, Huidevettersplein
Frontispiz S. 2: Der belgische Löwe zerreißt seine Ketten. Lithographie von Eugène Verbroeckhoven
In der hinteren Umschlagklappe:
Verbrennung ketzerischer ›Minderer Brüder‹ in Brügge, Radierung von Frans Hogenberg

Für sorgfältige redaktionelle Betreuung und konstruktive Hinweise habe ich Frau Inge Bodesohn sehr zu danken.

E. G. G.

Autor und Verlag danken Herrn Jean Gyory, Pressechef des Generalkommissariats für Fremdenverkehr in Brüssel, und Frau Ilse Lützenkirchen, Direktorin des Belgischen Verkehrsamts in Düsseldorf, für ihre Hilfe und Unterstützung.

12. Auflage 1992

Satz: Rasch, Bramsche
Druck: Interdruck GmbH, Leipzig
Buchbinderische Verarbeitung: Leipziger Verlags- und Druckereigesellschaft mbH

Printed in Germany ISBN 3-7701-0825-6

Inhalt

»Ich bin davon überzeugt, dass unsere geliebte Heimat Niederland – La Flandria nostra carissima – einmal auf ihre herrliche Kunst stolz sein wird.«

Peter Paul Rubens 1640

Einführung

»Belgien ist ein wundervolles Kunstbuch . . «
(Eugène Fromentin, 1875)

Rom und Burgund, Spanien und Österreich, Frankreich, Holland und Deutschland – sie alle haben zur Geschichte Belgiens beigetragen und seiner Kunst den Charakter europäischer Vielfalt gegeben. Geographisch eine Einheit mit den Niederlanden, erstreckt sich die weite Ebene durchgehend von Holland bis Flandern, im Osten durch das waldige, felsenreiche Hochland der Ardennen – einem Teil des rheinischen Schiefergebirges – mit dem Maastal begrenzt, im Westen sein Gesetz durch die Herausforderung des Meeres empfangend. Hier, von der Yser bis zur Schelde, gibt es Landstriche, deren Polder unter Meereshöhe liegen und zur See hin durch Dämme geschützt werden. Dagegen erreichen die Ebenen Brabants, des Hennegaus, Limburgs sowie Teile der Provinz Lüttich eine Höhe von 50 bis 200 Metern. Das Ardennenvorland des sogenannten Condroz steigt bis zu 300 Metern an, und das Ardennenmassiv selbst erreicht im belgisch-deutschen Grenzgebiet bei 'Signal de Botrange' mit 694 Metern Belgiens höchsten Punkt.

Die großen Sonderleistungen, die der Kunst des Abendlandes auf diesem rund 30500 km^2 großen Gebiet zuwuchsen – seien es die mittelalterlichen Goldschmiedearbeiten des Maaslandes, die Tafelmalerei von den Gebrüdern van Eyck bis Memling, das Phänomen Bruegel oder die Kunst des Rubens –, lassen sich nicht unter dem Begriff 'belgische Kunst' zusammenfassen. Denn als Belgien 1830 seine nationale Unabhängigkeit erhielt, war damit eine Entwicklung abgeschlossen, die in ständigem Nehmen und Geben die großen europäischen Kulturnationen zu gebetenen oder ungebetenen Partnern gemacht hatte. So gewöhnte man sich daran, von einer »Kunst in Belgien« zu sprechen, die den südniederländisch-flandrischen und den wallonischen Anteil umfaßt.

Ins Licht der Geschichte treten die vorwiegend keltischen ›Belgae‹ in Cäsars gallischen Kriegen. Unter Ambiorix leisten die Eburonen den Römern verzweifelten Widerstand, und den Sieg über die Nervier auf belgischem Boden feiert noch Marcus Antonius bei Cäsars Begräbnis als hervorragendes Ereignis. Es markiert für die Provinz Gallia Belgica den Beginn der fast fünfhundertjährigen Pax Romana, die dem Lande neben fortschreitender Romanisierung die Verbindung zu den Zentren der spätantiken Welt schafft, Straßen entstehen, die vom heutigen Bavai über Tongeren und Maastricht nach Köln führen und Doornik mit Trier verbinden. Längs dieser Verkehrswege finden sich hypokaustbeheizte* Villen mit reichem Mosaikschmuck. Mehr und mehr verdrängen die in Tempeln verehrten römischen Gottheiten die einheimischen Götter.

Zu Anfang des 4. Jh. beginnen römische Kultur und Lebensart wegen der Sturmfluten, die das Rheindelta und die flandrische Küste verwüsten, und der Einbrüche rechtsrheinischer kriegerischer Stämme zu erlöschen. Mehr und mehr erstarkt im Maasland und im Scheldebecken fränkischer Einfluß. Das Gebiet zwischen Schelde und Somme beherrscht um 476 der Franke Childerich von seiner Residenz Tournai aus. Mit der Gründung des Tongerner Bistums durch Servatius im 4. Jh. setzt die Christianisierung ein, die freilich erst im 8. Jh. nach der 721 erfolgten Verlegung des Bischofssitzes nach Lüttich abgeschlossen werden kann. Klostergründungen bilden Pflanzstätten einer monastischen Kunst und Kultur. Dem mächtigsten der Pippiniden, Karl dem Großen, der vermutlich in dem Lütticher Vorort Herstal geboren wurde, dankt das Land neu einsetzende Erschließung durch Bodenreform und Anteil an der kulturellen Leistung der karolingischen Renaissance. Bis zum Jahre 843 währt die Frankenherrschaft. Im Verduner Vertrag wird Flandern durch die an der Schelde verlaufende Trennungslinie von den wallonischen Provinzen, die nunmehr dem lotharingischen Reich integriert werden, getrennt. Neuerliche Teilungen des Mittelreiches und Besitzwechsel sorgen ab dem 9. Jh. für Unruhe und Gefahr, bis 925 die Einschmelzung in das Ostreich Heinrichs I. erfolgt, wodurch Lothringen eines der fünf deutschen Stammesherzogtümer wird. Von nun an verläuft die Grenze Deutschlands an der Schelde, während sich die zwischen Schelde und Meer gelegene Grafschaft Flandern unter vorwiegend französischer Oberhoheit zu einer der kraftvollsten Territorialherrschaften des ganzen Mittelalters entwickelt. Die Besonderheit der Situation charakterisiert ein Lütticher Kanonikus in der Mitte des 11. Jh.: »So ist denn dieses unser Land das letzte in Gallien und das erste von Germanien, beider teilhaftig und zugleich von beiden verschieden.«

Nur einen Tagesritt von Karls des Großen Aachener Pfalz entfernt, entfaltet sich in Lüttich nach dem Niedergang des Karolingerreiches eine Pflegestätte abendländischen Denkens, die vornehmlich unter Bischof Notker (972–1008) der Stadt den Beinamen ›Athen des Nordens‹ einbringt. Auf einer Elfenbeinplatte, die den Buchdeckel eines Evangeliars ziert (Lüttich, Maison Curtius, Abb. 12) sieht man Notker, der sich von seiner Cathedra erhoben hat und niederkniend sein Evangeliar auf dem Altar des Heiligtums niederlegt: »Siehe, von der Last der Sünde gedrückt, beuge ich, Notker, das Knie vor Dir, der mit einem Wink das All erzittern läßt«, kündet eine umlaufende Inschrift. Über menschliches Maß erhaben thront über dem knienden Notker Christus in der Mandorla, die Rechte segnend erhoben, mit der Linken das Buch des Lebens haltend. Die vier Evangelistensymbole begleiten ihn, sein Thron ist das Weltall, der Kreuznimbus umfängt sein Haupt. Die kleine Elfenbeinplatte läßt wesentliche Elemente der Stilbildung an der Jahrtausendwende erkennen. Im Gegensatz zu dem fast 200 Jahre früher wohl auch in Lüttich entstandenen Diptychon von Genoels-Elderen

* Antike Heizanlage unter einem Raum

(Brüssel, Königliche Museen für Kunst und Geschichte, Abb. 53), in dem sich insulare Einflüsse mit oberitalienischen Formen mischen, deutet die Notkerplatte auf das byzantinische Vorbild, das, durch die karolingische Renaissance hindurchgegangen, Ost- und Weströmisches miteinander vereint.

Trotz einschneidender Veränderungen lassen in Lüttich, dem Sitz des Suffragans der Kölner Erzdiözese, die Kirchen St-Jean, St-Denis und die doppelchörige Anlage von Ste-Croix erkennen, wie unter Notker die ottonische Architektur des Rheinlandes auch in Lüttich und seinem Strahlungsraum an Einfluß gewinnt. Am eindrucksvollsten führt die erstmals 1046 geweihte und im letzten Krieg schwer getroffene Gertrudenkirche in Nivelles das Denken in plastischen, kraftvoll sich zusammenfügenden Raumkörpern vor Augen, das die Baukunst zu Beginn des 11. Jh. charakterisiert.

Das Zeitalter der Kreuzzüge bringt die neuerliche Begegnung mit Byzanz. Lothringische Ritter unter Führung Gottfrieds von Bouillon sind an der Eroberung Jerusalems 1099 beteiligt. Gottfried selbst wird der erste Regent des ›Königreiches Jerusalem‹. Doch die glänzenden Erfolge im fernen Land schwächen die Macht im eigenen. Mehr und mehr verliert die Feudalaristokratie ihre Macht an die aufstrebenden Städte und Stände. Das 12. Jh. sieht im Scheldegebiet den Aufstieg der Stadt Tournai. Durch die Vermittlung des hl. Bernhard von Clairvaux 1146 wieder zum Bistum erhoben, wächst nun in mehr als hundertjähriger Bauzeit eine fünftürmige Kathedrale in den Himmel des Hennegaues, in der Romanik und Gotik in kühner Synthese verschmolzen sind. Die Schatzkammer bewahrt in dem Marien- und Eleutheriusschrein Reliquiensarkophage, die die Endphase der rhein-maasländischen Schreinstradition vor Augen führen. Die Reliquienbehälter von Visé und Huy, Amay und Stavelot charakterisieren die Entwicklung, in der Goldschmiede des Maaslandes eine Sonderform des Schreinreliquiars geschaffen hatten, dessen großer Vollender Nicolaus von Verdun mit dem Schrein der Heiligen Drei Könige in Köln und dem Marienschrein von Tournai werden sollte. Der Figurenstil läßt den Einfluß französischer Kathedralgotik erkennen und die bis dahin dominierende byzantinische Komponente zurücktreten. Wie so oft ist es bei Nicolaus von Verdun die Strahlungskraft eines großen Einzelnen, die zur Stilbildung einer ganzen Epoche entscheidend beiträgt. Ein Jahrhundert zuvor hatte Reiner von Huy mit seinem Gelbgußtaufbecken (1107–1118) für die Lütticher Kirche Notre-Dame-aux-Fonts (heute in St-Barthélemy) der maasländischen Metallkunst des 12. Jh. den entscheidenden Impuls zum ›style mosan‹ gegeben. Zweihundert Jahre nach dem Auftreten des Meisters aus Verdun bereiten die Gebrüder van Eyck die große Epoche südniederländischer Tafelmalerei vor und führen sie im Genter Altar zu einem ersten Höhepunkt.

Damit wird ein Wesenszug der ‘Kunst in Beligen’ angesprochen: Gemäß der ausgeprägten Eigenart der Grafschaften, Herzogtümer und Städte, die jedoch ein Sichoffenhalten zu den Zentren europäischer Kunst und Kultur einschließt, entwickelt sich in Lüttich und Namur, Brüssel und Antwerpen, Mechelen und Löwen, Gent und Brügge eine ‘Individualkunst’, die stärker als anderwärts von einer Fülle großer Einzelpersönlichkeiten getragen wird.

Wirtschaftliche Prosperität, sichtbar geworden am Aufstieg der Städte im 13. Jh., bildet den Hintergrund für die Blütezeit gotischer Kunst in Belgien. Namentlich ist es die Leinenweberei, die vornehmlich im Raum von Gent beheimatet war, aus der die verschiedenen Zweige der Textilverarbeitung wuchsen, die zum wirtschaftlich so bedeutenden Austausch mit England führt.

Selbst in Flandern dezimieren die Stadtregimenter die Allgewalt der Grafen, und schon um die Mitte des 13. Jh. besitzt Brügge das englische Tuchmonopol.

Die Sakralarchitektur, die in der Romanik das rheinische Triconchosmotiv aufgegriffen hatte, wird nun ganz von der übermächtigen Formkraft der französischen Gotik geprägt. Sie bestimmt den Neubau des Kathedralchores von Tournai. Seine Architekten müssen Soissons und Amiens gekannt haben.

Zünfte und Kaufleute werden in wachsendem Maße zu Auftraggebern von profaner Architektur. Sie bestimmt mit Gildehäusern, Tuch- und Fleischhallen, Treppengiebeln und umwehrten Stadtburgen das Bild der hoch- und spätmittelalterlichen Städte. Mehr und mehr sammeln sie als 'Staat im Staat' Macht und Ansehen und stellen zusammen mit Adel und Bauern den Heerbann, wenn es – wie in der 'Sporenschlacht' bei Kortrijk 1302 – darum geht, die Selbständigkeit des Landes zu sichern und einen so mächtigen Gegner wie das französische Ritterheer in offener Feldschlacht zu besiegen.

Am nachhaltigsten künden die 'Belfriede' vom Selbstbewußtsein und Reichtum der Städte. Aus hölzernen Wachtürmen entwickeln sie sich als Wahrzeichen Flanderns, des Hennegaus und des Artois. Indem sie im Stadtbild der Sakralarchitektur einen gewichtigen profanen Widerpart gegenüberstellen, überragen sie die Märkte mit ihren Tuchhallen, Rathäusern und Zunftbauten.

Fast ein Jahrhundert – von 1384 bis 1473 – währt die Herrschaft der vier Herzöge von Burgund, in der beinahe das ganze Gebiet der Niederlande zu einem mächtigen Reich, dessen Hauptstadt von Dijon nach Brüssel verlegt worden war, vereinigt wurde. Die Erinnerung an das alte Königreich Lotharingien wird lebendig, als 1430 Herzog Philipp, den man den Guten nannte, Brabant seinem Reich hinzugewinnen kann. Im gleichen Jahr verbindet sich der Burgunderherzog mit der portugiesischen Königstochter Isabella und gründet unter dem Zeichen des Goldenen Vlieses einen Ritterorden, der seinen weltweiten Anspruch vor mystisch gefärbtem Hintergrund mit der Sage des Argonautenzuges verknüpft.

Während in Löwen seit 1425 die neugegründete Universität namentlich zu einem Zentrum der europäischen Rechtswissenschaft wird, malen die van Eycks ihr gewaltiges Weltgedicht des Genter Altares und stellt der jüngere von beiden – Jan – die Mächtigen des Staates in seinen Porträts des Kanzlers Rolin und des Finanzmannes Arnolfini vor. Am Hofe Karls des Kühnen, einem Sohn Philipps, wird das burgundische Hofzeremoniell, das fast Ritual-Charakter hat, zum Vorbild für die großen europäischen Fürstenhöfe. Und Heilige können, wie es die *Mystische Vermählung der hl. Katharina* in Memlings Brügger Altarbild (vgl. S. 177) zeigt, die Züge der Maria von Burgund und der Margareta von York annehmen. So wird das burgundische Reich zur riesigen Bühne, auf der das Schaustück vom ›Herbst des Mittelalters‹ inszeniert wird.

Unter Karl dem Kühnen gewinnt es Züge der Tragödie, die von der grausigen Zerstörung Lüttichs als eines Bundesgenossen Frankreichs zur Katastrophe von Nancy (1477) führt, bei der der Herzog selbst den Tod findet. Damit hat der Traum von der Wiedererrichtung des alten lotharingischen Mittelreiches ein dramatisches Ende gefunden. Malend begleiten die 'Primitiven' Aufstieg und Untergang des Burgunderreiches. Selten hat sich infolge der verfälschenden Eindeutschung eines französischen Ausdrucks in der Kunstgeschichte ein unglücklicherer Begriff eingenistet als der von den 'primitiven' Malern des 15. Jh. Ihre Orientierung in der Welt, das Aufbrechen des Goldgrundes und die Hereinnahme des Landschaftsprospektes ins Bild, die Neubewertung des 'Sichtbaren', die Erfassung des 'Realen', die Projektion der alten Heilsgeschichten vor der Kulisse der burgundischen Kultur, die Integration des Porträts in den überkommenen Bilderkosmos, alles dies läßt sie zu den großen Erfindern innerhalb der europäischen Kunstgeschichte werden, die zu dieser Zeit ihre stilbildenden Zentren in Gent und Brügge, Brüssel und Antwerpen hat.

Gefördert von kongenialen Mäzenen, wird der Künstler 'hoffähig'. So erscheinen in den Rechnungen von Philipps des Guten die Namen von 176 Malern. Sein Kanzler Rolin bestellt bei Jan van Eyck die *Rolin-Madonna.* Für den Schatzmeister Pieter Bladelin malt Rogier van der Weyden den *Bladelin-Altar* (Berlin-Dahlem, Gemäldegalerie). Doch die Herren der Stadtparlamente, der Klerus und die Kaufleute stehen nicht zurück. Brüssel verpflichtet Rogier van der Weyden, und Dirk Bouts wird zum Stadtmaler von Löwen berufen. Es entspricht dem Stolz der städtischen Gemeinwesen, wenn nunmehr in den sogenannten ›Gerechtigkeitsbildern‹, mit denen Rogier van der Weyden und Dirk Bouts die Rathaussäle von Brüssel und Löwen schmücken, ein neues ikonographisches Thema neben die gewohnten Motive des Alten und Neuen Testamentes, der Heiligenlegenden und Andachtsbilder tritt. Drei Jahre nach der Schlacht von Nancy besucht Erzherzog Maximilian von Österreich, der durch seine Heirat mit Karls Erbin, der Herzogin Maria, Burgund an Habsburg gebracht hatte, das Atelier des Dirk Bouts. Und wie die Maler, unberührt von politischem Wandel, in ihren Bildern fortfahren, durch den Wohllaut ihrer Farben, den zarten Lyrismus ihrer Bilderfindung das Irdische zu transzendieren, so bewahren sich die niederen Lande zwischen Frankreich, Deutschland und England ihre Eigenart. Burgund war kein Zwischenspiel, »sondern das Fundament für die neuzeitliche Geschichte der Niederlande« (Leo Delfoss).

Parallel zur Kunst der Tafelmalerei entwickelt sich die Bildweberei. Maler waren es auch, die die Entwürfe für die großen Gobelinmanufakturen in Arras und Tournai schufen. 'Wandernde Thronsäle' entstehen, mit deren Hilfe Glanz und Repräsentanz der Hofhaltung 'mobil' wurden und die Mächtigen auf ihren Reisen durch das Land begleiteten. In Brüssel gründet man um 1448 eine eigene Zunft der 'tapissers', die die Kunst der gewirkten Bildteppiche im 16. Jh. zu höchster Blüte führt. Von biblischen Themen reicht das Repertoire zu Zyklen von Rittergeschichten, der Darstellung der ›Neuf Preux‹ (Neuen Ritter), bis hin zu aktualisierten Szenenfolgen des Trojanischen Krieges. Die Miniaturen der reich illuminierten Handschriften boten ein schier unerschöpfliches Vorlagenmaterial.

Im Jahre 1500 wird in Gent der 'burgundische Habsburger' Karl V. geboren, der sich später gerne noch ›Graf von Gent‹ nennen läßt. Mit zwanzig Jahren zum Kaiser gekrönt, vereinigt er die 17 niederländischen Provinzen, die er als Kernland seines Weltreiches empfindet, zu einem vergleichsweise selbständigen, von einem Statthalter verwalteten Staat. Als Karl V. 1556 abdankt, fallen die Niederlande an Spanien.

Philipp II. (1556–98) versucht, seine Herrschaft gegen die Rechte der Stände und des Adels durchzusetzen und mit fanatischer Intoleranz den Protestantismus auszurotten. Im Bildersturm des Jahres 1566 werden in blinder Wut Altäre beraubt und Kirchenschätze geplündert.

Die Architektur zeigt noch vorwiegend spätgotischen Charakter. Im Gegensatz zur französischen Kathedralbaukunst, der die Turmfassade der Kathedrale in Brüssel noch verpflichtet war, wachsen vornehmlich seit der 2. Hälfte des 15. Jh. Kirchtürme über das Dächergewirr der Städte. Der Mechelner Romboutsturm sollte gar eine Höhe von 168 Metern erreichen. Hier wie auch in den Türmen der Antwerpener O.-L.-Vrouwekathedraal bleibt das Erreichte hinter dem Geplanten zurück.

Erst das Antwerpener Rathaus, das 1565 von Cornelis II. Floris de Vriendt vollendet wird, zeigt mit seinem Rustikalsockel, der pilastergegliederten Fassade und der offenen Loggia unter dem Dach die ausgeprägten Merkmale einer flämischen 'Renaissance', die trotz mannigfacher Detailübernahmen im wesentlichen am Typ des alten flandrischen breitgelagerten Rathauses mit betontem spitzgiebeligen Mitteltrakt und hohem Dach festhält. Die Kontinuität zu den Palladien städtischer Freiheit in Brüssel, Löwen und Kortrijk bleibt gewahrt.

Die Malerei öffnet sich zwar der neuen Botschaft italienischer Renaissancekunst, doch überwiegt bei dem Antwerpener Quentin Massys (Quinten Metsys) oder den Wallonen Joachim Patinir und Herry met de Bles die an Bouts und Gerard David anknüpfende Tradition. Erst der aus Maubeuge stammende Jan Gossaert sichert der Malerei einen neuen 'romanistischen' Primat. Adam und Eva werden zum 'Vorwand', ein vollendetes Aktstudium bildwirksam werden zu lassen.

Man hat versucht, Reflexe der spanischen Unterdrückung in der Bilderwelt der flämischen Maler zu erkennen und glaubte in den Schergen des Herodes in Pieter Bruegels *Bethlehemitischem Kindermord* (Wien, Kunsthistorisches Museum) die Soldaten des spanischen Herzogs Alba, der Philipps Statthalter in den Niederlanden war (1567–73), wiederzuerkennen. Vielleicht spiegelt die elementare Traurigkeit der beiden grausam angeketteten Affen in Bruegels Berliner Bild mit der Hintergrundlandschaft von Antwerpen etwas von der kreatürlichen Not, die diese spanische Besatzungszeit verbreitete.

Man schreibt das Jahr 1563. Bruegel ist von Antwerpen nach Brüssel gezogen. Wenig später malt er mit seinen ›Monatsbildern‹ eine Pastoralsymphonie, wie sie in der Kunstgeschichte nicht ihresgleichen hat. Von ferne nur erinnert man sich an die Vorstufen in den Kalenderbildern der Buchmalerei, die sich vornehmlich seit den Stundenbüchern der Brüder von Limburg und der ›Heures de Milan‹ von van Eyck in der Kunst des Kleinformatigen, Überfeinerten und dabei doch Wegbereitenden zur charakteristi-

Herzog Alba reitet in Brüssel ein. 1567. Radierung von F. Hogenberg. Brüssel, Königl. Bibliothek

schen Sonderleistung flämischer Kunst entwickelt hatte. Mit Pieter Bruegel erwächst der flämischen Malerei wieder eine jener Einzelpersönlichkeiten, die einer ganzen Epoche ihr Gepräge geben sollte. Für ihn, der in seinen frühen Arbeiten die Spukwelt des Hieronymus Bosch nicht überwunden hat, bleibt eine Italienreise nur von untergeordneter Bedeutung. Nicht der Titusbogen, das Pantheon oder die Caracallathermen bestimmen die künstlerische Ausbeute dieser Reise, sondern das sinnenhafte Erlebnis der Natur als lebendiger Ganzheit bringt der über die Alpen Heimkehrende mit nach Antwerpen. Kaum besser hat man je diesen universellen Geist charakterisiert, als dies sein erster Biograph Carel van Mander in seinem 1604 erschienenen ›Schilderboeck‹ tat: »Die Natur hat wunderbar ihren Mann gefunden und getroffen, um wiederum von ihm herrlich getroffen zu werden . . « 1569, im Jahr des offenen Aufstandes der Niederlande – ein Jahr zuvor waren die Grafen Egmont und Hoorn in Brüssel enthauptet worden –, stirbt Pieter Bruegel der Ältere. Das Werk des Vaters wird von seinem älteren Sohn Pieter frei variierend fortgeführt, während der jüngere, Jan, in steiler künstlerischer Karriere zu einem der begehrtesten Maler Flanderns heranwächst, ein Zeitgenosse und Mitarbeiter des am 28. Juni 1577 in Siegen geborenen Peter Paul Rubens.

Er sollte zur stilbestimmenden Gestalt des flämischen Barock werden. Antwerpen ist seine Heimat. Um die Mitte des Jahrhunderts schon fahren täglich 500 Schiffe in den Hafen, und »des Meeres Gelegenheit« – schreibt der Florentiner Guicciardini – »ist Ursache, daß die Stadt und mit ihr das ganze Niederland schier zu einem Stapel, Meerhafen, Messe und Markt des ganzen Europa wird«. Weltoffen wie diese Stadt ist die Kunst des Rubens. »Er trug auf seinen Riesenschultern die ganze italienische Malerei über die Alpen« (Burckhardt), verbindet mit vitaler Kraft antiken Mythos und christliche Botschaft in sinnenfroher Daseinsbejahung und schafft dem Menschenbild pralle Lebensfülle, dem Dionysischen stets näher als dem Apollinischen. Weltweit geachtet und verehrt als »Haupt und Apelles aller niederländischen Historienmalerei« (Chr. Huygens) gibt Rubens seinen Stil an eine Fülle von Malern weiter, die den seit dem Bildersturm verödeten Altären neuen Glanz verleihen. Unter den Schülern des überragenden Antwerpeners erringen Anton von Dyck und Jacob Jordaens Weltgeltung. Der eine verleiht der europäischen Gesellschaft in seinen aristokratischen Porträts ihren vollendeten Ausdruck, der andere überträgt die neuen Formenerrungenschaften in die urwüchsige Ungezwungenheit flandrischen Volkslebens und stattet überkommenes Bildvokabular mit der drallen Sinnenfülle unreflektierten Erlebens aus. Nur wenige Maler können sich dem Strahlungsbereich Rubensscher Kunst ganz entziehen. Adriaen Brouwer hat es vermocht und sich mit seiner genialen Derbheit, seinen Bildern saufender, grölender und raufender Bauern in die Nähe nordniederländischer Künstler gebracht.

Acht Jahre, nachdem man Rubens, den Maler und Grandseigneur, den Weltbürger und von zwei Königen Geadelten in der Jakobskirche seiner Vaterstadt beigesetzt hatte, verliert Antwerpen im Westfälischen Frieden seine Weltgeltung. Jetzt erst wird die Unabhängigkeit der Vereinten Provinzen anerkannt. 1585 schon war in den südlichen Niederlanden, in denen die Reformation sich gegen den katholischen Glauben nicht in dem Maße hatte durchsetzen können wie im Norden, mit dem Fall von Antwerpen der Widerstand gegen die Spanier weitgehend zusammengebrochen. Nach dreijähriger Belagerung kapituliert 1604 Ostende als letzter holländischer Stützpunkt in den Südprovinzen. Im Westfälischen Frieden wird die Trennung der südlichen von den nördlichen Provinzen endgültig vollzogen. 'Belgien' bleibt unter spanischer Herrschaft. Die 'Holländer' geben ihren Anspruch auf Antwerpen auf, doch lähmt der von ihnen praktizierte Vorbehalt, die Schelde sperren zu können, die Wirtschaftskraft der Handelsstadt.

Die südlichen Niederlande werden erneut zum 'Schlachtfeld Europas', denn die Armeen Ludwigs XIV. sind zwischen 1667 und 1697 verschiedentlich ungebetene Gäste in den spanischen Niederlanden, die der spanische Erbfolgekrieg (1701–14) im Rastatter Frieden wieder an Österreich zurückführt. Doch es gibt keine Ruhe im Land. Zwischen 1745 und 1748 ist es der Kampf um die spanische Erbfolge, der Belgien erneut zur europäischen Walstatt macht und vorübergehend unter französische Herrschaft bringt. Im Frieden von Aachen 1748 erhält Österreich das von Frankreich eroberte Land zurück und bestimmt sein Geschick bis zum Zeitalter der Französischen Revolution. Unter dem Eindruck der neu verkündeten Menschheitsideale erheben sich 1789 die südlichen Niederlande erstmals als Vereinigte belgische Staaten und erklären die österreichischen Niederlande zur unabhängigen Republik. Obwohl Österreich seine Herrschaft 1790 noch einmal zurückgewinnen kann, hat diese 'brabantische' Revolution den französischen Republikanern den Weg bereitet, die 1794 das Land mitsamt dem Fürstbistum Lüttich, das bis dahin zum westfälischen Kreis des deutschen Reiches gehört hatte, besetzten.

So holzschnittartig grob ein solcher historischer Abriß ausfallen muß – der Prozeß der belgischen Geschichte ist untrennbar in die gesamteuropäische Historie verwoben –, so läßt er doch erkennen, woher die Vielfalt belgischer Kunst rührt. Zudem bildet die Zweisprachigkeit einen weiteren Grund für die farbige Fülle dieser Kultur mit ihren reichen Märkten, der bunten Pracht ihrer Prozessionen, der 'Ommegangs' und Bürgerfeste.

Die Architektur des 17. Jh. wird von barockem Geist geprägt. Vornehmlich die römische Kirche Il Gesù bietet das große Vorbild, dessen reicher Formenschatz in der Antwerpener Karl-Borromäus-Kirche, der Brüsseler Jesuitenkirche, der Kathedrale von Namur oder der Genter St.-Pieterskerk fortwirkt. Für die Profanarchitektur hatte Rubens mit seinem Antwerpener Stadtpalais ein Zeichen gesetzt. Überwiegen hier italienisierende Züge, so behält die Vielzahl barocker Wohnhäuser den charakteristischen Treppengiebel bei und verwendet nur in Details den neuen Formenkanon. Den Bildhauern bietet sich in Barockaltären und Beichtstühlen, Kanzeln und Säulenfiguren, Portalanlagen und Prunkgrabmälern ein überreiches Betätigungsfeld. Aus der Vielzahl tüchtiger Meister ragen einige große Einzelpersönlichkeiten heraus, so der Brüsseler Jérôme Duquesnoy und seine beiden Söhne. »Ich bin davon überzeugt«, schreibt Rubens 1640 an François Duquesnoy angesichts der Monumentalplastik eines hl. Andreas für St. Paul in Rom, »daß unsere geliebte Heimat Niederland – La Flandria nostra carissima – einmal auf ihre herrliche Kunst stolz sein wird«.

Nachdem die französische Beschießung Brüssels 1695 vom Großen Markt nurmehr den Rathausturm und Außenmauern der Zunfthäuser übriggelassen hatte, geht man nach dem Friedensschluß daran, in der urwüchsigen, erfindungsreichen Vielfalt südniederländischen Barocks einen der schönsten Platzräume Europas zu gestalten. Auch in der Folgezeit bleibt Brüssel Zentrum der an französischen Vorbildern geschulten Baukunst. Der unter der Oberleitung des Franzosen Guimard angelegte Königsplatz, der Grande Place von Nancy ähnlich, beweist es.

Seit 1794 stehen die südlichen Niederlande unter französischer Herrschaft. Nach 20 Jahren fortschreitender Französisierung zeichnet sich beim Wiener Kongreß die Vereinigung Belgiens mit dem Königreich der Niederlande ab, als die Nachricht von Napoleons Rückkehr zum Festland bekannt wird. Europas Heere treffen erneut in Belgien, knapp 20 km von Brüssel entfernt, bei der Ferme Waterloo aufeinander. Der neuerliche Sieg über den Korsen läßt nun 1815 den Zusammenschluß der Niederlande und Belgiens zu den 'Generalstaaten' politische Realität werden. Dies sollte nicht von Dauer sein. Schon 1830 bricht in einer Volkserhebung das Staatsgebilde wieder auseinander. Belgien proklamiert seine Unabhängigkeit. Am 21. Juli 1831 zieht Leopold von Sachsen-Coburg-Gotha als erster König in Brüssel als der Hauptstadt eines neutralen Belgiens ein.

Mehr und mehr vollzieht sich in den kommenden Jahrzehnten die Lösung von ausländischer Bevormundung. Das Zeitalter der Industrialisierung mit dem Ausbau eines engmaschigen Eisenbahnnetzes, der Erschließung der Kohlengruben im Süden und im weiter nördlich gelegenen Becken von Campine, dem Aufbau der Stahl- und Eisenhütten im Lütticher Revier, der Schaffung einer hochentwickelten Textilindustrie im Einzugsbereich von Gent und Kortrijk führt Belgien in die Reihe der führenden europäischen Industrienationen. König Leopolds II. politischer Aktivität dankt Belgien seinen Rang als Kolonialmacht. 1885 wird in Afrika der unabhängige Kongostaat unter König Leopold als Souverän ausgerufen. Nun beginnt der Zustrom von Kupfer, Uran, Diamanten, Gummi, Baumwolle, Zinn und anderen Rohprodukten und führt zu wachsendem wirtschaftlichen Reichtum. Damals entsteht ein zusammenhängender Industriegürtel im südlichen Belgien auf der Linie von Aachen bis Roubaix.

1914 wird Belgien erneut zum Kriegsschauplatz, als deutsche Truppen im Ersten Weltkrieg einmarschieren und das Land gegen den erbitterten Widerstand seines Heeres größtenteils einnehmen. Der jahrelange Kampf an der Yser gehört zum blutigsten Kapitel in der Chronik dieses Völkerringens (vgl. Abb. 116). Im Versailler Vertrag werden Belgien die Kreise Eupen und Malmédy sowie das Örtchen Neutral-Moresnet zugesprochen. Knapp 20 Jahre später besetzen deutsche Truppen im Zweiten Weltkrieg abermals das Land und halten es bis zur Alliierten Invasion. Am 4. September 1944 zieht die in England aufgestellte belgische Brigade, die an der Seite der Alliierten kämpft, in Brüssel ein. Doch noch liegen Lüttich und Antwerpen unter dem Beschuß deutscher V-Waffen, und Rundstedts Ardennenoffensive beschwört Weihnachten 1944 noch einmal die Gefahr eines Durchbruchs auf die beiden Städte. Das Nachkriegsbelgien nutzt seine zentrale Lage innerhalb der europäischen Völkerfamilie. 1948 verbindet es sich mit den Niederlanden und Luxemburg zur Benelux-Zollunion, schließt sich 1949 dem Atlantikpakt an und liquidiert 1960 sein schweres Erbe als Kolonialmacht, indem es Belgisch-Kongo in die Freiheit einer unabhängigen Republik entläßt.

Jetzt wohnen fast dreihundert Menschen auf einem Quadratkilometer. Das breite Band der Autobahn verknüpft heute Belgien mit Köln und dem Ruhrgebiet, das »dichteste Verkehrsnetz der Welt« überzieht in unendlich vielfältigen Verästelungen diesen »Kreuzpunkt Europas«. In zunehmendem Maße wurde Brüssel zur heimlichen Hauptstadt Europas, seit sich die Behörden der Europäischen Gemeinschaft in Belgiens Hauptstadt ansiedelten. Die flämische und die französische Gemeinschaft erhielten inzwischen weitgehende Autonomie; für Brüssel wurde eine Sonderregelung getroffen.

Das 19. Jahrhundert läßt in Belgien die Historienmalerei aufblühen und eine Fülle von Denkmälern entstehen. Die wechselvolle nationale Geschichte bietet Stoff genug. Das Stilkonglomerat, wie es die europäische Architektur dieser Zeit bestimmt, findet im Brüsseler Justizpalast von J. Poelaert seinen Höhepunkt (Abb. 47). In einer Gigantomachie ohnegleichen verbindet sich Griechisches, Assyrisches und Römisches auf einer Fläche von 26 000 qm zu einem neuen Turmbau zu Babel, einem 'Weltwunder' der triumphalen Selbstdarstellung einer Zeit, die technisch scheinbar keine Probleme mehr kannte.

Die belgische Kunst des 19. und 20. Jh. läßt das Ende nationaler Schulen besonders gut erkennen. Es gibt große Einzelbegabungen – man denkt an James Ensor und seine durchlichteten Maskenbilder, seinen ›Christus‹, der nicht etwa in Jerusalem, sondern in Brüssel einzieht (1888, Abb. 68), Permekes ›flämischen Expressionismus‹, Delvaux' und Magrittes Surrealismus, doch stärker als das 'Belgische' ist die Gemeinsamkeit mit gesamteuropäischen Stilphänomenen.

KUNST IN BELGIEN! Vielschichtig, unauslotbar wie die Geschichte dieses Landes im Brennpunkt Europas ...

Unsere Betrachtung folgt einer sich selbst anbietenden Ordnung, die davon ausgeht, daß Belgien ein Land der Städte und urbaner Kultur ist.

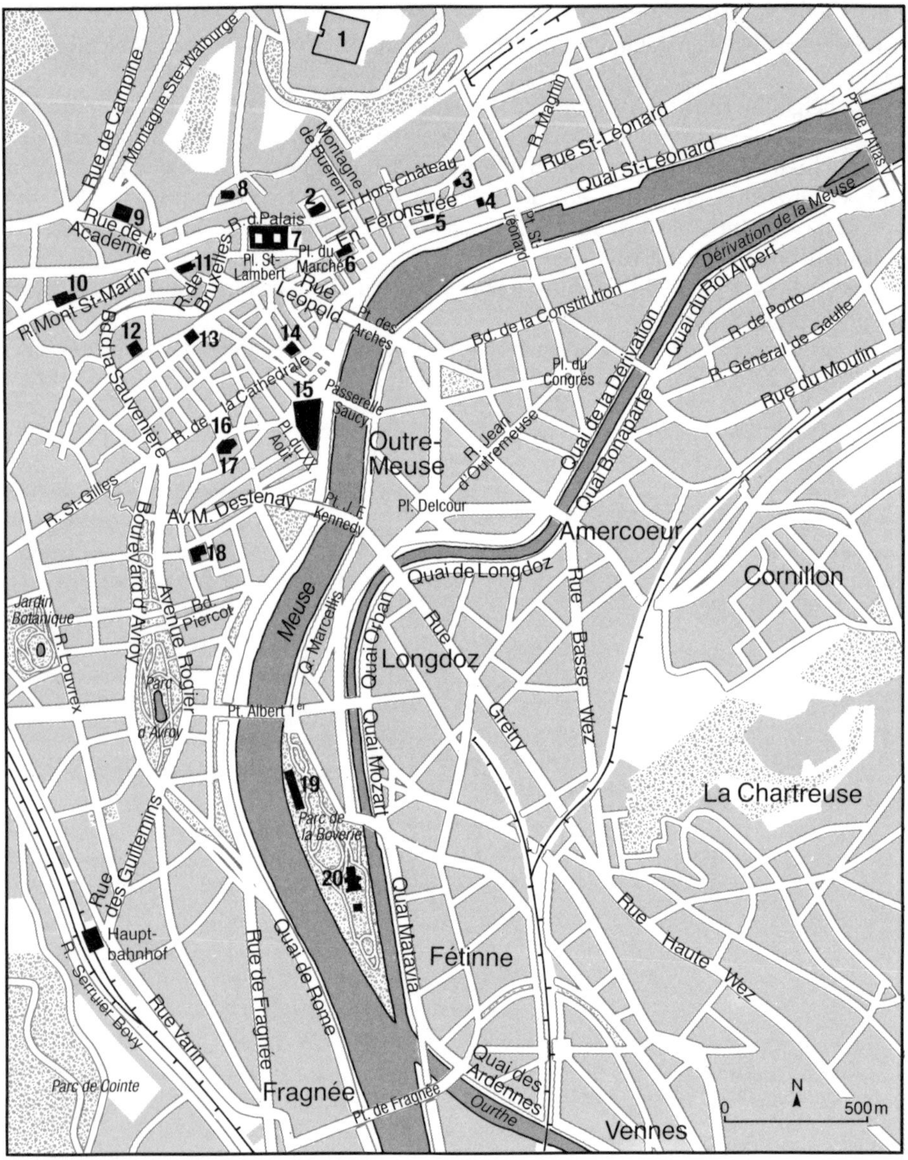

Plan der Innenstadt von Lüttich

I Rundfahrt durch die Provinzen Lüttich, Namur und durch die Ardennen

Lüttich (Liège, Luik)

An der Mündung der Ourthe und des Albertkanals in die Maas liegt, von Kalksteinhängen überragt, das urbane Zentrum des Wallonenlandes, Lüttich. Die Altstadt mit ihren Kirchen und öffentlichen Gebäuden zieht sich am linken Maasufer hin, während sich die Industrie vornehmlich rechts des Stromes angesiedelt hat. Die Basis der Lütticher Industrie war ihr Steinkohlenlager, das erste, das in Europa erschlossen wurde.

Die Überlieferung sieht in dem heiligen Bischof LAMBERTUS VON MAASTRICHT den Gründer der Stadt, die schon 721 zum Bischofssitz erhoben wurde, aber est im 10. und 11. Jh. ihre erste Blütezeit erlebte.

»Nogerum Christo, Nogero cetera debes« – Lüttich verdankt Notker dem Herrgott, alles übrige Notker – formulierten die Lütticher in dankbarer Erinnerung an den Mann, der als einer der großen Kirchenfürsten unter den ottonischen Reichsbischöfen ein lockeres, fast ungeschütztes Gemeinwesen zu einer festgefügten Stadt machte. Lange bevor der junge Geistliche im Jahre 972 die Investitur erhielt, war Tongeren, das schon im ersten nachchristlichen Jahrhundert angelegt und mit einer mehr als 4 km langen Mauer umgeben worden war, als Mittelpunkt der Civitas Tungrorum die einzige Stadt weit und breit. Hier hatte im 4. Jh. Servatius als erster Bischof residiert, hier war er 359 beigesetzt worden. Lüttich, damals noch ein unbedeutender Weiler, tritt erst im Jahre 705 aus seiner Geschichtslosigkeit hervor, als Bischof Lambertus unweit des Zusammenflusses von Maas und Ourthe von gedungenen Mördern getötet wird. Zwar setzt man den Kirchenfürsten in Maastricht, das 382 Bischofssitz geworden war, bei, doch überführte der Nachfolger des Heiligen, Hubertus, die Gebeine des als Märtyrer verehrten um 718 nach Lüttich. Über seinen Reliquien wird eine Kirche errichtet. Sich

◁ 1 Zitadelle 2 Museum des Wallonischen Lebens 3 St-Barthélemy 4 Maison Curtius 5 Hotel d'Ansembourg 6 Rathaus und Perron 7 Bischöflicher Palast 8 St-Servais 9 Museum der Schönen Künste 10 St-Martin 11 Ste-Croix 12 St-Jean 13 Theater und Königl. Wallonische Oper 14 St-Denis 15 Universität 16 Marienbrunnen 17 Kathedrale St-Paul 18 St-Jacques 19 Kongreßhalle 20 Musée de la Boverie

selbst bestimmt Hubertus ein Gotteshaus zur letzten Ruhestätte, das in unmittelbarer Nachbarschaft auf der Kuppe des Publémontberges zu Ehren des Apostelfürsten Petrus gebaut wurde. Von nun an wird der Ort zum Ziel zahlreicher Pilgerfahrten. Man erzählt von Wunderheilungen am Grab des Lambertus.

In NOTKER erwächst Lüttich die große schöpferische Persönlichkeit, die die Stadt am Ende des 10. Jh. nach Ausweis der Vita Notgeri »von inneren und äußeren Gefahren befreite«. Aber nicht nur wegen seiner machtvollen Aktionen gegen die Burgherren von Chèvremont und des Ausbaues zur umwehrten Stadt wurde Notker zum eigentlichen Begründer des hohen Ansehens, das Lüttich in der mittelalterlichen Welt genoß, gleichermaßen erweist er sich als Protektor von Künsten und Wissenschaften. Er macht aus Lüttich das ›Athen des Nordens‹, als das Zeitgenossen die Stadt um die neuerrichtete Lambertus-Kathedrale und den Bischöflichen Palast nunmehr feiern. Mit der Vollendung der Martinskirche auf einem der Hügel am Maasufer und der Paulskirche auf der Strominsel sowie der dem hl. Dionysius geweihten Stiftskirche sind die Zentren Lüttichs weitgehend markiert. Die Johanneskirche sollte Notkers eigenes Grab aufnehmen. Noch in ihrer heutigen barocken Gestalt läßt sie erkennen, daß der Bischof Karls des Großen Aachener Pfalzkapelle als Vorbild für das eigene Mausoleum wählte. 1008 stirbt Notker. Sein Werk war getan: Er hatte Lüttich zur volkreichsten Stadt der niederen Lande gemacht und Vorsorge getroffen, daß auch fürderhin ihr Bischofspalast Zentrum weltlichen und kirchlichen Machtanspruchs blieb.

Von Notkers 'Anfängen' ist wenig erhalten. Ihn selbst und sein Verständnis des ihm übertragenen Amtes zeigt die berühmte *Notkerplatte* (vgl. S. 10f.).

Das 14. Jh. sieht Lüttich als Hauptstadt eines Fürstbistums, das dem deutschen Reich angehört. Das 15. Jh. wird von den Versuchen der Herzöge von Burgund bestimmt, sich des Fürstentums Lüttich zu bemächtigen. Im Bemühen, ihre Freiheit zu wahren, paktiert die Stadt mit Ludwig XI. von Frankreich. Der Monarch läßt jedoch seine Bundesgenossen im Stich, als die Truppen Herzog Karls des Kühnen 1467 Lüttich bezwingen. Als sich die Bürger ein Jahr später gegen den Sieger erheben, wird ihre Stadt nach Niederwerfung des Aufstandes erstürmt und geplündert. Sieben Wochen lang währen Brand und Raub. Das mittelalterliche Lüttich wird ausgelöscht, und erst sieben Jahre nach seinem Untergang gestattet man den Einwohnern, mit dem Wiederaufbau zu beginnen. Karls des Kühnen Tod gibt Lüttich 1477 seine Unabhängigkeit wieder. Einen neuen Aufschwung erlebt es unter dem Fürstbischof Eberhard von der Marck (1505–38), der im Geiste der Renaissance regiert und neue städtebauliche Akzente setzt.

Mit der Ausbeutung der Kohlengruben und der Entwicklung der Waffenindustrie gelangt der große Handelsplatz an der Maas zu wirtschaftlicher Prosperität. Immer wieder lehnen sich die mächtig gewordenen Zünfte gegen die Herrschaft des Fürstbischofs auf, doch ihre Versuche, Lüttich die Anerkennung als freie Reichsstadt zu verschaffen, scheitern an der Macht der bischöflichen Kurie. Erst die Französische Revolution beendet das geistliche Regiment. Das 19. Jh. steht in Lüttich, vornehmlich seit der Schaffung des unabhängigen Belgien, im Zeichen des industriellen Fortschritts.

Die Stadt erschließt sich dem Besucher nicht leicht. Es fehlt ihr das gewachsene Zentrum. Am besten überblickt man von der Höhe der Zitadelle (1) aus das enge Straßengewirr mit den Orientierungspunkten der aufragenden Kirchtürme und dem weiten Maasbogen, mit den steil ansteigenden Talhängen im Norden und der Stadtkrone der Pfarrkirche STE-CROIX (11). 986 hatte Notker sie geweiht. Heute bestimmen das gotische Langhaus und der romanische Westbau, dessen Turmbekrönung und Triconchos den Einfluß der rheinischen Architektur verraten, den Eindruck der Kirche. Zu ihrem Schatz zählen der legendäre *Petrusschlüssel* (8. und 14. Jh.) sowie die kostbare Reliquie des Kreuzes, nach der Tradition ein Geschenk des französischen Königs Robert II. an Heinrich II. aus dem Jahre 1006. Um 1160 wurde sie in ein *Triptychon* eingefügt, das zu den Glanzleistungen maasländischer Goldschmiedekunst im 12. Jh. gehört (Abb. 11).

Das zarte Relief, das feine Stanzornament, die sparsamen Farbakzente der Grubenemails, der warme Glanz der vergoldeten Kupferplatten klingen in einem zauberhaften Akkord zusammen, beschwören die Erinnerung an Byzanz und weisen zugleich auf die Sonderheit der heraufziehenden Blüte mosaner Edelschmiedekunst.

Auch die Pfarrkirche ST-MARTIN (10) bildet in ihrer ausgewogenen gotischen Architektur ein weithin sichtbares Wahrzeichen. 1312 brannte das aus dem 13. Jh. stammende Gotteshaus nieder. Von 1506 an wird es unter der Bauleitung Paul de Rijckels und Arnold van Mulkens spätgotisch erneuert, nachdem man den Turm bereits 1413 fertiggestellt hatte. In der ersten Seitenkapelle erinnern 14 Marmormedaillons von Jean Delcour an die Stiftung des Fronleichnamsfestes, das hier im Jahre 1246 aufgrund einer Erscheinung, von der die hl. Juliana, eine Lütticher Nonne, berichtete, zum ersten Mal gefeiert wurde.

Im Kranz der Lütticher Kirchen nimmt ST-JEAN (12) eine besondere Stellung ein, verwendet doch der barocke Neubau des 18. Jh. die Grundrißform, die Notker dem Gotteshaus nach dem Vorbild der Aachener Pfalzkapelle gegeben hatte. Als kostbaren Schatz hütet die Kirche ein berühmtes *Madonnenbild* aus dem 13. Jh. (Abb. 6). In ihm vollzieht sich der Wandel von der archaisierenden Strenge der romanischen 'sedes sapientiae', dem Thron der Mensch gewordenen Weisheit, zur königlichen Frau, zur Mutter Christi. Hier wird die Strahlungskraft französischer Kathedralgotik augenfällig. Die *Kreuzigungsgruppe* atmet den Geist, wie er für das Zeitalter mystischer Verinnerlichung charakteristisch ist. Zur Wucht des noch erhaltenen romanischen Westbaus und der Pracht des barocken Oktogons kontrastiert die stimmungsvolle Architektur des spätgotischen Kreuzganges.

Seit dem Jahre 1802 ist die ehemalige Stiftskirche ST-PAUL (17) die Bischofskathedrale der Stadt. Schon 968 war sie von Bischof Heraclius gegründet worden. Ein im 13. Jh. beginnender Umbau bestimmt das heutige Bild der Kirche und vornehmlich die kraftvolle Gliederung des 85 Meter langen und 34 Meter hohen Langhauses. Die großen Glasfenster der Chorapsis und des rechten Querschiffes stammen aus der letzten Phase der Erneuerung im 16. Jh. Das 19. Jh. hat der stimmungsvollen Architektur freilich viel von ihrer einstigen Schönheit genommen. Der harmonisch gegliederte Kreuzgang aus dem 16. Jh., der den Zugang zum Kirchenschatz und zum Diözesanmuseum bietet, schließt sich südlich an die Kathedrale an. Die SCHATZKAMMER bewahrt zwei *Reliquiare,* die für die Geschichte der Stadt von besonderer Bedeutung sind. Das eine zeigt Karl den Kühnen, der vom hl. Georg der (nicht mehr vorhandenen) Gottesmutter empfohlen wird (Abb. 10). Nach dem Zeugnis des Chronisten Jean de Los schenkte der Burgunderherzog das von Gerard Loyet geschaffene Reliquiar am 14. Februar 1471 der Lütticher Kathedrale. Diese Dedikation hatte ihren besonderen Grund. Im Jahre 1468 hatten die Söldnerscharen die Maasstadt, die sich gegen Karl den Kühnen erhoben hatte, eingenommen und verwüstet. Bürger wurden nach Zeugenberichten »in Trauben von 10 oder 12 Menschen gleich jungen Katzen von der Pont des Arches in die Maas geworfen«, Kirchenschätze geplündert und verschleppt, Feuersbrünste entfacht, die Wochen währten und die stolze Stadt bis auf die Fundamente einäscherten. So war es ein Sühnegeschenk, das Karl dem so heimgesuchten Lüttich mit dem Reliquiar anbot. In der burgundischen Brandschatzung war auch das Reliquiar des Stadtheiligen Lambertus zugrunde gegangen. Um den Lütticher Heiligen zu versöhnen, ließ der Herzog durch seinen Statthalter ein neues Büstenreliquiar für die Schädelreliquie planen. Doch in der ausgelöschten Stadt fand er offenbar niemanden mehr, der ein solches Stück hätte schaffen können, und selbst als unter dem tatkräftigen Fürstbischof Eberhard von der Marck 1505 mit der Ausführung begonnen wird, muß man für das Riesenwerk, das den Auftraggebern vorschwebte, den Aachener Goldschmied Hans von Reutlingen bemühen. In epischer Breite wird im Sockel die Lambertuslegende erzählt, darüber erhebt sich in feierlicher Pontifikalgewandung mit Bischofsstab und Evangelienbuch die Büste des Heiligen (Abb. 9).

An der Place du Roi Albert, der Kathedrale gegenüber, setzt Delcours prächtiger MARIENBRUNNEN (16) einen eindrucksvollen barocken Akzent.

Die unweit von der Kathedrale gelegene Pfarrkirche ST-JACQUES (18) wurde im 11. Jh. begründet. Durch die romanische Vorhalle aus der Zeit um 1170 betritt man einen der eindrucksvollsten Kirchenbauten spätester Gotik (1513–38, Abb. 5). Wie die Filigranarbeit von Goldschmieden muten die überfeinerte Ornamentik, das netzförmige Maßwerk der Fenster und die an Spitzenmuster erinnernden Formen der aufgelösten Mauerreste an. Einem Wunderwerk der Architektur gleicht das Netzgewölbe, das allen Gesetzmäßigkeiten des Tragens und Lastens zu spotten scheint. Auch hier haben sich schöne Glasfenster aus dem 2. Viertel des 16. Jh. erhalten. Im nördlichen Portalvorbau hat eine *Marienkrönung* aus der Zeit um 1380/90 ihren Platz (Abb. 8). Sie ist im raumhaltigen Duktus ihrer großen Faltenbahnen, der femininen Weichheit im Physiognomischen und dem engen formalen und geistigen Bezug, der die Figuren zur plastischen Gruppe zusammenschließt, eines der schönsten Beispiele der 'realistischen Strömung' um 1400, eng verwandt den Skulpturen vom Südportal in Halle (vgl. S. 199f.). Ein Renaissanceportal an der Nordseite (1558–60) deutet auf die späte Übernahme der neuen Ziergliederungen in einer von der mittelalterlichen Kunst geprägten Landschaft.

Am Maasufer vorbei, vorüber an den ausgedehnten Universitätsgebäuden, führt der Weg zur Kirche ST-DENIS (St. Dionysius; 14). Auch sie wurde von Notker gegründet und 1011 geweiht. Sie bewahrt von allen Lütticher Gotteshäusern in ihrer festungsarti-

1 LÜTTICH Stadtansicht

2 LÜTTICH Blick auf die Maas mit ›Maison Curtius‹ und der Kirche St-Barthélemy

3 LÜTTICH St-Barthélemy romanischer Westbau

4 Taufbecken des Reiner von Huy, 1107–1118. Lüttich, St-Barthélemy (Aufstellung vor 1972)

5 LÜTTICH St-Jacques, Innenansicht (1513–1538)

6 Maria mit Kind um 1235–1245. Lüttich, St-Jean

7 Madonna des Dom Rupert, um 1149–1158. Lüttich, Maison Curtius

8 ›Marienkrönung‹, um 1380/90. Lüttich, nördl. Portalvorbau St-Jacques

9

10

11

12 Buchdeckel vom Notker-Evangeliar. Elfenbein. Lüttich, um 980–1000. Lüttich, Maison Curtius

◁ 9 Hans von Reutlingen, Reliquienbüste des hl. Lambertus. Aachen, nach 1505. Lüttich, Kathedrale St-Paul
◁ 10 Gerard Loyet, Karl der Kühne (kniend) und der hl. Georg, um 1470. Lüttich, Kathedrale St-Paul
◁ 11 Reliquiar für eine Kreuzpartikel. Maasländisch, um 1160. Lüttich, Ste-Croix

13 Der ›Perron‹. 1697

14 Ein Raum (18. Jh.) im Lütticher Musée d'Ansembourg

15 Maison Curtius am Quai de Maestricht, seit 1606

16 Aus der Sammlung des Museums für Glas

17 Ingres, Napoleon Bonaparte, 1805. Museum der Schönen Künste

18 Pablo Picasso, Die Familie Soler, 1903. Museum der Schönen Künste

19 LÜTTICH Innenhof im ehem. Bischöflichen Palast. Architekt Arnold van Mulken, 16. Jh.

20 HUY Stiftskirche Notre-Dame Tympanon des Bethlehemportals, Ende 14. Jh.

21 HUY Stiftskirche Notre-Dame mit Blick auf die Maas

22 Blick auf das FREYRER SCHLOSS mit seinen französischen Gärten ▷

23 DINANT mit Festung und Stiftskirche ▷

24 Buchdeckel des Hugo d'Oignies, um 1230–1235. Namur, Trésor du Prieuré d'Oignies aux Sœurs de Notre-Dame

25 LA GLEIZE Maria der Verkündigung, um 1330

26 NAMUR St-Loup, 1621–1645

27 Abteikirche ST-HUBERT, seit 1526

28 J. J. Couven, Hochaltar der EUPENER Nikolauskirche, 1740

29 ›Christ de Tancrémont‹, spätes 11. Jh.

30 TONGEREN Christuskopf, 11. Jh.

31 TONGEREN Westturm der Kirche O.-L.-Vrouw, 14.–16. Jh.

32 NAMUR Kathedrale St-Aubain, 1751–1767

33 TONGEREN Romanischer Kreuzgang der Kirche O.-L.-Vrouw

34 STAVELOT Remaklusschrein, um 1240/68. Pfarrkirche St-Sébastien

35 VISÉ Hadelinusschrein. Stirnseiten (11. Jh.), Langseiten (2. Viertel 12. Jh.). Stiftskirche St-Martin

36 ZOUTLEEUW Rathaus (1530–1538) und ehem. Tuchhalle (14. Jh.)

37 HAKENDOVER Schnitzaltar (Mittelteil) der St-Salvatorskerk. 1. Drittel 15. Jh.

gen Geschlossenheit, dem trutzig aufragenden Westbau und dem kaum gegliederten Langhaus den Geist der Gründungszeit am unverfälschtesten. Die Gotik hat im 14. Jh. einen neuen Chor angefügt und die Barockzeit verwandelte das Langhaus zu einem Festsaal des lieben Gottes. Der große Bildhauer Jean Delcour (1627/31–1707) gab auch hier mit den Figuren der Madonna und des heiligen Dionysius Zeugnisse seines an der Kunst des Lorenzo Bernini geschulten Stils.

Wenig weiter, an der PLACE DU THÉATRE, erinnert ein Bronzedenkmal an den 1741 in Lüttich geborenen Komponisten Grétry († 1813). Sein Geburtshaus auf der anderen Seite des Flusses ist in ein kleines Museum umgewandelt. Auch der Komponist César Franck († 1890) stammt aus der Maasstadt, die stolz darauf ist, den Ruf einer Heimstatt der schönen Künste, den sie in Notkers Zeit erworben hatte, in die Neuzeit herübergerettet zu haben. Das THÉÂTRE ROYAL (13), dessen Säulenportikus das Pariser Odeon zum Vorbild hat, läßt erkennen, daß das geistige Leben Lüttichs auf die französische Metropole ausgerichtet war.

An der Place Verte und der Place St-Lambert schlägt der Puls der Stadt am lebendigsten. Hier gab einst die Bischofskirche St-Lambert, die 1794 zerstört und 1808 vollends abgetragen wurde, Lüttich eine geistige Mitte. Heute erinnert noch der ehemalige BISCHÖFLICHE PALAST (7), zu dem Eberhard von der Marck den Grundstein legen ließ, an das Herzstück der alten Bischofsstadt. Vornehmlich die beiden Innenhöfe, die auf Arnold van Mulken zurückgehen, spiegeln mit ihren Arkadengängen und den eigenartigen architektonischen Mischformen der kandelaberförmigen Säulen mit Figuren, Laubwerk und Masken den Übergangscharakter von spätester Gotik und nur zögernd aufgenommener Renaissance am reinsten (Abb. 19). »Ich habe nirgends ein architektonisches Ganzes gesehen, das merkwürdiger, ernster und großartiger wäre«, schreibt Victor Hugo nach seinem Besuch des ersten der beiden Binnenhöfe. Die Hauptfassade aus dem Jahre 1737 überliefert in der wuchtig-strengen Gliederung der Säulen und Pilaster den Geist vorbildhafter französischer Baukunst. Das 19. Jh. hat der Anlage einen Westflügel im doktrinären Stil der Neogotik hinzugefügt. Die noch im ursprünglichen Zustand erhaltenen Innenräume im Schmuck ihrer Vertäfelungen, Kamine, Stukkaturen, Brüsseler Bildteppiche, gemalten Wandtapeten, Deckenmalereien gleichen einem Spiegel Lütticher Dekorationskunst vom 3. Viertel des 17. Jh. bis ins Zeitalter des Louis-seize.

Das Wahrzeichen des angrenzenden Marktplatzes ist der PERRON (6). Ursprünglich ein einfacher Pfahl, der dem Gerichtsvollzug diente, ist er seit langem das Symbol städtischer Freiheit und Gerichtsbarkeit. Er hat seine Form im Lauf der Jahrhunderte oft geändert. Zur Geschichte gehört eine 'Entführung' durch Karl den Kühnen und die Wiedererrichtung durch Maria von Burgund. Seine heutige Gestalt (Abb. 13), bei der sich über einem oktogonalen, arkadierten Brunnengeschoß eine von vier Löwen getragene Säule erhebt, auf der drei Grazien einen kreuzbekrönten Pinienzapfen halten, gab ihm Jean Delcour 1697. Malerische alte Häuser, die wie in Stein umgesetzte Fachwerkbauten anmuten, rahmen den Platz und bilden einen farbigen Kontrast zur 'offiziellen' Barockarchitektur des RATHAUSES (6) aus den Jahren 1714–18.

Wir erreichen die Place St-Barthélemy mit der fünfschiffigen BARTHOLOMÄUSKIRCHE (3). Als dreischiffige Anlage im 11. und 12. Jh. errichtet, hat man ihr Inneres im 18. Jh. vollständig umgewandelt und die romanische Architektur mit einer barocken Ziergliederung kaschiert. Die Sockelzone des wuchtigen, zweitürmigen Westbaus hat den fortifikatorisch-abweisenden Charakter der Entstehungszeit am reinsten bewahrt (Abb. 3). Die Taufkapelle der Kirche bewahrt eines der Hauptwerke maasländischer Metallkunst: Das *Taufbecken des Reiner von Huy* (1107–1118). In Hochrelief sind fünf Taufszenen auf gemeinsamer Bodenwelle um die Fünte angeordnet. Die formale und geistige Mitte des Zyklus bildet die Taufe Christi im Jordan (Abb. 4). Zehn von ehemals zwölf Rindern, in Gruppen zu dritt angeordnet, tragen die Kufe und verweisen auf das ›Eherne Meer‹, wie es im 1. Buch der Könige (7,23–26) als Brunnen im Vorhof des Salomonischen Tempels geschildert wird. Der wundervolle Lyrismus der Linien, die spielende Bewältigung formaler Probleme und die geistigen Kraftlinien, die unsichtbar und doch voll wirksam die Gruppen miteinander verbinden, lassen das Taufbecken zum Inbegriff des 'style mosan' werden.

Im HOTEL D'ANSEMBOURG (5), das um 1735 als Wohnhaus an der Rue Féronstrée erbaut wurde, erwartet den Besucher ein Museum eigener Prägung. Nicht einzelne, beziehungslose Kunstwerke sind hier aneinandergereiht, vielmehr verbinden sich kostbar geschnitzte Möbel, Vertäfelungen und Tapisserien zu einem vornehmen Raumensemble, in dem die Lütticher sich wie bei ihren Vorfahren zu Gast fühlen (Abb. 14). Denn Lüttich hat im 18. Jh. eine Wohnkultur entwickelt, von deren Höhe noch heute die aus Eiche gearbeiteten und mit zartem Schmuckdekor überzogenen Kastenschränke und Kommoden, Standuhren und Vitrinenaufsätze künden. Man muß im großen Saal dieses Hauses gestanden haben, um den Zusammenklang aller Teile zum Ganzen einer vollendeten Harmonie nachvollziehen zu können.

Wie anders dagegen der Charakter des Museums im MAISON CURTIUS (4) am Quai de Maestricht (Abb. 15). 1606 hatte Jean de Corte, ein Großindustrieller und Bankier, es im Stil der 'Maasrenaissance', die niemals ihre Herkunft aus der mittelalterlichen Architektur verleugnet, errichten lassen. Unter den reichen archäologischen und kunsthandwerklichen Schätzen, die heute hier ausgebreitet sind – besonders erwähnt sei die vielseitige Gläsersammlung (Abb. 16) –, ragen vor allem das *Notker-Evangeliar* (vgl. S. 10 u. Abb. 12), ein *Türsturz* mit eigenwilligen Allegorien aus romanischer Zeit und die *Madonna des Dom Rupert* hervor. In diesem Steinrelief wird die Unnahbarkeit romanischer Bildkunst überwunden. Aus der dem Irdischen entrückten ›Sedes Sapientiae‹ ist die Mutter geworden, die dem Kind die Brust gibt (Abb. 7).

Wer früher die Weiterentwicklung mittelalterlicher Plastik studieren wollte, durfte einen Besuch der Pfarrkirche ST-SERVAIS (St. Servatius; 8) nicht versäumen. Doch seit vor einigen Jahren viele Plastiken durch einen Brand in der Kirche zerstört wurden, bleibt nur noch die Architektur dieses Gotteshauses zu bestaunen. Nach der Tradition im Jahre 933 gegründet, stammt die heutige Anlage aus dem 12. (Turm) bis 16. Jh. Ihren vielen Baumeistern kann jedenfalls nicht der Vorwurf gemacht werden, daß sie der Kirche ein zu uniformes Erscheinungsbild gegeben hätten.

Ganz in der Nähe, an der Rue de l'Académie, liegt das Museum der Schönen Künste (Musée des Beaux Arts; 9) mit einem reichen Bestand an Gemälden und Skulpturen des 16. bis 20. Jh. (u. a. Picassos berühmtes Gruppenporträt der Familie Soler von 1903). Das ehemalige Minoritenkloster beherbergt das MUSEUM DES WALLONISCHEN LEBENS (Musée de la Vie Wallone; 2), das einen Überblick über das Lütticher Volksleben zu vermitteln vermag. In einem dem Museum angeschlossenen Theater erwecken Marionettenspiele die Hauptakteure der alten Legenden um die vier Haimonskinder, Genoveva von Brabant, Karl der Große bis hin zu Napoleon zu zappelndem Leben. ›Tchantchès‹ und seine Frau Manesse sind hier zu Hause. Doch zum Glück bedarf es nicht nur musealer Präsentation, um die volkstümliche Eigenart dieser Stadt kennenzulernen. Am Unverfälschtesten erlebt man sie vielleicht im von der Maas umflossenen Stadtteil OUTREMEUSE mit seinen winkligen Gäßchen, seinen Lädchen, Cafés und malerischen Höfen. Am jenseitigen Ufer der Maas, im Parc de la Boverie, befindet sich das Museum für Moderne Kunst und das Kupferstichkabinett (20).

Lüttichs Lebensader ist die Maas. An ihren Ufern siedelt die Industrie. Über ihren zugeschütteten Armen entstanden breite Boulevards. Seit dem Jahre 1964 verbindet die Autobahn Lüttich mit Brüssel und Antwerpen sowie mit Köln und dem Ruhrgebiet. An den Bergen der Ufer ziehen sich die Häuser hoch hinauf bis zu den Stadtkronen der Kirchen. Ungradlinig wie der Lauf der Geschichte verlaufen auch die Straßen, sparen unerwartet Plätze aus, machen die Orientierung schwierig und halten Vergangenheit und Gegenwart untrennbar miteinander verklammert.

Von Lüttich über Huy und Namur nach Dinant

»Die Hügel treten zusammen, der Fluß und die Straße vereinigen sich, und man bemerkt gewaltige Basteien, die wie Adlernester vorn am Felsen kleben« –, so schildert Victor Hugo das Maastal unweit von Huy. Dort wie überall hat fortschreitende Industrialisierung den Stimmungsreiz der Landschaft zwar beeinträchtigt, doch werden hier die Fabriken mit ihren rauchenden Schloten, die Ziegeleien, Zinkwerke und Hochöfen seltener, das Wasser der Maas verliert seine lehmig gelbe Färbung und das Stromtal entfaltet an seinen Hängen liebreizende landschaftliche Schönheit, die mit bizarren Felspartien wechselt. Burgen und Schlösser, Kirchen und Klöster beleben die Ufer und tragen dazu bei, das Maastal bis hin zur französischen Grenze zum landschaftlich reizvollsten Gebiet Belgiens zu machen. Die Flußtäler der Lesse, Ourthe, Vesdre und Sambre und das Hochland der Ardennen bieten sich zu ungestörten Wanderungen an.

Bevor wir nach Huy kommen, unterbrechen wie in AMAY unsere Fahrt, um in der dortigen Pfarrkirche den *Schrein der Hll. Oda und Georg* zu betrachten. Oda, die im 8. Jh. in Amay starb, soll hier zu Ehren des hl. Georg eine Kirche errichtet haben. Zwischen 1230 und 1240 entstand der in seinem Figurenstil vergleichsweise 'realistische' Schrein. Georg erscheint an der einen Stirnseite unter dem Bild eines zeitgenössischen Kriegers mit Kettenhemd und kreuzgeschmücktem Schild, Oda an der anderen.

Apostel thronen in den Arkaden der Langseiten. Die Dachreliefs sind Szenen aus den Legenden der beiden Heiligen vorbehalten, am ausdrucksvollsten die straff komponierte Darstellung des ritterlichen Heiligen im Kampf mit dem Drachen.

HUY (Hoei) ist eine alte Stadt. Sie rühmt sich mit einer 1066 von Fürstbischof Theoduin ausgestellten Urkunde der ältesten freiheitlichen Verfassung Europas. Im Wasser des Stromes spiegelt sich der mächtige Vierkantturm der Stiftskirche NOTRE-DAME mit seinem 9 Meter messenden Rosenfenster. Die heutige Anlage ist ein gotischer Dreischiffebau (Abb. 21). Er wurde zwischen 1311 und 1377 auf den Fundamenten einer romanischen Basilika erreichtet, deren Krypta aus der Mitte des 11. Jh. sich bis heute erhalten hat. Der Raumeindruck des Langhauses mit seinen Anfang des 16. Jh. bemalten Gewölben ist klar gegliedert. Wuchtige Rundpfeiler, schlanke Dienste und lanzettförmige Chorfenster reißen den Blick empor in die schwerelos anmutenden Gewölbe. Im Giebelfeld des sog. *Bethlehemportals* haben sich reizvolle Reliefs aus dem Ende des 14. Jh. erhalten (Abb. 20). Sie schildern in kühner Einbeziehung der Figuren in die Bogenfelder der Geburt Christi mit den Hirten auf dem Felde, die Anbetung der Könige und den bethlehemitischen Kindermord. Im reichen Schatz der Stiftskirche – Huy zählte zur Zeit der Fürstbischöfe von Lüttich nicht weniger als 17 Klöster – erinnern der *Marienschrein* (1250–75) und der *Meingoldschrein* an die Spätzeit mittelalterlicher Prachtsarkophage.

Dem idyllischen MARKTPLATZ mit seinem Louis-quinze-Rathaus gibt der *Bassinia-Brunnen,* dessen älteste Teile aus dem Jahre 1406 stammen, einen eigenwilligen Akzent. Das Bildprogramm dieses einzigen erhaltenen gotischen Bronzebrunnens im südlichen Belgien zeigt mit seinen Statuetten von Ansfried, dem letzten Grafen von Huy, sowie der Hll. Katharina, Meingold und Domitian, wie die Stadtpatrone auch in das profane Leben der mittelalterlichen Stadt einbezogen waren. Oberhalb des Ortes erheben sich die massigen Baublöcke des alten befestigten SCHLOSSES, das unter Wilhelm I. von Holland um 1817 zur Zitadelle ausgebaut wurde. Von hier geht der Blick über die malerische Stadt (Abb. 21), den Strom und den schönen Park, der heute die Fundamente der alten Priorei von Neufmoustier deckt, die der Kreuzzugsprediger Peter von Amiens nach seiner Rückkehr aus dem Heiligen Land gründete.

Die bizarren Felsbildungen zwischen Andenne und Namur bieten belgischen Alpinisten Trainingsmöglichkeiten. Von den hier lauernden Gefahren kündet eine Platte am Felsen von Marches-les-Dames, die an den Bergsteigertod König Alberts I. am 14. Februar 1934 erinnert.

Namur (Namen)

Wo Sambre und Maas zusammenfließen, liegt Namur. Seine bewegte Geschichte reicht bis in die Römerzeit. Belagerungen und Brandschatzungen haben von der mittelalterlichen Stadt nur die beiden Rundtürme des Grafenschlosses mit einem 50 Meter tiefen Brunnen und drei zur Stadtmauer gehörende Türme, darunter der Belfried, aus dem Jahre 1388 übriggelassen. Über dem Ort, im Wasser des Stromes gespiegelt, erheben

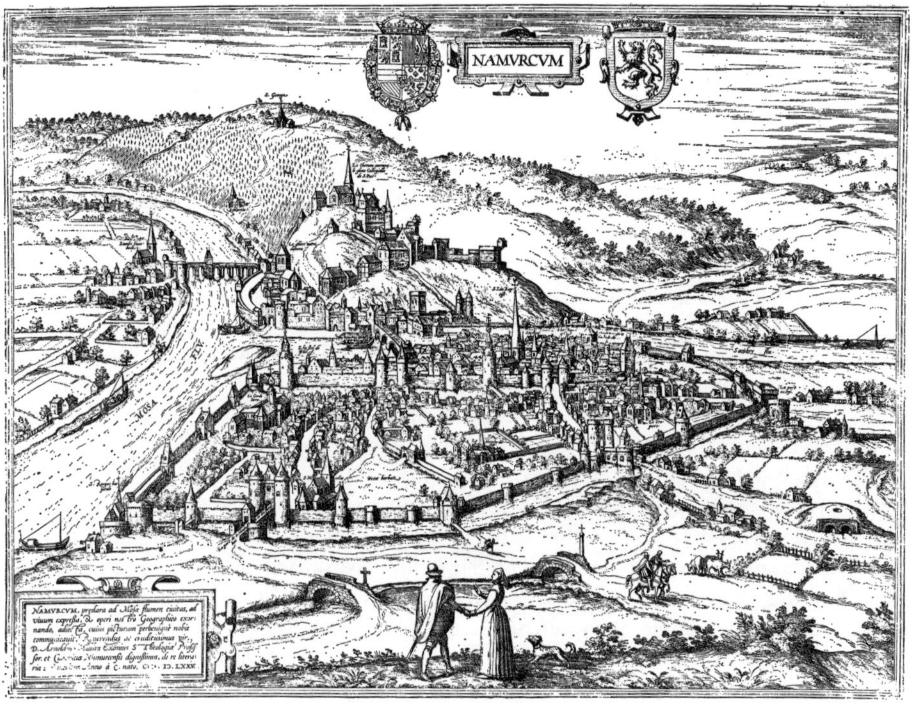

NAMUR. Radierung von Frans Hogenberg, 1575. Brüssel, Königl. Bibliothek

sich die geometrisch geformten Architekturblöcke der Zitadelle. Die älteste erhaltene Kirche ist die spätgotische, mehrfach umgestaltete Pfarrkirche St-Jean. Namur bietet sich heute im Schmuck seiner rostfarbenen Backsteinbauten dar. Barocke Gotteshäuser setzen kräftige architektonische Akzente.

Die dem hl. Albanus geweihte, in der Zeit zwischen 1751 und 1767 errichtete KATHEDRALE (Abb. 32) verrät die italienische Schulung ihres Architekten. Es war der gebürtige Asconese Gaetano Pisoni, der nur den alten Turm beibehielt und im übrigen einen durchlichteten, südländisch-klassizistischen Bau mit klar gegliederter Säulenordnung und schwebender Vierungskuppel über die Dächer der Stadt emporführte. Ein Grabdenkmal bewahrt das Herz des im Feldlager bei Namur verstorbenen Don Juan d'Austria, des Siegers über die Türken in der Seeschlacht von Lepanto, der im Escorial seine letzte Ruhestätte fand.

100 Jahre älter ist die ehemalige Jesuitenkirche ST-LOUP (St. Lupus) (Abb. 26), die der Ordensbruder Huyssens (1621–45) in der Rue du Collège errichtete. Zwölf dorische, von wuchtigen Schaftringen gegliederte Säulen tragen die Gewölbe mit ihrem knorrigen Stuckornament. Der ›Trésor du Prieuré d'Oignies aux Sœurs de Notre-Dame‹ (Rue Julie Billart 19) bewahrt hervorragende Cimelien mittelalterlicher Schatzkunst, die

Hugo d'Oignies in der Zeit um 1230/35 geschaffen hat. Es ist das *Phylakterion des hl. Martin*, in dessen sechspaßförmige, filigran- und edelsteingezierte Fächerform eine sechseckige Reliquienkammer einbeschrieben ist. Die Rückseite zeigt in zarter Gravur die über Drachen thronende Maria. Aus dem Apfel in ihrer Rechten entspringt eine Blüte. Weiter die beiden Buchdeckel des gleichen Meisters mit Kreuzigung und Majestas Domini (Abb. 24). Die Reliefs sind in reichgezierte Rahmen, die über und über mit vegetabilischem, zoomorphem und anthropomorphem Ornament überzogen sind, eingetieft. Für den Figurenstil hat man auf den engen Bezug zu Zeichnungen aus dem Bauhüttenbuch des Villard d'Honnecourt verwiesen und damit die enge Verflechtung mit der französischen Kunst der hohen Gotik verdeutlicht. Der verherrlichte Christus der Majestas-Darstellung ist von den Symbolen der vier Evangelisten begleitet, seine Thronbank zieren drei Emailscheiben, die auf die drei Kavitäten des Christusgrabes verweisen. Die umlaufende Inschrift besagt: »... Die einen besingen Christus mit dem Mund, Hugo jedoch mit seiner Goldschmiedekunst ...« Auf einem der Nielloplättchen des Außenrahmens erkennt man den selbstbewußten Mönchskünstler, wie er das fertige Buch dem Thronenden darbringt. – Hugo schuf auch den Kelch des Gilles de Walcourt mit den wundervollen Niellopplatten des Kelchfußes.

Ein weiteres Schatzhaus Namurs ist die FLEISCHHALLE aus den Jahren 1588–90, in der das archäologische Museum mit seinen Sammlungen römischer und frühmittelalterlicher Keramik, prächtiger Glasarbeiten und reichen Schmuckes untergebracht ist. Zu kostbaren Elfenbeinen gesellen sich Skulpturen und Gemälde.

Im DIÖZESANMUSEUM wird der Kirchenschatz der Kathedrale gezeigt, darunter der merowingische Reliquienschrein aus Andenne und die berühmte Krone Philipps des Edlen von Namur. 1207 hatte er von seinem Bruder, Kaiser Heinrich von Konstantinopel, Reliquien aus dem byzantinischen Kaiserpalast zum Geschenk erhalten, allen voran Dornen der Passionskrone Christi. Für dieses unschätzbar kostbare Heiltum ließ Philipp die Krone anfertigen, die gleicherweise die Reliquien aufnehmen wie auch die im Bild verklärte Dornenkrone ausdeuten sollte.

Von Namur aus dem Lauf der Sambre folgend erreicht man nach 17 Kilometern die Prämonstratenserabtei FLOREFFE. 1121 hatte der hl. Norbert sie gegründet. Sie sollte zur Mutterabtei der deutschen Ordensgründungen der Prämonstratenser werden. Von der romanischen Kirche hat sich in der barocken Anlage des 18. Jh. nur mehr das Querhaus erhalten.

Dinant

Zwischen Namur und Dinant erstreckt sich in der landschaftlichen Vielfalt des Maastals mit seinen bizarren Felsformationen von alpinem Charakter, saftigen Uferwiesen, malerisch gelegenen Schlössern und bergbekrönenden Burgen ein ausgedehntes Erholungsgebiet (Ft. 3). Die prachtvolle Schloßanlage von SPONTIN lädt zu einem Abstecher ein. Von den steil über die Maas aufragenden Felsen blickt man auf das ›Klein-Versailles‹ der von Le Nôtre inspirierten Gärten des FREYRER SCHLOSSES (Abb. 22).

Im Zauber dieser Landschaft liegt, von steilen Talhängen auf engem Raum am Maasufer zusammengedrängt, von einer 4 km langen Straße durchzogen, DINANT (Abb. 23). Zahllose Kämpfe gegen Lüttich, Burgund, Frankreich und Deutschland haben das Bild der alten Stadt weitgehend ausgelöscht. Nur die Stiftskirche NOTRE-DAME hat alle Brandschatzungen überlebt. Im Jahre 1227 zerstörten herabstürzende Felsmassen die romanische Basilika. Der frühgotische Neubau bestimmt noch heute vornehmlich im Chor und nördlichen Querhaus die Architekturformen. Als 1466 Philipp der Gute von Burgund mit seinem Sohn Karl dem Kühnen die Auflehnung der Stadt mit der völligen Einäscherung bestrafte und 800 (?) Bürger in der Maas ertränken ließ, wurden auch die Gewölbe der Liebfrauenkirche zerstört und mußten neu aufgeführt werden. Die zwei mächtigen Baublöcke der Westfront lassen erkennen, daß die Kirche ursprünglich doppeltürmig geplant war. Als sich abzeichnete, daß man solch stolze Anlage nicht würde verwirklichen können, krönte man das Mittelstück der Fassade oberhalb des schönen Portals aus dem 14. Jh. 1566 mit einem birnenförmigen Turmhelm, der bis in die Höhe von 68 Metern hinaufragt und damit der lastenden Schwere der über der Stadt errichteten Zitadelle ein Gegengewicht schafft. Leuchter und Messingpulte im Inneren der Kirche erinnern daran, daß Dinant einmal ein Zentrum der Metallverarbeitung, vornehmlich des Messinggusses, war. Kaum eine Kirche im mittelalterlichen Rhein-Maas-Land, die keine ›Dinanderien‹ – seien es nun Evangelienpulte, Osterleuchter, Weihwasserbecken oder anderes liturgisches Gerät – besessen hätte. Erst die ›Strafaktion‹ des Burgunders 1466 hat die 'Messingstadt' ausgelöscht.

Ein anderes altes Gewerbe blüht noch heute in Dinant: Die Bäckerei der 'Honigcouques'. Es sind lebkuchenartige Gebildbrote aus Speltmehl und Honig. Ihre vielfältigen Formen lassen die Auslagen der Couques-Bäckereien zu Reservaten echter Volkskunst werden. – Durchs Lessetal führt eine schöne Wanderstrecke nach ROCHEFORT ins Gebiet der imposanten Tropfsteinhöhlen, deren eindrucksvollste die Grotte von Han ist.

Ein kurzer Abstecher ins Gebiet zwischen Sambre und Maas führt nach WALCOURT (15200 Einwohner*) mit seiner Pfarrkirche Notre-Dame. An ihrem romanischen Westbau, dem frühgotischen Chor und Querhaus, der Architektur des 14. und 15. Jh., dem überaus reichen Lettner im Flamboyantstil (1531) läßt sich ein ganzes Kapitel mittelalterlicher Baugeschichte ablesen. Im linken Querhaus hat die berühmte *Pilgermadonna,* ein silberbeschlagenes Gnadenbild des 11. Jh. (die Gesichtsmaske datiert aus dem Jahr 1626), seinen Ort. Alljährlich wird es am Dreifaltigkeitssonntag in einem Umzug durch Stadt und Umgebung geführt. Der reiche Kirchenschatz bewahrt mit seinem turmförmigen Reliquienostensorium und dem prachtvollen, filigrangezierten Doppelbalkenkreuz Meisterwerke der Goldschmiedekunst aus dem Strahlungsbereich des Hugo d'Oignies (vgl. S. 45 f.).

* Einwohnerzahlen werden im Text nur angegeben, wenn die Orte auf den S. 219–233 nicht mehr aufgeführt sind.

Die Ardennen

Als reizvolles Ausflugsziel in den Ardennen bietet sich die Grenzstadt BOUILLON an. Hier haben sich auf steilem Felsen hoch über dem Ort die Überreste einer alten Burg erhalten, die mit dem Namen Gottfrieds, des gefeierten Helden des ersten Kreuzzuges, eng verbunden ist (Ft. 2).

St-Hubert

Am Anfang steht die Legende des Heiligen, der 683 vom Schloß Ambra, dem Jagdsitz der austrischen Hausmeier, aufgebrochen war, um an einem Karfreitag einen Zehnender zu jagen, der sich bisher stets der Verfolgung entzogen hatte. Die Vision des zwischen den Geweihstangen des Tieres erscheinenden Kreuzes überträgt Züge der Kreuzlegende Konstantins in den dunklen Ardennenwald: Arduina, die alte keltische Gottheit, hatte ihm ihren Namen gegeben, und Cäsar beschrieb ihn in seinen ›Commentarii de bello gallico‹ als das Gebiet, das sich in einer Ausdehnung von 50000 Schritten von den Ufern des Rheins bis zum Gebiet der Nervier erstreckte. Etwa 687 hatten Benediktiner auf einem Plateau inmitten der Ardennen eine ABTEI begründet. Als Heiltum hüteten die Mönche die Reliquien des bekehrten und zur Ehre von Altären erhobenen Hubertus. Die heutige, nach einer Brandkatastrophe 1526 auf den Funda-

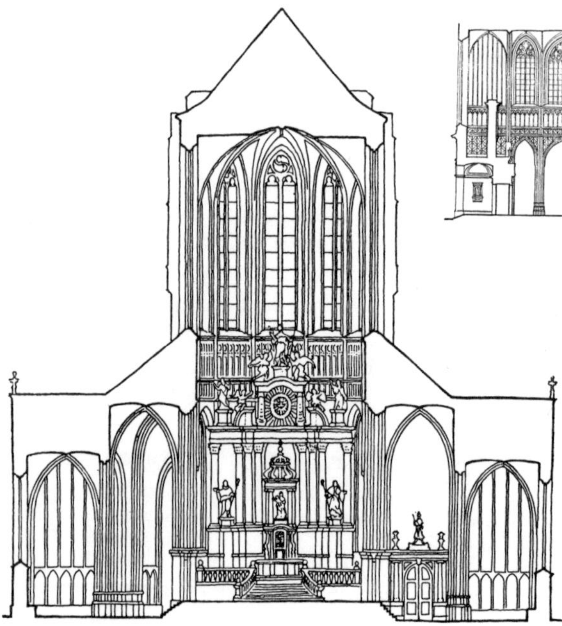

ST-HUBERT. Quer- und Längsschnitt durch die Abteikirche

menten einer romanischen Anlage spätgotisch wiederaufgebaute Kirche ist fünfschiffig und hat ihre reiche Innenausstattung bis auf das schöngeschnitzte Chorgestühl im Bildersturm des Jahres 1560 verloren (Abb. 27). Die heutige barocke Westfassade hat man zu Beginn des 18. Jh. dem Bau vorgeblendet. Noch heute steigen die Pilger in die alte Krypta der Kirche, in der man die Grabstätte des Heiligen vermutete.

In den Orten CELLES und HASTIÈRE-PAR-DELA haben sich eindrucksvolle romanische Kirchen erhalten. Die wuchtigen Türme sind von Treppentürmen begleitet. Über den Krypten erheben sich breitgelagerte Langhäuser mit feiner Blendbogengliederung.

Arlon

Der äußerste Südosten des Landes liegt nicht mehr in den Ardennen sondern im Belgischen Gutland, einem Teil des Lothringischen Schichtstufenlandes. Hier laufen bei der Stadt Arlon sieben Straßen spinnennetzartig zusammen. Schon in der 1. Hälfte des 3. Jh. haben hier römische Legionäre von der auf einem Hügel angelegten Festung die Verkehrswege kontrolliert. Noch heute erkennt man die Trassen dieser Lebensadern der weit nördlich vorgeschobenen Außenbastionen des Imperiums. Der Boden des alten Orolaunum hat eine Fülle von Reliefs freigegeben, die wie ein buntes Bilderbuch römischen Lebens anmuten. Im ARCHÄOLOGISCHEN MUSEUM in der Rue des Martyrs kann man es studieren: Da wird der Acker bestellt und geerntet, der Schulmeister im keltischen Kapuzenmantel erhebt die Zuchtrute, der Tuchhändler sucht seine Ware zum besten Preis an den Mann zu bringen, um den Tisch sind Gäste versammelt, man ißt und trinkt und ergötzt sich an den rhythmischen Schritten zweier nackter Tänzerinnen, Soldaten ziehen in ihre Stellungen am Rhein – Limes. Die Göttin der Pferde, Epona, beschützt ein Fohlen, Herkules weist auf die goldenen Äpfel aus dem Garten der Hesperiden. Und so geht es fort: Leben und Tod, das tägliche Leben und seine mythische Überhöhung, alles haben die römischen Bildhauer von Arlon vor dem Betrachter ausgebreitet. Doch daß sich die antike Siedlung der christlichen Botschaft schon sehr früh geöffnet hat, erweisen die Überreste einer BASILIKA des späten 4. Jh., die man unter den Fundamenten der alten Martinskirche gefunden hat. Die heutige Anlage wurde im neugotischen Stil errichtet. Zu der dem hl. Donatus geweihten Kirche von 1796 (damals wurden zwei Kapellen miteinander verbunden) muß man über eine malerische Treppe hinaufsteigen, die von den Stationen der Passionsgeschichte Christi begleitet wird.

Stavelot, Malmédy, Eupen

Um 650 bestimmte eine Königsorder Sigisberts III. den hl. Remaklus, Abt von Solignac und späteren Bischof von Maastricht, »in unserem Ardennen genannten Walde, an Stätten tiefer Einsamkeit, wo es von Tieren wimmelt«, ein Doppelkloster nach der Regel des hl. Benedikt zu gründen. Es steht am Beginn der Geschichte von Stavelot und Malmédy. Der Normannenüberfall des Jahres 881 verwandelte die beiden Zentren monastischer Kultur in rauchende Trümmerhaufen. Doch die Mönche hatten das Kostbarste, was sie besaßen, die Remaklusreliquien, gerettet. Und so entstand schon bald über den Gebeinen des Heiligen eine neue, größere Kirche (vgl. Abb. 34).

In der wechselvollen Geschichte der Abtei von STAVELOT beginnt mit der Regierung des Abtes Poppo eine Blütezeit. Kloster und Kirche werden erneuert. Im 300 Fuß langen Schiff tragen elf Marmorsäulen die Chorgewölbe. Im Scriptorium des Klosters sind Mönche mit dem Schreiben und Ausmalen der heiligen Bücher beschäftigt. Mit Abt Wibald, dem Schirmherrn der Künste, steht dem Kloster ein Abt vor, der der Ratgeber des Königs war. Erst 1794 mußten die Fürstäbte von Stavelot-Malmédy den Krummstab niederlegen. Die Säkularisation besiegelte 1796 das Ende einer der bedeutendsten Klostergründungen im westlichen Europa. In der schlichten Pfarrkirche ST-SÉBASTIEN erinnern heute noch die Reliquienbüste des hl. Poppo (1626), vor allem jedoch der *Remaklusschrein* an die Zeiten einstigen Glanzes (Abb. 34). Dieser von der Werkstatt des Aachener Marienschreins abhängige Prachtsarkophag muß zwischen 1263 und 1268 vollendet gewesen sein, denn damals wurden die Reliquien in ihr neues Gehäuse gelegt. Die Langseiten sind in sieben Arkadenstellungen gegliedert, unter deren Giebeln auf der einen Seite der hl. Remaklus, auf der anderen der hl. Lambertus, von Aposteln umgeben, erscheinen. Die Dachreliefs mit Darstellungen der Geburt und Passion Christi erinnern in ihrer Aufteilung an den Aachener Karlsschrein. Drei Meister haben seit 1240 am Schrein in Stavelot gearbeitet. Zwar weist der Typ der Madonna an der Stirnseite (vgl. Abb. 34) auf das Aachener Vorbild, »doch in der Biegsamkeit ihrer Haltung liegt die Anmut, die die Gestalten der Reimser Westfassade verklärt. Hier ist dieser Anmut noch ein Rest von Schwere beigegeben.« (H. Schnitzler)

Um einer hochgotischen *Maria der Verkündigung* (Abb. 25) willen sollte man den kleinen Abstecher ins nahegelegene LA GLEIZE nicht scheuen. In der dortigen Pfarrkirche de l'Asomption de la Sainte Vierge (Mariä Himmelfahrt) ist sie zu besichtigen. Um 1330 in einer Lütticher Werkstatt entstanden, vereinigen sich in diesem schönen Beispiel höchste Anmut der schlanken Proportionen mit souveräner Eleganz eines fast eigenwertig werdenden Faltenstils. Hier ist ein direkter Hinweis auf die mosanen Marmormadonnen gegeben, deren schönste die Antwerpener Kathedrale (vgl. S. 121 ff.) hütet.

In MALMÉDY, dessen alter Stadtkern bei einem Bombenangriff 1944 zerstört wurde, erinnert noch die barocke Kirche mit ihrer Doppelturmfassade an die einstige Abtei. Vom Hauch des ›Fin de siècle‹ ist das einstige Weltbad SPA geprägt (Ft. 1). Es trat im Jahre 1918 ins volle Licht der Geschichte, als hier am 8. November der deutsche Kaiser Wilhelm II. in seinem Hauptquartier auf Krone und Thron verzichtete.

Durch die schwermütig-herbe Landschaft des HOHEN VENNS, eine der schönsten Urlandschaften des westlichen Europa, deren Hochmoorcharakter durch Aufforstungen freilich schon viel von seiner Eigenart verloren hat, vorüber an Belgiens höchstem Punkt, dem Signal de Botrange (694 Meter) durch den schwarz aufragenden Hertogenwald erreicht man EUPEN (Néau). Urkundlich schon 1213 erwähnt, erhält sein Stadtbild auch heute noch seine Hauptakzente von Bauten des 18. Jh., in dem der Ort durch seine florierende Textilindustrie eine Blütezeit erlebte. Barock ist auch die 1722 begonnene doppeltürmige Kirche ST. NIKOLAUS, deren Westfassade ihr heutiges Aussehen 1896–98 erhielt. Den *Hochaltar* hat der Aachener Baumeister Johann Josef Couven entworfen (Abb. 28). Er auch ist der Architekt einiger aufwendiger Patrizierhäuser. Man spürt hier die Nähe zu Aachen, und wenn das Schlagwort vom »Land ohne Grenzen«, mit dem man gerne das Gebiet der Städte um Lüttich, Maastricht und Aachen apostrophiert, noch vollen Sinn hat, dann hier, wo man deutsch spricht und seine Baumeister in der östlich gelegenen Stadt Aachen suchte und fand. – Im Raerener Land hat die Steinzeugindustrie namentlich im 15. und 16. Jh. eine Heimat gehabt. Die im Museum in der BURG RAEREN zusammengetragenen Krüge künden davon.

Bevor der Ring der ersten Rundreise sich schließt, sollte man in der Kapelle des kleinen Ortes TANCRÉMONT unweit von Verviers eine der eindrucksvollsten Großplastiken betrachten, die uns aus dem späten 11. Jh. erhalten ist: der *Christ de Tancrémont* (Abb. 29). Der Gekreuzigte wird hier als Überwinder des Todes dargestellt. Die Augen sind geöffnet, keine Zeichen von Qual entstellen das hoheitsvolle Antlitz. An die Stelle des Lendentuches ist ein tunikaartiges Collobium getreten, das in langem, durchgehendem Faltenwurf von den wie Flügel ausgespannten Armen bis zu den nebeneinander auf dem Suppedaneum stehenden Füßen herabfällt.

II Von Lüttich durch Brabant nach Brüssel

Bevor wir den Lauf der Maas verlassen, um unsere Kunstwanderung in westlicher Richtung fortzusetzen, führt uns ein Abstecher von Lüttich flußabwärts nach VISÉ (Wezet), das in der ehemaligen Stiftskirche Sts-Martin-et-Hadelin den ältesten der im Maasgebiet erhaltenen Reliquienschreine bewahrt (Abb. 35). Er birgt die Gebeine des hl. Hadelinus, des Gründers der Abtei Celles (vgl. S. 49). Das Kollegiatstift von Celles wurde 1338 nach Visé verlegt, der Schrein dorthin mitgeführt. Seine Stirnseiten stammen von einem Reliquiar des 11. Jh. und wurden am neuen Schrein, der im 2. Viertel des 12. Jh. entstand, wieder verwandt. An der Stirnseite erscheint – der Vorstellung des ›Heliant‹ verwandt – Christus als Sieger über Aspis und Basilisk (Ps. 91), das Buch des Lebens in der Linken, in der Rechten den ehemals vom Kreuz bekrönten Stab (Abb. 35). Die Gegenseite ist der Darstellung der Krönung des hl. Hadelinus und Remaklus vorbehalten. An den acht Reliefs der Langseiten, in denen Szenen aus dem Leben des hl. Hadelinus geschildert werden, haben drei Meister gearbeitet. Stilbestimmend wirken die Felder des Schülerempfangs, des Besuchs bei Remaklus, Quellwunder und Heilung eines Stummen. Sie sind vom Einfluß des Reiner von Huy geprägt.

Der *Hadelinusschrein* ist das früheste der uns erhaltenen goldenen und silbernen Häuser, die dem Menschen des Mittelalters schon im Diesseits einen Abglanz himmlischer Herrlichkeit vermitteln sollten. Kaum ein Ort, der sich nicht des Schutzes eines Heiligen versichert hätte, indem man seine Reliquien in einen kostbaren Schrein bettete. Noch heute lassen die Reliquiare, die sich in Amay, Huy, Stavelot, Tournai und Visé erhalten haben, ahnen, wie die goldenen Häuser der Heiligen die geistige Mitte der mittelalterlichen Orte und Klöster bildeten und zu einer visionären Stadt zusammenwuchsen, in der das ›Himmlische Jerusalem‹ auf die Erde herabgekommen zu sein schien.

Ein malerisches Stadtbild, der Ruhm, Geburtsort der Gebrüder van Eyck zu sein (?) und das in Trier oder Echternach geschriebene und gemalte *Evangeliar aus Aldeneyck* im Kirchenschatz – so würde der Steckbrief MAASEIKS als Kunststadt lauten. Nur gezieltes Interesse rechtfertigt die Stichfahrt in den Norden von Belgisch-Limburg, um von dort über die Provinzhauptstadt HASSELT mit ihrer schönen spätgotischen Hauptkirche (Skulpturen von Jean Delcour) Tongeren zu erreichen.

Tongeren (Tongres)

Das martialische Denkmal des Ambiorix auf dem Marktplatz der ältesten Stadt Belgiens inmitten des fruchtbaren Haspengaus erinnert an das Jahr 54 v. Chr., als der Anführer der Eburonen nach Entzündung eines Aufstandes des belgischen Gallien die gesamten Legionen des Sabinus und Cotta vernichtete. Noch ist die Frage nicht eindeutig beantwortet, ob Tongeren das Atuatuca Tungrorum des römischen Gallien war. Neuerlich macht ihm die Stadt Eschweiler bei Aachen diesen Rang streitig. Cäsars schnelles Eingreifen, das die römische Herrschaft rasch wiederherstellte, galt der strategisch wichtigen Straßenkreuzung und dem Stützpunkt an der großen Römerstraße von Bavai nach Köln. Von der alten römischen Stadtbefestigung finden sich noch heute auf einer Länge von 4 Kilometern stattliche Überreste.

Gegen Ende des 2. Jh. n. Chr. begann unter dem Eindruck der Barbareneinfälle der römische Einfluß zu schwinden. Tongeren wurde im 4. Jh. zum ersten Bischofssitz des Landes erhoben. Die Baudenkmäler der heutigen Stadt werden, nachdem die Normannen 881 die Zeugnisse der vormittelalterlichen Geschichte gründlich zerstört hatten, von der Architektur der Romanik und Gotik geprägt.

Die Kirche O.-L.-VROUW erhebt sich über den Fundamenten eines frühchristlichen Marienheiligtums des 4. Jh. Chor, Querschiff und östliches Landhaus entstanden im wesentlichen nach 1240. Die westlichen Joche sowie der 89 Meter hohe, unvollendete Turm (Abb. 31) tragen die Stilmerkmale des 14. bis 16. Jh. Der klar gegliederte Innenraum mit Arkaden-, Triforien- und Fensterzone bewahrt neben einem Antwerpener Schnitzaltar und den Renaissancefenstern im Chor prachtvolle Dinanderien des 14. Jh. (Osterleuchter und Adlerpult). Unter den Skulpturen erfreut sich das Gnadenbild aus der Zeit um 1479 besonderer Verehrung.

In die Zeit des 11. Jh. werden wir in der Vorhalle zum *Kreuzgang* entlassen. Dort steht aufrecht am Kreuz ein monumentaler Kruzifixus, der in streng stilisierenden und geometrisierenden Formen Würde und Hoheit, erlittene Schmach und Überwindung des Todes, wie sie für die Christusdarstellung an der Wende zum zweiten Jahrtausend charakteristisch ist, dokumentiert.

Der romanische Kreuzgang (Abb. 33), dessen offene, rundbogig geschlossene Arkaden sich zu einem kleinen Garten hin öffnen, zirkelt auch heute noch eine Insel kontemplativer Ruhe aus der Geschäftigkeit der ihm umgebenden Straßenzüge aus.

Der Kirchenschatz von Tongeren ist in seinem Reichtum der frühmittelalterlichen Elfenbeine, gotischen Reliquiare, Reliquienbüsten, liturgischen Geräte und Handschriften, Tragaltäre und Paramente noch viel zu wenig erschlossen. Allein das byzantinische Elfenbein der aus dem 6. Jh. stammenden *Paulusplatte*, der monumentale *Christuskopf* des 11. Jh. (Abb. 30), das gotische *Ursulareliquiar* oder die silbergetriebenen Statuetten aus der Werkstatt Guffkens lohnen den Besuch dieses Schatzhauses.

Im mustergültig eingerichteten Gallo-Römischen Museum lädt die Stadt zu einem Besuch in ihre zweitausendjährige Geschichte ein.

St.-Truiden (St-Trond)

Der Name erinnert an Trudo, den Patron der bedeutenden Benediktinerabtei, die zusammen mit den Lütticher Fürstbischöfen die Geschichte der Stadt geprägt hat. Der Untergang des Klosters, seiner frühromanischen Kirche und der zwischen 1169 und 1172 entstandenen Grabkapelle des Heiligen im Schmuck ihrer reichen plastischen Ausstattung zählt zu den schwerwiegendsten Verlusten mittelalterlicher Kunst in Belgien. Noch heute lassen die Gangolfs- und Petruskirche ahnen, welche Stahlungskraft von der alten Abtei ausgegangen sein muß. Bis ins 11. Jh. zurück reicht die Baugeschichte der wuchtig-schweren, flachgedeckten Pfeilerbasilika ST.-GANGULFUS. Chor und Querhaus entstanden um 1133, die Querhausarme allerdings erst im 16. Jh. Eine einfühlsame Restaurierung hat in den fünfziger Jahren dem alten Baubetand seine eindrucksvolle Wirkung zurückgegeben.

Die Pfarrkirche ST.-NIKLAAS-ST.-PIETER (Stadtteil Nieuwenhausen-Zerkingen) aus dem späten 12. Jh. (1874 umfangreichen Erneuerungen unterzogen) bietet sich als dreischiffige querhauslose Basilika mit Kreuzgewölben und vorgesetztem Westturm dar. Der von kleinen Seitenapsiden gerahmte Chorschluß setzt in seiner Blendbogengliederung und der bekrönenden Zwerggalerie das Vorbild des Speyrer Domes voraus.

Mit dem im 13. Jh. begründeten BEGINENHOF (Stadtteil Schurhoven) und seiner gotischen Kirche, der Kollegiatskirche O.-L.-VROUW-HEMELVAART (Chor 14., Langhaus 15. Jh.) und ihrem massigen, allerdings neogotischen Turm, den Resten der Abteigebäude, dem malerischen MARKTPLATZ mit dem schlanken Belfried (Baubeginn 1606) und dem breitgelagerten Rathaus (1726–56) bietet St.-Truiden ein abwechslungsreiches Stadtbild. In sein friedvolles Einerlei tönt der Schlag der Stunden mit dem Erscheinen des Todes und des Gefolges der mittelalterlichen Zünfte am Wunderwerk der großen astronomischen Uhr (im Festraetsstudio, Begijnhof 24) und beschwört die Erinnerung an die Vergänglichkeit.

Zoutleeuw (Léau)

Als wäre die Zeit stillgestanden, als hätten Bilderstürmer und Revolutionsheere sie verschont, als habe selbst der Krieg ein Einsehen gehabt: So zeigt sich die kleine Stadt, die »Perle von Brabant« dem Besucher. Tuchhalle und ›Spiegelhuis‹, Patrizierhäuser, das spätgotische Rathaus (1530–38, Abb. 36), in dessen Freitreppe und Ornamentwerk sich schüchtern die Renaissance zu Wort meldet, alles drängt sich in den Schatten der ST.-LEONARDUSKERK. Sie bietet mit ihren ungleichen Türmen, dem nach 1231 begonnenen Chor, dem größtenteils aus dem 1. Viertel des 14. Jh. stammenden Langhaus, den äußeren Seitenschiffen des 15. Jh. und der spätmittelalterlichen Einwölbung ein Spiegelbild der Zeit, in der Léau zu den sieben Hauptstädten des Herzogtums Brabant zählte. Doch fast noch bedeutender als die Architektur ist die *Inneneinrichtung* der Kirche. Was sollte man von der verwirrenden Fülle nennen? Den frühromanischen

Christus, die thronenden Madonnen des 12. und 13. Jh., die Sitzfigur des Patronatsheiligen aus der Zeit um 1300, den hl. Michael als Drachentöter (15. Jh.) oder Antonius, den Einsiedler, die im Gewölbe schwebende ›Maria im Rosenkranz‹, Mutter Anna Selbdritt, Josef mit dem Jesusknaben und Christus auf dem Kalvarienberg, den hl. Philippus, wie die Bildschnitzer der Spätgotik sie gesehen haben?

Von Schnitzaltar zu Schnitzaltar fortschreitend öffnet sich der Reichtum einer bilderreichen und fabulierfreudigen Zeit: Da wird die Legende des hl. Leonhard, des Abtes von Nobliac, erzählt (1476–78, die Figur des Heiligen wurde schon um 1300 geschaffen), da werden dem Betrachter Kindheits- und Leidensgeschichte Christi vor Augen geführt, ein weiteres Retabel ist dem heiligen Kreuz gewidmet, ein viertes schildert das Marienleben. Das ganze Heilsgeschehen, wie das Spätmittelalter es verstand, gewinnt in den geschnitzten Bilderbibeln der Leonhardskirche Gestalt.

Im *Sakramentshaus* des Cornelis II. Floris de Vriendt aus dem Jahre 1549 triumphiert erstmals flämische Renaissance in ihrer pittoresken Eigenart über die Gotik.

Im vielstimmigen Konzert von Architektur, Plastik und Malerei übernimmt auch die Metallkunst eine wichtige Rolle. Der große *Osterleuchter* Reiner von Thienens aus dem Jahre 1483 ist eine Gipfelleistung maasländischen Gelbgusses. Hier ist alles »aus einem Guß«. Die Verzweiflung der Magdalena, der verinnerlichte Schmerz Mariens, die ergriffene Mimik und Gebärde des Johannes, alles scheint zutiefst glaubwürdig. Ein Blick in den reichen *Kirchenschatz* mit seinen gotischen und barocken Monstranzen, Kelchen und Reliquiaren läßt erkennen, daß man die Liturgie dem Reichtum der Kirchenausstattung anzupassen wußte. Unter den Paramenten verdient der angeblich von Kaiser Maximilian I., dem Gatten von Maria von Burgund, gestiftete Chormantel unsere besondere Aufmerksamkeit.

Hakendover

Schon seit Mitte des 7. Jh. ist Hakendover das Ziel zahlreicher Pilgerfahrten. Einer alten Legende folgend, wollten hier drei Jungfrauen an einer auf wunderbare Weise sichtbar gemachten Stelle eine Kirche errichten. Sie dingten 12 Arbeiter, doch waren stets 13 an der Arbeit. Zu Ehren jenes 13. – Christus selbst verbarg sich in seiner Gestalt – findet in der 13. Nacht nach Epiphanias eine feierliche Prozession statt. Im *Schnitzaltar* der ST.-SALVATORSKERK, dem einzigen der frühen Altarschreine, der den Bildersturm in Brabant überdauerte, ist die Geschichte der wunderbaren Kirchengründung in der Formensprache des 1. Drittels des 15. Jh. erzählt (Abb. 37). Zu den bewegten Reliefs der Legenden kontrastieren in einer oberen Zone die zu Zweiergruppen zusammengefaßten Apostel. Größenmäßig betont wird die Mittelfigur des Schöpfergottes und das Zentrum der Heilsgeschichte, die Kreuzigung, in der Mitte der unteren Zone.

Tienen (Tirlemont)

Endlos dehnen sich längs der Zufahrt, die hier der alten Römerstraße folgt, die Rübenfelder. Tienen (32000 Einwohner) ist der Mittelpunkt der belgischen Zuckerindustrie. Im Zentrum der Stadt überragt der mächtige Turm von O.-L.-VROUW-TEN-POELKERK den Großen Markt. Der Name verweist auf das alte Quellheiligtum unter der Marienkirche, die bis ins 18. Jh. ein berühmtes Wallfahrtsziel war. Doch von der ursprünglichen Planung wurden nur der Chor aus dem 14. und das Querschiff aus dem frühen 15. Jh. vollendet. Um dennoch dem Ganzen eine gewisse Abgeschlossenheit zu geben, führte man den Turm über der Vierung zum stadtbeherrschenden Westturm empor. Der Architekt Jean d'Oisy – so jedenfalls will es die Überlieferung wissen – blendete der so im Verbund mit dem Querhaus gewonnenen Westfassade um 1360 eine reiche Portalgliederung vor, die allerdings 1913 stark erneuert worden ist.

Ein Abstecher nach SCHERPENHEUVEL (Montaigu, 20500 Einwohner) gilt dem Zentrum der Marienverehrung in Belgien. Die in der Zeit zwischen 1609 und 1627 von W. Cobergher erbaute Wallfahrtskirche mit ihrer mächtigen Kuppel verhilft dem klassizistisch gefärbten Barock italienischer Prägung in Belgien zum Durchbruch. Im gleichen Jahrhundert (1664–72) schuf J. van den Eynde im nahegelegenen AVERBODE einen ganz anderen Typ barocker Architektur. In dieser Klosterkirche hat der Chor die gleiche Ausdehnung wie das Langhaus. Die schmalbrüstige Westfassade gibt zusammen mit dem Ostturm der breit gelagerten Anlage einen vertikalen Ausgleich. Die Abtei selbst ist eine prämonstratensische Gründung aus der Zeit um 1134/35. – Für die Kirche der Norbertinerabtei von TONGERLO (12000 Einwohner) wurde eine Kopie von Leonardos *Abendmahl*, die sein Schüler Andrea Solario wenige Jahre nach Entstehung des Originals (1495–98, Mailand, Sta. Maria delle Grazie) geschaffen hatte, erworben. Als authentische Wiederholung des säkularen Werkes geltend, hat man für das riesige Leinwandbild ein eigenes Museum eingerichtet.

Im nahegelegenen AARSCHOT (14000 Einwohner) sollte man die O.-L.-Vrouwekerk mit ihrem 85 Meter hohen Turm (Chor und Querschiff 14. Jh., Langhaus Ende 14./Anfang 15. Jh.) besuchen. Am Chorgestühl aus dem 16. Jh. erwacht die Fabelwelt des späten Mittelalters zu prallem Leben (vgl. auch die Chorgestühle in Diest, Hoogstraten und Brügge).

Diest

Der Festungsgürtel und die Zitadelle, die sich hier erhalten haben, sind vergleichsweise jungen Datums. Zwischen 1838 und 1858 hatte der belgische Generalstab sie errichten lassen, nachdem die holländische Armee sich 1831 der Stadt bemächtigt und damit die Verbindung zwischen Schelde- und Maasarmee unterbrochen hatte. Die hochgelegene Kirche ST.-SULPITIUS besitzt noch Teile des Chors und Querhauses aus dem 14. Jh., das Langhaus datiert ins 15. Jh., der nicht vollendete Turm ins 16. Jh. Am Bau war auch

38 LÖWEN Rathaus. Von M. de Layens zwischen 1447 und 1468 erbaut

39/40 ›Begegnung zwischen Abraham und Melchisedech‹ und ›Mannaernte‹. Zwei der vier Flügelbilder des Abendmahlaltars (s. Abb. 43)

41 LÖWEN St.-Pieterskerk, Innenansicht, 1425–1450

42 LÖWEN Westfassade der St.-Michielskerk, 1650–1671

43 Dirk Bouts, Abendmahlaltar, Mittelbild, 1464–1467. Löwen, St.-Pieterskerk

44 BRÜSSEL Rathaus

45 BRÜSSEL Blick auf den Grote Markt/ Grand' Place mit Rathaus

46 BRÜSSEL Haus der Herzöge (17. Jh.) am Grote Markt/Grand' Place

47 BRÜSSEL Blick über die Stadt, im Vordergrund der Justizpalast (1866–1883)

48 BRÜSSEL ›Brothaus‹, auch ›Maison du Roi‹ genannt (1873–1896)

49 BRÜSSEL Westfassade (1450–1490) der Kathedrale St-Michel-et-Ste-Gudule

50 Kopfreliquiar des Papstes Alexander. Maasländisch, vor 1145. Brüssel, Königl. Museen für Kunst und Geschichte

51 Tragaltar aus Stablo (Aufsicht). Maasländisch, um 1150–1160. Brüssel, Königl. Museen für Kunst und Geschichte

52 BRÜSSEL Langhaus der Kathedrale St-Michel-et-Ste-Gudule, 13.–15. Jh.

53 Vorderseite des Elfenbeindiptychons aus Genoels-Elderen. 8. Jh. Brüssel, Königl. Museen für Kunst und Geschichte

54 Rogier van der Weyden, Dedikationsminiatur aus der Chronik des Hennegaus, um 1446. Brüssel, Königliche Bibliothek ▷

Pour che que toute
creature de raison a
noble entendement de
sire et appete savoir.
et oyr choses nouvelles pour la re
creation et esjoyssement de son co
raige. et ossy que en ou record des
choses advenues anchiennement
et meismement des haultes et nobles
proesces et emprisez des nobles
hommes procrees et engenres des
haultes et nobles procreations et
lignies. tous proedommes ayans
lentendement esleuet en honneur
quant ilz telz fais oent recorder. sen
esliecent et esmeuvent en plus grant
perfection de valeur et de proesche
Est il que a ceste instance moy non
digne. povre de sens. et menre a len
tendement. debille et foible de ceste
haulte matere mettre a effect. Se
non que il me fust commande comme
il est depar mon tresredoubte et tres
puissant seigneur. monseigneur philippe.
par la grasce de dieu. duc de bour
gongne. de lotrrijke. de brabant et
de lembourc. Conte de flandrez. dar
tois. de bourgongne. palatin de hay
nau. de hollande. de zelande et de
namur. marquis du saint empire.
Seigneur de frize. de salins et de ma
lines. me suy determines et disposes

55 Dirk Bouts, ›Die Feuerprobe‹ der Löwener Gerechtigkeitsbilder, 1468. Brüssel, Königl. Museen der Schönen Künste

Aus Brüsseler Museen

56 Nicolaus Maes (1632–1693), Alte Frau mit Klöppelkissen

57 Rogier v. d. Weyden (1400–1464), Laurent Froidmont

58 Frans Hals (1580–1666), Porträt Willem van Heythuizen

59 Anton van Dyck (1599–1641), Der Bildhauer François Duquesnoy

60 J. L. David, Der Tod des Marat, 1793

61 Peter Paul Rubens (1577–1640), Negerköpfe

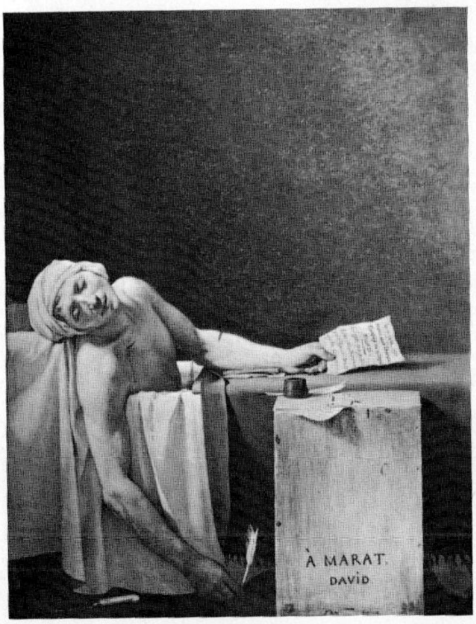

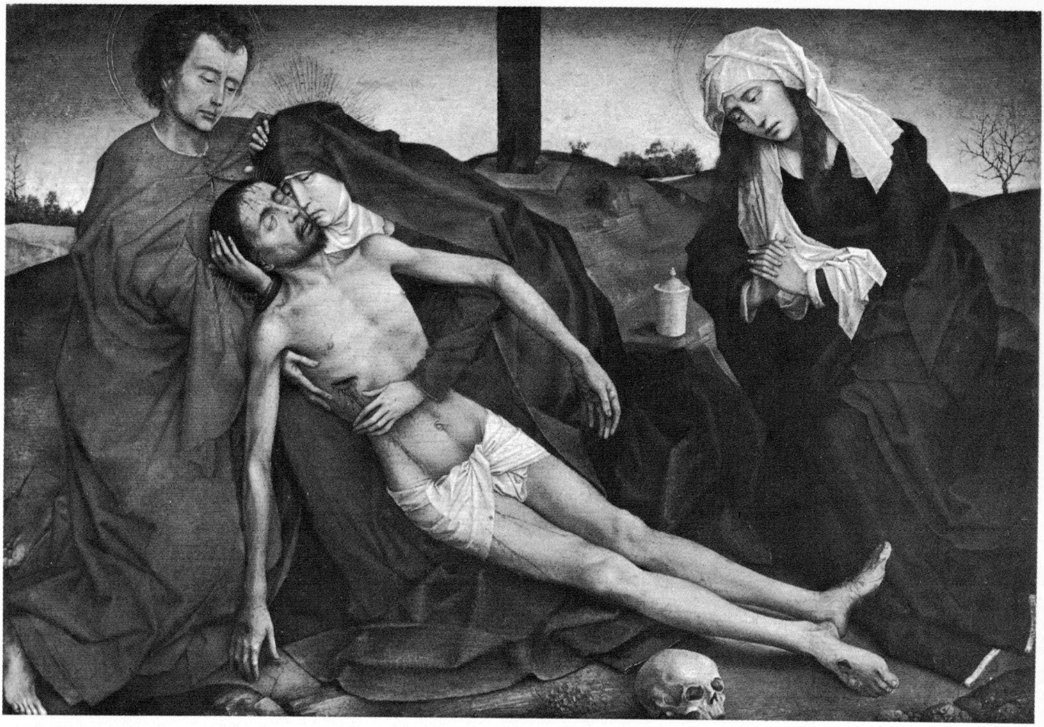

62 Rogier van der Weyden, Beweinung Christi. 2. Viertel 15. Jh. Brüssel, Königl. Museen der Schönen Künste

64 Pieter Bruegel d. Ä., Landschaft mit dem Sturz des Ikarus, um 1558. Brüssel, Königl. Museen der Schönen Künste ▷

65 Pieter Bruegel d. Ä., Die Volkszählung zu Bethlehem, 1566. Brüssel, Königl. Museen der Schönen Künste ▷

63 Quentin Massys (1465/66–1530), Flügelaltar der hl. Anna. Brüssel, Königl. Museen der Schönen Künste

66 René Magritte, Das Reich der Lichter, 1954. Brüssel, Königl. Museen der Schönen Künste

67 Antoine Wiertz (1806–1865), Zwei junge Mädchen oder La Belle Rosine. Brüssel, Museum Wiertz

69 Reiterstandbild Karls von Lothringen auf dem ›Haus der Brauer‹ am Grote Markt/Grand' Place. Im Hintergrund die Brüsseler Kathedrale

68 James Ensor, Einzug Christi in Brüssel, 1888. Antwerpen, Königl. Museen der Schönen Künste

70 Kolonialmuseum SCHLOSS TERVUREN (um 1900) bei Brüssel

71 Schloß GAASBEEK, einst Sitz des Grafen Egmont

Sulpice van der Vorst beteiligt, ein Architekt, dem man in Löwen wiederbegegnen wird. In den Schnitzereien des Chorgestühls von 1493 gewinnen Szenen des Alltags plastische Gestalt. Das wuchtige Westportal öffnet sich zum GROTE MARKT mit seinen malerischen, in den Obergeschossen zuweilen vorkragenden Häusern aus dem 17. und 18. Jh. und dem barocken RATHAUS. In seinem noch mittelalterlichen Untergeschoß ist das Museum mit alter Malerei, Plastik, Kunsthandwerk (Goldlschmiedekunst), ethnologischen und folkloristischen Sammlungen untergebracht. Im alten BEGINENHOF, den man durch ein prächtiges Barockportal aus dem Jahre 1671 betritt, sind die pittoresken kleinen Häuser um eine durch ihre einfache Formgebung bestechende gotische Kirche versammelt.

Löwen (Leuven, Louvain)

Bei Löwen errang König Arnold von Kärnten 831 einen glänzenden Sieg gegen die Normannen und errichtete hier eine Burg, welche die Entwicklung des um 900 erstmals erwähnten Ortes sehr begünstigte. Während des 13. und zu Beginn des 14. Jh. beanspruchte Löwen den ersten Rang unter den Städten Brabants. Doch mit dem Verfall des Tuchgewerbes setzte auch der politische Niedergang ein: In einem blutigen Aufruhr standen 1378 die Zünfte gegen die herrschenden Schichten auf, trieben die Flüchtenden ins Rathaus und stürzten sie aus den Fenstern auf die Lanzenspitzen der auf dem Vorplatz versammelten Aufständischen. Die Repressalien, die König Wenzel von Luxemburg ergriff, entzogen der Stadt weitgehend ihre Lebensgrundlage. So wanderten die Weber, die zum Wohlstand entscheidend beigetragen hatten, nach England aus. Erst mit der Gründung der UNIVERSITÄT im Jahre 1425 gewann Löwen neues Ansehen und wurde zu einem geistigen Zentrum Europas an der Wende vom Mittelalter zur Neuzeit. Erasmus von Rotterdam und Justus Lipsius, der Begründer der Altertumswissenschaft, haben hier gelehrt und gelernt, und die ›Utopia‹ von Thomas Morus nahm aus der Löwener Universitätsdruckerei ihren Weg in das Europa des 16. Jh. 1797 schlossen die Franzosen die Universitätsinstitute. Doch seit 1835 ist Löwen wieder zum Mittelpunkt einer der katholischen Kirche zugeordneten erstrangigen Lehrstätte geworden.

Das Schicksal der Universitätsbibliothek steht stellvertretend für die Heimsuchungen, die Löwen in den beiden Weltkriegen erlitt. Bei der Beschießung der Stadt 1914 wurde das Gebäude zerstört. Der 1928 eröffnete Neubau ging 1940 in Flammen auf; fast eine Million Bücher verbrannten. 1944 hat Löwen unter Luftangriffen gelitten. Unter anderem wurde das herrliche Chorgestühl von Mattias de Wayer aus der Zeit um 1543 im St. Gertrudenkloster schwer getroffen. Die stark beschädigte Stadt an der Dyle wurde jedoch im Rahmen des Möglichen nach altem Vorbild wiederaufgebaut.

Am Großen Mark erhebt sich das von Matthijs de Layens in den Jahren zwischen 1447 und 1468 erbaute RATHAUS. Es ist ein Gipfelwerk europäischer Profanarchitektur im Zeitalter des Burgunderherzogs Philipps des Guten. Zusammen mit den Rathäusern

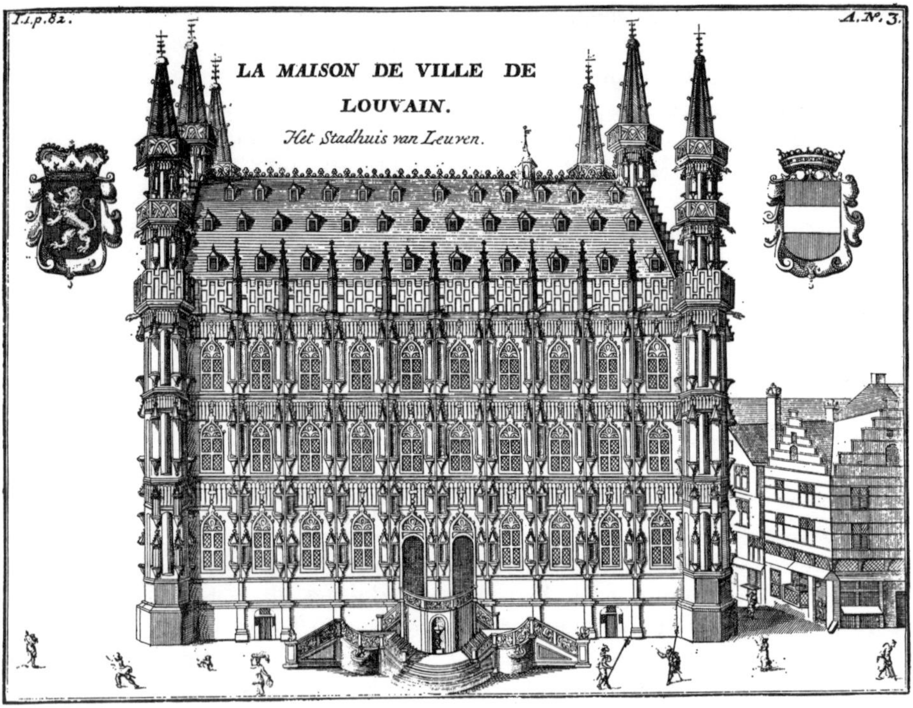

Das Rathaus von LÖWEN. Radierung von Jacques Harrewyn. Brüssel, Königl. Bibliothek

von Brüssel, Gent, Brügge und Oudenaarde dokumentiert es eine Sonderleistung flämisch-brabantischer Baumeister, die der alles beherrschenden Sakralbaukunst ein vom Geist des Bürgertums getragenes neues architektonisches Leitbild zuordnen.

Das Löwener Rathaus (Abb. 38), einheitlich aus drei Geschossen mit je zehn spitzbogig eingetieften Fensteröffnungen der Fassade und drei an den Schmalseiten konzipiert, erinnert in der Feinheit seiner Architekturplastik, dem Filigranwerk seiner sechs achteckigen, in durchbrochenen Spitzen endenden Türmchen und dem Flamboyantornament seiner Maßwerkbrüstung fast an ein spätgotisches Goldschmiedewerk, das man, dem Widerstand der Materie spottend, in eine Steinarchitektur verwandelt und vergrößert hat. Ein umfangreiches Bildprogramm (großenteils erneuert) in 230 Nischen unter Baldachinen und an Konsolen verbindet staatliches und städtisches Leben und seine hervorragenden Persönlichkeiten mit den Heilswahrheiten des Alten und Neuen Bundes. Für den Sitzungssaal der Schöffen hatte der Magistrat bei dem größten Maler der Stadt, Dirk Bouts (geb. Haarlem um 1420, gest. Löwen 1475) einige Tafelbilder in Auftrag gegeben, die sich heute im Königlichen Museum zu Brüssel befinden. Sie zeigen Kaiser Otto, der einen Edelmann – beschuldigt, sich der Kaiserin zudringlich genähert zu haben – enthaupten läßt. In einem zweiten Bild erweist die Frau des Getöteten durch die Feuerprobe (Abb. 55), daß ihr Mann das Opfer einer Verleumdung durch die Kaiserin geworden sei. Otto überantwortet daraufhin seine eigene Gemahlin (der geschichtliche Kaiser Otto war unverheiratet) dem Feuertod. Dirk Bouts leistete mit den beiden Bildern, denen eine Legende Gottfrieds von Viterbo zugrundeliegt, einen entscheidenden Beitrag zur Entwicklung des sogenannten *Gerechtigkeitsbildes,* das eine geschichtliche oder legendäre Rechtsprechung schildert, um den Richtern als Vorbild für einen gerechten Schiedsspruch stets vor Augen zu stehen. Von den vier geplanten Bildern waren zwei bis zum Tode von Dirk Bouts fast vollendet. Starke Überlängung der Figuren trägt dazu bei, das ungewöhnliche Hochformat zu bewältigen. Trotz der grauenvollen Handlung bleibt die Stimmung verhalten, ja, fast ist man beleidigt durch die Teilnahmslosigkeit, mit der die Assistenzfiguren das Geschehen umstehen. Haben die *Gerechtigkeitsbilder* ihren legitimen Platz verlassen müssen, so ist ein weiteres Hauptwerk von Bouts der Stadt, in der er gewirkt hat, erhalten geblieben: Der *Abendmahlaltar* der Peterskirche. Er wurde 1464 von der Bruderschaft des hl. Sakramentes in Auftrag gegeben. Auf der Mitteltafel mit der Abendmahlszene (Abb. 43) überrascht der große Raum, der in einem bis dahin nicht gekannten, proportional gerechten Verhältnis zu den Figuren steht. Um den rechteckigen Tisch sind die Apostel gruppiert. Die Physiognomik hat sich von der Dramatik früherer Bilder zu stiller Versunkenheit gewandelt. Das Zuhören ist selten verinnerlichter und hoheitsvoller dargestellt worden. Um so größere Bedeutungsfülle gewinnt daher das Christuswort. Alles im Bild ordnet sich der Christusfigur, die auch größenmäßig leicht betont ist, unter. Ein Kamin an der Rückwand des Raumes schafft einen 'Hoheitsraum' um den Erlöser. Über ihm hängt, einer profanen Aureole gleich, ein gotischer Deckenleuchter. Der Farbe ist ihr leuchtender Eigenwert genommen, sie dient wie Architektur und Bildordnung. Groß steht in der Mitte der Tafel der Kopf Christi. Er allein schaut aus dem Bild heraus. Blick und Gebärde sind auf den Betrachter bezogen. Sie spiegeln das Geschehen am Altar, ja beziehen sich auf den Ursprung des kultischen Vorgangs: Die Einsetzung der Eucharistie durch Christus. In der Gestalt des rechts in der Vorhalle Stehenden hat man ein Selbstbildnis des Malers vermutet.

Zwei Theologieprofessoren hatten das ikonographische Programm für das Altarwerk aufgestellt und für seine Seitenflügel alttestamentarische Vorbilder zum eucharistischen Mahl vorgeschrieben. Während das ›Passah-Mahl‹ (Ft. 7) in seiner räumlichen Entfaltung schon den direkten Hinweis auf die Haupttafel bringt (Abb. 43), zeigen die ›Mannaernte‹ (Abb. 40), die ›Begegnung zwischen Abraham und Melchisedech‹ (Abb. 39) und die ›Speisung des Elias in der Wüste durch einen Engel‹ Dirk Bouts als einen Künstler, dem die Integration der handelnden Figuren in den Landschaftsraum gelingt. Ja, selbst der Stimmungswert von Wetter und Tageszeit wird eingefangen und charakterisiert eine wichtige Phase in der Wiedereroberung der Natur im Werk der niederländischen Malerei des 15. Jh.

Die spätgotische ST.-PIETERSKERK, eine kreuzförmige Basilika mit Chorumgang und Kapellen, ersetzt eine frühromanische Anlage. Sulpice van der Vorst lieferte die Pläne für ihren Chor (erbaut etwa 1425–50), Jan II. Keldermans und Matthijs de Layens für das Querschiff. Etwa zur gleichen Zeit entstand das östliche Langhaus; seine westlichen Partien stammen vom Anfang des 16. Jh. Die drei Fassadentürme, von J. Metsys 1507 begonnen, blieben unvollendet. Der Raumeindruck (Abb. 41) besticht durch seine Ausgewogenheit. Ohne Kapitellunterbrechung wachsen Pfeiler und Dienste auf, rahmen die filigranhaft feine Triforienarchitektur und gehen in halber Höhe des Fenstergadens in sanft geschwungene Gewölberippen über. Ein gleichförmiger, alle Mauerreste auflösender Ornamentrapport verbindet Blendarchitektur, Triforienzone und Fenstermaßwerk zur untrennbaren Einheit.

Die Peterskirche birgt eine Fülle kostbarer Einrichtungsstücke: Da bietet die Barockkanzel von 1747 Raum für die Darstellung der Verleugnung Petri und die Bekehrung des hl. Norbert, da unterbrechen die drei in reichem Flamboyantstil ausgeführten Bögen des Lettners (1488) den flüssigen Rhythmus des Raumes und grenzen Chor und Langhaus gegeneinander ab, da thront im linken Arm des Querhauses eine noch romanisch insperierte Maria als Patronin der Löwener Universität (1422/25), da wächst im Chor das Sakramentshaus (geschaffen um 1450 von Matthijs de Layens) in die Gewölbe empor. 1944 legten Bombeneinschläge im linken Umgang den Zugang zur Krypta, dem Begräbnisort für die Herzöge von Brabant, wieder frei.

Im alten Kapitelsaal ist der Kirchenschatz ausgebreitet (Museum für sakrale Kunst: Di–Sa 10–12, 14–17 Uhr; So [11.4. – 30. 9] 14–17 Uhr). Er bewahrt mit dem *Martyrium des hl. Erasmus* von Dirk Bouts und einer Replik der *Kreuzabnahme* Rogier van der Weydens weitere Cimelien der flämisch-brabantischen Malerei im 15. Jh.

Dominikanermönche erbauten in der Mitte des 13. Jh. O.-L.-Vrouw-ten-Predikheren. Herzog Heinrich I. hatte den Orden 1228 aus Frankreich hergerufen. Er errichtete mit der Klosterkirche einen der gotischen Gründungsbauten in Belgien.

Die dem hl. Michael geweihte JESUITENKIRCHE, 1650–71 von G. Hesius errichtet und von J. van den Steen mit prunkvoller Fassadendekoration versehen, gehört zu den glanzvollsten Leistungen des belgischen Barock (Abb. 42).

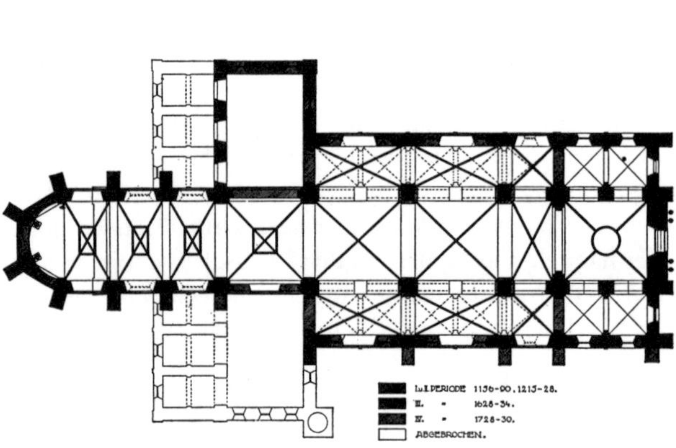

Grundriß der PARKABTEI-KIRCHE

Im Gegensatz zur Peterskirche, der Gertrudenkirche und St. Michael, die der Krieg schwer getroffen hatte, blieben St.-Quintius (Matthijs de Layens) und St.-Jacob unzerstört. Der BEGINENHOF mit seiner Kirche aus der Frühzeit des 14. Jh. bietet zwar auch heute noch ein malerisches Ensemble alter Bauten, doch dient er längst nicht mehr seinem ursprünglichen Zweck. Seit 1961 nutzt ihn die Universität. Auch in die alte TUCHHALLE aus dem 14. Jh. ist die Alma Mater eingezogen. Traditionsbewußt hat sie dem Warrenschen Neubau der Bibliothek aus dem Jahre 1928 die Formen belgischer Renaissancearchitektur gegeben. Ihr 87 Meter hoher Turm, der freilich mehr an die 'Giralda' in Sevilla als an einen belgischen Belfried erinnert, ist zum neuen Wahrzeichen der Stadt geworden. Im alten Collège de Savoie (Savoyestraat) zeigt das Städtische Museum seine stadtgeschichtlichen Sammlungen sowie Renaissance- und Barockskulpturen.

Die PARKABTEI von Heverlee, 1129 von den Prämonstratensern aus Laon vor den Toren Löwens gegründet, bietet sich nach dem Umbau der Jahre 1719–30 vorwiegend als barocke Klosteranlage dar. Sie ist die weitläufigste ihrer Art in Belgien.

Brüssel (Bruxelles)

Das ist eine Stadt, die sich auf keinen einfachen Nenner bringen läßt. Flämisch – wie es der Name »de Brugsels« – die Brückchen – besagt, gewiß, aber kräftig wallonisch 'durchwachsen', europäisch in der überbordenden Fülle seiner modernen Architektur, wie sie für die heimliche Hauptstadt des westlichen Kontinents in den letzten Jahrzehnten entstand, und doch belgisch im Lebensrhythmus und dem alten Stadtkern. Es wirkt wie ein Akt ausgleichender Gerechtigkeit, daß die Institutionen des wirtschaftlichen und politischen Zusammenschlusses der westlichen Welt Brüssel zu ihrer Residenz gewählt haben, eine Stadt, die seit ihren Anfängen gezwungen war, mit Besatzern zu leben. Sie wechselten zwar ständig, aber immer waren sie da, zwangen zur Anpassung und hinderten die freie Entfaltung. Daran mag es liegen, daß es keine unverwechselbar eigenständige ›Brüsseler Kunst‹ gibt, sondern einen Pluralismus von Leistungen großer Einzelner, Sonderformen innerhalb künstlerischer Kategorien – etwa bei den Schnitzaltären des späten Mittelalters oder den Brüsseler Spitzen des 17. Jh. – oder den Nachhall französischer Gotik in der Kathedrale. Wer Brüssel durchstreift hat, der wagt keine runde Formel mehr.

Die heutige Stadt geht auf eine niederlothringische Burg zurück, die auf einer Insel im Sennefluß – er wird heute unsichtbar unter der Stadt hindurchgeführt – angelegt war. Ende des 7. Jh. wird Bruocsella erstmals erwähnt. Wo sich heute das Königliche Schloß erhebt, wird im 11. Jh. eine zweite Burg errichtet, nachdem um 1010 die Grafschaft Brüssel mit der Grafschaft Löwen vereinigt worden ist. Zwischen den beiden Anlagen und in ihrem Schutz entwickelt sich die Unterstadt in solch kraftvoller Weise, daß Brüssel schon um 1400 die ältere Nachbarin Löwen überflügelt und zur Hauptstadt Brabants aufsteigt: ›La Capitale‹. Noch heute zeichnet sich die damalige Umwallung in

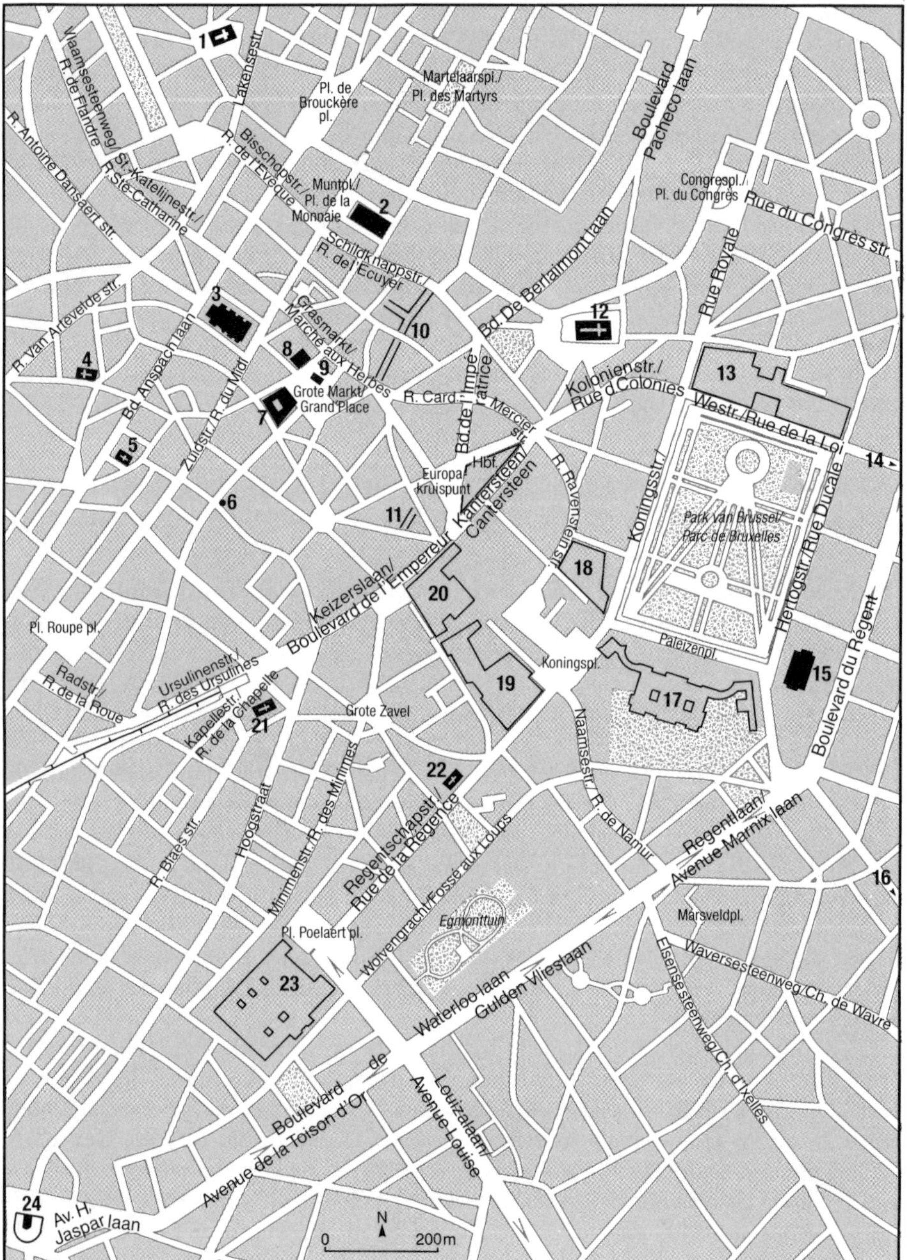
1
Lakensestr.
Pl. de Brouckère pl.
Martelaarspl./ Pl. des Martyrs
Vlaamsesteenweg/ R. de Flandre
R. Antoine Dansaert str.
St.-Katelijnestr./ R. Ste-Catharine
Bisschopstr./ R. de l'Evêque
Muntpl./ Pl. de la Monnaie
2
Boulevard Pacheco laan
Congrespl./ Pl. du Congrès
Rue du Congrès str.
Schildknappstr./ R. de l'Ecuyer
Bd. De Bertaimont laan
Rue Royale
12
R. Van Artevelde str.
3
Bd. Anspach laan
4
8
9
10
Grasmarkt/ Marché aux Herbes
Grote Markt/ Grand Place
7
R. Card. Mercier str.
Bd. de l'Impératrice
Kolonienstr./ Rue d. Colonies
13
Westr./Rue de la Loi
14
5
Zuidstr./R. du Midi
Hbf.
Europa-kruispunt
6
11
Kantersteen/ Cantersteen
R. Ravenstein str.
Koningsstr./
Park van Brussel/ Parc de Bruxelles
Hertogstr./Rue Ducale
18
Keizerslaan/ Boulevard de l'Empereur
20
Pl. Roupe pl.
Paleizenpl.
Boulevard du Régent
15
Radstr./ R. de la Roue
Ursulinenstr./ R. des Ursulines
Koningspl.
19
17
Kapellestr./ R. de la Chapelle
21
Grote Zavel
Naamsestr./ R. de Namur
22
Hoogstraat
R. Blaes str.
Minimenstr./R. des Minimes
Regentschapstr./ Rue de la Régence
Wolvengracht/Fossé aux Loups
Regentlaan/ Avenue Marnix laan
16
Marsveldpl.
Egmonttuin
Pl. Poelaert pl.
23
Waversesteenweg/Ch. de Wavre
Waterloo laan
Gulden Vlieslaan
Boulevard de Waterloo
Elsensesteenweg/Ch. d'Ixelles
Avenue de la Toison d'Or
Louizalaan/ Avenue Louise
24
Av. H. Jaspar laan
N
0
200 m

der Führung der großen Boulevards ab. Von der Stadtbefestigung des 14. Jh. hat sich nur die Porte de Hal (24) erhalten. Sie beherbergt heute ein Museum für alte Waffen und Rüstungen.

Mit dem Namen Philipps des Guten ist Brüssels Glanzzeit verbunden, sein Aufstieg zum Zentrum der Niederlande im Herbst des Mittelalters. Unweit des Coudenbergpalastes, in dem burgundisches Hofzeremoniell das Leben künstlerisch zu stilisieren suchte, erbauten die Ordensritter vom Goldenen Vlies ihre prunkvollen Stadthäuser. Man beginnt kostbare illuminierte Handschriften zu sammeln, die zum Herzstück der späteren Königlichen Bibliothek werden sollten. Die Kunst Rogier van der Weydens, seit 1436 Stadtmaler in Brüssel, verbindet den Glanz der Farben mit dem Wohllaut der Linien zu Bildern von edler Harmonie, durchsichtiger Klarheit und seelischem Adel. In der emailhaften Transparenz seiner Farblasuren durchdringen sich Menschlichkeit und Transzendenz. Im Museum der Schönen Künste (vergl. S. 109ff.) stehen uns in dem *Mann mit dem Pfeil*, wie Rogier ihn im Schmuck der Ordenskette vom Goldenen Vlies um 1460 porträtiert hat, und der Darstellung des Laurent Troiment (um 1452–55) zwei Bildnisse von Auftraggebern gegenüber, die jenen Prozeß der Individuation verdeutlichen, der in der flämischen Malerei des 15. Jh. aus dem untergeordneten Stifterbild am Rand einer Kreuzigungstafel oder Marienverehrung das autonome Porträt entstehen läßt.

In einem anderen Werk, der Dedikationsminiatur einer in der Königlichen Bibliothek zu Brüssel aufbewahrten Chronik des Hennegaues aus der Zeit um 1446 (Abb. 54), versammelt Rogier die Großen des Burgunderreiches in einem offenbar an der Wirklichkeit geprüften Gemach des herzoglichen Schlosses. Da begegnet man dem mächtigen Kanzler Rolin, dem Bischof von Tournai Jean Chevrot und dem 13jährigen Thronfolger Karl, der drei Jahre zuvor den Grundstein zum Neubau des Brüsseler Rathauses gelegt hatte und mit dessen Regierung das Burgunderreich aufhören sollte zu bestehen, da steht unter dem Brokatbaldachin Herzog Philipp der Gute. Zwischen ihm und dem niederknienden, das Buch darbringenden Übersetzer Jean Wauquelin liegt ein Windspiel – 'Modetier' des burgundischen Hofes. Rogier hat in seiner Miniatur keine Idealporträts gegeben. Vielmehr erkennt man sie alle wieder: den skrupellosen, herrschsüchtigen, dabei nüchtern kalkulierenden Rolin, den gutmütigen Chevrot und den fuchsschlauen, sich stets in Szene setzenden, wie auf einer Bühne agierenden Herzog. Die

◁ Plan der Innenstadt von Brüssel

1 St-Jean-Baptiste-au-Béguinage 2 Königl. Münztheater (Oper) 3 Börse 4 Notre-Dame-aux-Riches-Claires 5 Notre-Dame-de-Bon-Secours 6 Manneken-Pis 7 Rathaus 8 Haus der Herzöge 9 Brothaus 10 Königl. St.-Hubertus-Galerien 11 Galerie Bortier 12 Kathdrale St-Michel-et-Ste-Gudule 13 Palast der Nation 14 Cinquantenairepark 15 Akademienpalast 16 Museum Wiertz 17 Königl. Schloß 18 Palast der Schönen Künste 19 Königl. Museen der Schönen Künste 20 Königl. Bibliothek und Archive 21 Notre-Dame-de-la-Chapelle 22 Notre-Dame-des-Victoires-au-Sablon 23 Justizpalast 24 Porte de Hal

Trachten, die man trägt, sind der Stilisierung des Menschen und des Lebensvollzuges angepaßt. Sie verwenden bevorzugt steifen, pelzverbrämten Brokat, lassen durch eng anliegende Strumpfhosen die Beine insektenhaft dünn erscheinen, verwandeln durch Schnabelschuhe die Füße zu eigenwilligen Ornamentformen. Selbst die Haare werden kappenförmig gestutzt getragen – die Mode beginnt mit ihren stets wechselnden Verwandlungskünsten das Bild des Menschen zu formen. Noch bei der Leichenfeier für Karl den Kühnen von Burgund erscheint 1477 in Nancy der junge Herzog von Lothringen, der ihn bezwungen hatte, in einem Trauergewand 'à l'antique' (Chronique scandaleuse, II, p. 42) mit langem goldenen Bart in der Verkleidung als einer der 'neuf preux', um in solcher Maskerade dem eigenen Triumph den Charakter des Mythischen zu verleihen.

Niederlage und Tod des Burgunders vor Nancy bringen für die Geschichte der Niederlande einen entscheidenden Wandel. Karls des Kühnen Tochter Maria vermählt sich mit Erzherzog Maximilian, dem Sohn Friedrichs III., des letzten in Rom gekrönten deutschen Kaisers. Durch diese Ehe gewinnt Maximilian die Niederlande und die Freigrafschaft Burgund für die Habsburgische Hausmacht. 1489 erkennt auch Flandern Maximilians Herrschaft an. Eng bleibt die Stadt Brüssel mit der Geschichte und den Geschicken der Habsburger verbunden. 1516 wird Karl V. in der Kathedrale gekrönt. Drei Jahre später, nach dem Tode seines Großvaters Maximilian, ebenfalls Herr über die habsburgischen Erblande, gebietet Karl über den Reich, dessen Größe, Reichtum und Bevölkerungszahl alles übertrifft, was seit der Ära der Karolinger je unter einer Krone vereinigt war: wahrhaft ein Reich, in dem die Sonne nicht unterging! Doch in der gleichen Stadt, die den triumphalen Einzug des Mächtigen gefeiert hatte, dankt 1556 der müde und enttäuschte Herrscher ab und übergibt im Palais Coudenberg Würde und Bürde seinem Sohn Philipp II.

1568 wählte der spanische Statthalter Alba für sein Blutgericht an den Grafen Egmont und Hoorn (vgl. S. 15) den Marktplatz von Brüssel aus. Hier sollte ein Zeichen für das ganze Land gegeben werden. Um so mehr setzt ›Brabants goldenes Herz‹ auf die Karte der Freiheit. Doch auch Wilhelm der Schweiger, der 1577 in Brüssel als »rettender, vom Himmel gesandter Engel« empfangen wurde, konnte das Blatt nicht wenden. Nach seiner Ermordnung sieben Jahre später wurde Brüssel neuerlich Opfer einer 'Befreiung'. Diesmal hißte der Italiener Alexander Farnese das Banner des spanischen Königs auf dem Rathausturm. Etwa hundert Jahre später – Ludwigs XIV. Stern stand im Zenit – richtete 1695 der französische Marschall Villeroy gleichsam als Herausforderung an die Augsburger Liga 46 Stunden lang seine Batterien auf Brüssel. Unter den 4000 Gebäuden, die in Trümmer sanken, waren auch die Zunfthäuser des Großen Marktes (vgl. S. 106).

Noch einmal zielt 1815 ein französischer Vorstoß unter Napoleon auf Brüssel. Doch am 18. Juni beendet der Sieg Blüchers und Wellingtons bei Belle-Alliance die ›Herrschaft der hundert Tage‹ und wendet die Bedrohung der Stadt ab.

1 Blick auf SPA in den Ardennen ▷

2 Burg und Stadt BOUILLON in den Ardennen

3 Das MAASTAL bei Freyr, Ardennen

4 Wasserburg BEERSEL bei Brüssel, im 14. Jh. erbaut

5 Schloß VEVES (Prov. Namur), um 1230 erbaut

6 Gerard David (um 1450/60–1523). Maria mit Kind (Suppenmadonna). Öl auf Holz, 35 × 28 cm. Brüssel, Königl. Museen der Schönen Künste

7 Dirk Bouts (um 1420–1475). ›Das Passah-Mahl‹, linkes unteres Flügelbild vom Löwener Abendmahlaltar, 1464–1467. Löwen, St.-Pieter

8 BRÜSSEL Blumenmarkt auf dem Grote Markt/Grand' Place mit Blick auf die Zunfthäuser ▷

ST. MICHEL
GILBEYS

9 ANTWERPEN Westfassade der St.-Carolus-Borromeuskerk

10 LIER Zimmerturm

11 Brüsseler Spitzen, 1. Hälfte 18. Jh.

12 BRÜSSEL St-Hubertus-Galerien

13 BRÜSSEL Grote Markt/Grand' Place mit Rathaus und Zunfthäusern

14 BRÜSSEL Grote Markt/Grand' Place mit Rathaus bei Nacht

15 Alte Brauerei aus dem 17. Jh. in DIEPENBEEK

16 Ruine der Abtei ORVAL im Belgischen Gutland

17 OSTENDE Fischerhafen

18 DAMME O.-L.-Vrouwekerk, Baubeginn um 1230

20 Brüder van Eyck, ›Genter Altar‹ in der St.-Baafskathedraal zu Gent. Detail des Mittelbildes: ›Anbetung des Lammes‹. Vor 1432

◁ 19 GENT An der Graslei

21 GENT An der Korenlei

22 Hieronymus Bosch (Mitte 15. Jh. – 1516). Detail aus der ›Kreuztragung Christi‹. Gent, Museum der Schönen Künste

23 GENT Beginenhof

24 LISSEWEGE Blick auf die ehem. Stiftskirche (Mitte 13. Jh.)

25 BRÜGGE Blick auf den Marktplatz

26 BRÜGGE Eselstor ▷

27 BRÜGGE Beginenhof mit Turm der St.-Salvatorskathedraal

28 BRÜGGE Groene Rei (Im Hintergrund das Oktogon des Belfried)

29 BRÜGGE Groene Rei

30 BRÜGGE Spiegelrei und Bürgerloge

31 BRÜGGE Alte Häuser am Kanal

32 BRÜGGE Belfried

33 BRÜGGE Halle im Rathaus

34 BRÜGGE Blumenmarkt

35 BRÜGGE Beginenhof

36 Mühle bei DAMME

37 Kanal zwischen Brügge und Damme

Der feierliche Einzug König Leopolds I. am 21. Juli 1831 in seine Metropole markiert den Beginn der Entwicklung zur modernen Großstadt. Unter Leopold II. entstehen ein breiter Ring von Boulevards, der auf einer Strecke von 8 km die Altstadt umgibt, ausgedehnte Parkanlagen und die Wahrzeichen des Jahrhunderts: Der Justizpalast (23; vgl. S. 18), die Kongreßsäule, 1859 zum Gedenken an den konstituierenden Nationalkongreß von 1830/31 errichtet, und der Cinquantenairepark mit dem großen Triumphbogen.

In der Oberstadt mit dem Sitz der Ministerien, des Parlaments, der Verwaltungen und Versicherungen markiert das Königliche Schloß (17), das zwischen 1827 und 1829 an der Stelle der alten Herzogsburg erbaut wurde, das Zentnrum des Königreichs. Gegenüber liegt als weiteres Zeugnis der staatstragenden Kräfte der Palast der Nation (13). 1950 begann man durch Hochstraßen und eine teilweise unterirdisch geführte Bahnverbindung ›La jonction‹ die Ober- und Unterstadt nahtlos ineinanderzufügen und eine direkte Verbindung zwischen Nord- und Südbahnhof zu schaffen.

Wohl kaum ein 'Denkmal' der Nachkriegszeit ist so populär geworden wie das Brüsseler ATOMIUM, 102 Meter hohes Wahrzeichen der Weltausstellung 1958 über dem Park von Laeken, dessen 9 riesige, mit Aluminium verkleidete Atomkugeln von 18 Meter Durchmesser Möglichkeiten und Bedrohungen im Atomzeitalter symbolisieren.

Der Große Markt

Mehr als ein Platz, mehr als ein Markt, mehr als ein städtebauliches Geviert: eine der eindrucksvollsten Platzarchitekturen Europas, dazu das Szenarium der Brüsseler Geschichte und schönster Ausdruck einer städtischen Demokratie, das ist der Große Markt in Brüssel, »la gigantesque place«, wie ihn Victor Hugo preist (Ft. 8, 14). Seit dem Sieg der Zünfte über das aristokratische Stadtregiment im Jahre 1426 ist dieser Platz das Zentrum der von den Gilden getragenen Verwaltung. Hier schufen sie sich rund um das Rathaus (7) in prächtigen hochgiebeligen Zunfthäusern eine imponierende Selbstdarstellung (Abb. 45). 96 Meter hoch ragt der Turm des Rathaus (Ft. 13, Abb. 44), den Jan van Ruysbroek seit 1449 erbaute – in den Himmel über der Altstadt, wird in halber Höhe aus dem Quadrat ins Achteck überführt und mündet in einem durchbrochenen Helm, der die Figur des Schutzpatrons, einen vergoldeten St. Michael, trägt. An den beiden Flügeln der Fassade wird im Schmuck der durchweg im 19. Jh. erneuerten Skulpturen die Geschichte der Stadt in ihrer engen Bindung an den Heilsplan der mittelalterlichen Welt lebendig. Die Gesamtanlage des Rathauses bildet ein unregelmäßiges Viereck mit einem Binnenhof, in dem zwei die Flüsse Schelde und Maas symbolisierende Brunnen reizvolle Akzente setzen. Der östliche Teil entstand seit 1402 unter der Bauleitung Jacob van Thienens. 1444 wurde der Ausbau beschlossen. Im Inneren wird im großen Ratssaal und dem anstoßenden Maximilianssaal im Schmuck seiner Brüsseler Gobelins mit der Geschichte Chlodwigs und Chlotildens die Erinnerung an die große Vergangenheit lebendig.

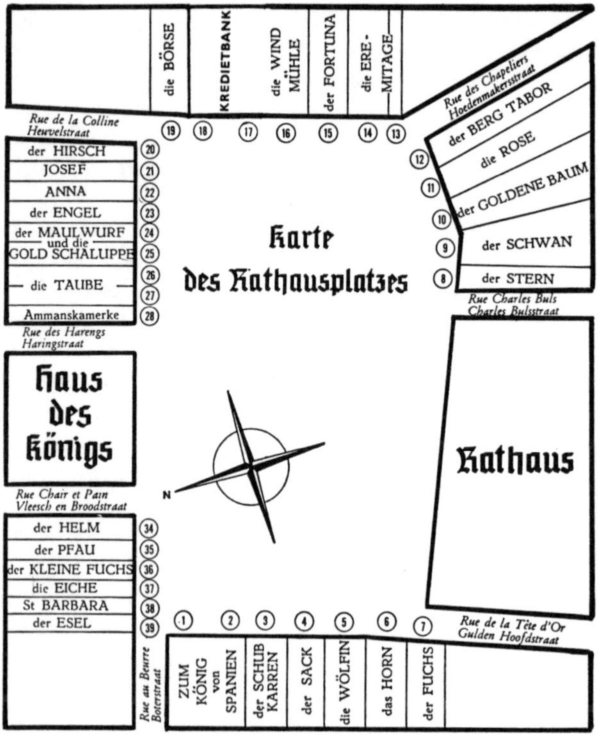

BRÜSSEL
Der Große Markt

Bei der Beschießung 1695 hat nur das Rathaus den »rotglühenden Kanonenkugeln« des Marschalls Villeroy getrotzt. Doch es spricht für den zähen Lebensmut und das unerschöpfliche Selbstvertrauen der Zünfte, daß man nach der Zerstörung sofort an den Wiederaufbau ging. Kaum 25 Jahre später hatte der Große Markt seine stolzen Fassaden wiedererhalten, so wie sie uns noch heute vor Augen stehen. Die neu entstandenen Fronten lassen zwar im Reichtum ihres Ornaments, ihrer Pfeiler- und Säulenordnung und dem Stil ihrer Bauplastik ihre barocke Entstehungszeit deutlich erkennen, doch verleugnen sie nicht einen spätgotischen Vertikalismus und die Erinnerung an das goldene Jahrhundert flämischer Architektur im späten Mittelalter. Am weitesten entfernt sich der Stadtarchitekt Willem de Bruyn in dem von ihm entworfenen HAUS DER HERZÖGE (8) vom alten Denken (Abb. 46). In kühner Zusammensicht faßt er die Baukörper von sechs engbrüstigen Zunfthäusern in einem monumentalen, von einer dorischen und einer korinthischen Pilasterordnung gegliederten Fassadenentwurf zusammen und schafft der Drei- und Vierachsigkeit der gegenüberliegenden Zunfthäuser der Schiffer, der Bogenschützen, der Zimmerleute, der Fetthändler und der Bäcker einen horizontalen Ausgleich. Hauszeichen gaben den Gebäuden, bei deren Schmuckgliederungen mit leuchtender Vergoldung nicht gespart wurde, die Namen: ›Zum Fuchs‹, ›Zur Wölfin‹, ›Der Sack‹, ›Der Schubkarren‹, ›Zur Waage‹ oder ›Zum Schwan‹. Die Schiffer ließen der Oberzone ihres Gildehauses sogar die Form eines Achterschiffes geben, das von Meeresgöttern und Tritonen begleitet wird. Die Personifikationen der Erdteile am Haus ›Zum Fuchs‹ dokumentieren die Weltoffenheit der Krämerzunft. Die Bäcker mit ihrem stolzen siebenachsigen Haus halten es mit dem ‘König von Spanien’, und die Brauer bekrönen ihre Fassade mit dem Reiterstandbild Karls von Lothringen (Abb. 69).

‘Stilrein’ im Sinne flandrischer Spätgotik ist nur das BROTHAUS (9), als ehemalige Residenz der Hofbeamten auch ›Maison du Roi‹ genannt (Abb. 48). Es wurde als Pendant zum gegenüberliegenden Rathaus in den Jahren 1873–96 neu errichtet. Man orientierte sich dabei an den Plänen des Vorgängerbaues (1514–24), in dem Egmont und Hoorn die Nacht vor ihrer Hinrichtung verbrachten. Das Gebäude bezeichnet die Stelle der alten Brothalle, in der 1131 Papst Innocenz II. und der hl. Bernhard von Clairvaux Wohnung nahmen. Das im Inneren eingerichtete Museum bietet neben dem Bruegelschen *Hochzeitszug* und eindrucksvollen Brüsseler Schnitzaltären in reicher Fülle Zeugnisse der städtischen Kultur und Geschichte, Porzellan und Fayencen der heimischen Manufakturen, Münzen, Medaillen, Modelle und Werke niederländischer Meister des 17. Jh. Ein eigener Saal ist den zahllosen Kostümen des berühmten ›Manneken Pis‹, »le plus ancien bourgeois de Bruxelles« vorbehalten. Die 1619 von Jérôme Duquesnoy geschaffene Plastik (6) dieses drastischen Wasserspenders ziert einen Brunnen unweit des Grote Markt/Grand’ Place, und seine zahllosen Imitationen rangieren auf der Liste europäischer Souvenirgeschmacklosigkeiten an erster Stelle.

Die wichtigsten Kirchen

Brüssels Sakralarchitektur läßt die Nähe des französischen Kernlandes der hohen Gotik erkennen. Vornehmlich die den Hll. Michael und Gudula geweihte KATHEDRALE (12) folgt ganz dem französischen Schema. Der Chor entstand zwischen 1226 und 1276, Langhaus und Seitenschiff im 2. und 3. Viertel des 15. Jh. Die Westfassade, von J. van Ruysbroek erst von 1450–1490 erbaut, folgt trotz spätgotischer Detailformen dem Vorbild der französischen Turmfassaden der ‘klassischen’ Zeit (Abb. 49). Über eine 1861 errichtete Freitreppe steigt man zu den drei Pforten des Portals empor. Im Innern (108 m) bestimmen die klare Gliederung durch 12 Rundpfeiler, die zur architektonischen Einheit zusammengezogene Triforien- und Fensterzone sowie die wohlproportionierten Kreuzrippengewölbe den Charakter des Langhauses (Abb. 52). Gemäß seiner früheren Entstehungszeit ist im Chor die Architektur noch weniger durchlichtet. Die Fenster sind schmaler, das Triforium noch als eigenwertige Zone im Wandaufbau erhalten. Einfallende Helle verklärt die Stifterbildnisse in den großen Glasfenstern. Die vier mächtigsten Fürsten Europas, Johann III. von Portugal mit seiner Gemahlin Katharina, Ludwig von Ungarn und seine Frau Maria, Franz I. von Frankreich und die

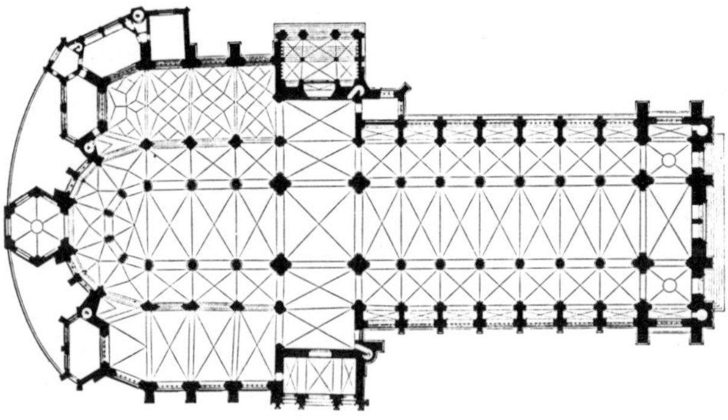

BRÜSSEL,
Grundriß der Kathedrale
St-Michel-et-Ste-Gudule

Königin Eleonore sowie Ferdinand I. mit seiner Gemahlin haben sie in den Jahren 1540/47 »zu Ehren des Hostienwunders« (1370) für die nördliche Kapelle links vom Chor gestiftet. Maximilian von Österreich mit Maria von Burgund, Philipp der Schöne mit Johanna von Kastilien, Kaiser Karl V. und Ferdinand, Philipp II. mit seiner ersten Gemahlin Maria von Portugal, Herzog Philibert von Savoyen und Margarete von Österreich setzen in den 5 Glasgemälden des Chores (um 1545) den Kreis erlauchter Stifter fort. In den Glasgemälden des Querschiffes erscheinen, ein weiteres Mal von ihren Schutzpatronen begleitet, Karl V. mit Isabella von Portugal sowie Ludwig III. von Ungarn mit seiner Frau Maria, einer Schwester Karls V., im Rahmen einer glanzvollen triumphbogenartigen Architektur. Die Kartons hierzu entwarf Barend van Orley. Die Fenster der Marienkapelle (südlich des Chores) lassen erkennen, wie jetzt, im Zeitalter des Rubens, die Glasflächen vollends den Charakter des Malgrundes gewonnen und die Kunst des farbigen Glasmosaiks abgelöst haben. Die Barockzeit hat die Rundpfeiler des Langhauses mit wuchtigen Apostelfiguren schmücken lassen. Die Kanzel von H. Verbruggen (1699) schildert in barockem Pathos die Vertreibung Adams und Evas aus dem Paradies.

Die stark restaurierte Kirche NOTRE-DAME-DES-VICTOIRES-AU-SABLON (22) gründete die Gilde der Armbrustschützen im Jahre 1304, doch bestimmt die Flamboyantgotik des 15. und frühen 16. Jh. den heutigen Gesamteindruck. Der Grundriß mit einem 65 Meter langen Hauptschiff und 37 Meter messendem Querhaus hat die Form eines lateinischen Kreuzes. Turmlos, dafür von Fialen und Wimpergen umstellt, erinnert die Kirche an einen riesigen spätgotischen Reliquienschrein. Zu den Künstlern, die dem Inneren sein kostbares Gepräge gaben, gehören die Barockmeister Jérôme Duquesnoy und Gabriel de Grupello. Auf dem Grote Zavel/Grand Sablon vor der Kirche erhebt sich seit seiner Verpflanzung vom Großen Markt das Denkmal für die Grafen Egmont und Hoorn.

Eine dritte charakteristische Sakralarchitektur der Gotik hat sich im Zentrum des alten Weberviertels in der Kirche NOTRE-DAME-DE-LA-CHAPELLE (21) erhalten. 1216 begonnen, zeigen Chor und Querhaus die Stilmerkmale der Mitte des 13. Jh. Das viel höhere Langhaus wurde 1483 fertiggestellt, der Turm erst gegen Ende des 17. Jh. vollendet. Die Säulenkapitelle zeigen das für die Brabanter Gotik so charakteristische ›Gekrauste Kohlblatt‹-Ornament. In der 4. Kapelle des rechten Seitenschiffes wurde im Jahre 1569 Pieter Bruegel beigesetzt. Über der schlichten Marmorplatte zeigt die Kopie eines Rubensbildes, das man 1765 verkaufte, die Schlüsselübergabe an Petrus. Der Name Bruegel bedeutet viel für die Stadt Brüssel. 1562 war der große Antwerpener Maler in die Hauptstadt gekommen. Unter zartem Druck, wie es heißt, denn an seine Vermählung mit der Tochter Maiken seines Lehrmeisters Pieter Coeck van Aelst war die Bedingung geknüpft, daß er sich in Brüssel niederließe. In der Kirche, in der Bruegel später begraben wurde, fand 1563 seine Trauung statt. Die Malersöhne, in der Kunstgeschichte als Samt- und Höllenbruegel bekannt geworden, zog es später wieder nach Antwerpen in den Strahlungskreis des Peter Paul Rubens.

Auch hier hat man im 18. Jh. der Innenausstattung der Kirche mit der üppigen Barockkanzel von Plumier eine charakteristische Bereicherung gegeben. Einem lebenden Bilde gleich, erblickt man in Holz geschnitzt den Propheten Elias in der Wüste. – Der Stadtteil des ›Quartier des Marolles‹ bewahrt am unverfälschtesten den Charakter des alten Brüssel.

Die im 3. Viertel des 17. Jh. von Jean Cortvriendt erbaute Kirche Notre-Dame-de-Bon-Secours (5), sowie das von Luc Fayd'herbe geschaffene Gotteshaus Notre-Dame-aux-Riches-Claires (4) und vielleicht noch eindrucksvoller Saint-Jean-Baptiste-au-Béguinage (1) mit ihrer stolzen dreigiebeligen Fassade und einem Innenraum, der uns an St-Loup in Namur (vgl. S. 45) erinnert, charakterisieren den vergleichsweise spärlichen Beitrag Brüssels zur europäischen Barockarchitektur.

Im 20. Jh. haben Victor Horta, Henry van de Velde, und der Österreicher Josef Hoffmann (Palais Stoclet) in Brüssel für Inkunabeln neuen Bauens gesorgt.

Die wichtigsten Museen

Die KÖNIGLICHEN MUSEEN DER SCHÖNEN KÜNSTE (19), untergliedert in das Museum für Alte Kunst und das Museum für Moderne Kunst, haben den Rang einer Weltsammlung. In der riesigen Mittelhalle sind neuzeitliche Plastiken von Meunier, Minne, Rousseau, Lambeau, Rodin, Carpeaux, Maillol und Bourdelle angeordnet, doch liegt das Schwergewicht der unermeßlichen Sammlungen bei den Tafeln der alten Meister. An die 1200 Bilder sind hier beisammen. Der Versuch, aus dieser Vielzahl eine kleine repräsentative Auswahl zusammenzustellen, muß bei den ortsbezogenen Künstlern, Flamen und Niederländern des 15., 16. und 17. Jh. ansetzen.

Die niederländisch-flämischen Maler, die im 15. Jh. zu mächtigen Zünften zusammengeschlossen waren und die großen Städte des Landes zu europäischen Kunstzentren machten, haben durchweg auf Holztafeln gearbeitet. Sie führten eine Vorzeichnung aus und trugen die farbigen Lasuren auf. Bei diesem Verfahren wurden dünne Schichten ungemischter, reiner Mineralfarben übereinandergelegt. Die so entstandenen 'optischen' Mischtöne, die häufig noch die schimmernde Helle des Kreidegrundes in ihr farbiges Kalkül mit einbeziehen, ergeben die unverwechselbar tiefglühende Farbigkeit, wie wir sie von den van Eycks, Rogier van der Weyden, Dirk Bouts, Hugo van der Goes, Petrus Christus, Gerard David und Hans Memling kennen. Von ihnen allen – ausgenommen die Brüder van Eyck – besitzt das Brüsseler Museum charakteristische Werke. Der sogenannte Meister von Flémalle (um 1406/7–44), der heute überwiegend mit dem jungen Rogier van der Weyden oder Jacques Daret (um 1404 – nach 1468) identifiziert wird, ist mit einem *Verkündigungsbild* vertreten. Mit einer bisher unbekannten Realistik verlegt er das Geschehen in einen zeitgenössischen Raum, doch kommt bei aller Kühnheit des erfindenden Geistes noch keine rechte Bildordnung zustande. Das leistet erst Rogier van der Weyden (um 1400–62) in seiner *Beweinung Christi* (Werkstattwiederholung, Abb. 62) und Dirk Bouts mit seinen *Gerechtigkeitsbildern* (vgl. S. 74f. u. Abb. 55). Petrus Christus († 1472/73) formuliert in harmonischem Wechselspiel von Figurengruppen und sanftgewellter Hügellandschaft das alte Thema der Klage um den toten Christus neu. Hugo van der Goes entfaltet den lyrischen Liebreiz einer blumenreichen Landschaft als Bildbühne für das kontemplative Beieinander der Hll. Anna, Mariens und des Kindes, assistiert von einem anbetenden Franziskanermönch. Hans Memling (um 1435–94) verlegt die Szene der *Sebastiansmarter* vor das Panorama einer flämischen Stadt und bezieht Bäume und Felskulissen als Kompositionsstützen in die Bildordnung mit ein. In den *Porträts der Eheleute Moreel* deuten die gefalteten Hände darauf hin, daß trotz der neugewonnenen Autonomie des Porträts als Bildgattung doch Christus noch als der eigentliche Partner der Porträtierten verstanden wird. Gerard Davids (um 1450/60–1523) *Maria mit Kind*, die sogenannte ›Suppenmadonna‹ (Ft. 6) ist eines der populärsten Bilder des Museums. In dem *Flügelaltar der hl. Anna* des Quentin Massys (1465/66–1530) verbrüdern sich lombardische Renaissanceelemente mit der spätmittelalterlichen Tradition (Abb. 63). Jan Gossaerts (um 1478 – um 1536) *Venus und Amor* zeigt vollends die neue Bedeutung der italienischen Komponente in der niederländisch-flämischen Kunst des frühen 16. Jh. Eines der schönsten Porträts aus dem Geist des niederländischen Humanismus ist Barend van Orleys (um 1488–1541) *Bildnis des Brüsseler Arztes Joris van Zelle.* In Joachim Patinirs (um 1480–1524) *Landschaft mit Predigt Johannes des Täufers* kommt der Handlung nur noch untergeordnete Bedeutung zu. Ein neu erwachtes Interesse für die Schönheit der sichtbaren Welt mit ihren grünen Hügeln, ragenden Felsen, üppigen Baumkronen, Seen und Strömen steht im Vordergrund. Jan Sanders van Hemessens (um 1500 – nach 1574) Bordellbild deutet an, wie sich nun eine Einzelszene aus einem übergeordneten Zyklus – der Geschichte vom Verlorenen Sohn – verselbständigen kann.

Pieter Bruegel (um 1525–69), einer der Größten der niederländisch-flämischen und darüber hinaus europäischen Szene in der Mitte des 16. Jh. (vgl. S. 14f.), ist in Brüssel mit vier gesicherten Werken vertreten. Der *Sturz der gefallenen Engel* in seiner eschatologischen, an Hieronymus Bosch anknüpfenden Aussage gehört weniger zu Bruegels typischsten Werken. Stärker wird die *Landschaft mit dem Sturz des Ikarus* (Abb. 64) den Betrachter fesseln. Hier entwickelt sich eine 'Weltlandschaft' aus dem formempfindlichen Gedächtnis des Malers, der das Gebirge kennt und das Meer, Italien und seine niederländische Heimat, den antiken Mythos und den Lebensvollzug im bäuerlichen Rhythmus. Man muß schon genau hinsehen, um den inhaltlichen Bildkern, den Sturz des Ikarus, zu finden. Ovids ›Metamorphosen‹ folgend, schildert Bruegel den Fall des Überheblichen, der der Sonne zu nahe gekommen war und nun elendiglich im Meer versinkt. Der Mensch ohne Maß in einer fremd gewordenen Umwelt ist das Thema, das zu einem Leitmotiv in Bruegels späterem Schaffen werden wird. Die *Volkszählung zu Bethlehem* (Abb. 65) ist in ein flämisches Dorf verlegt. Es ist eisiger Winter. Soeben geht die Sonne vor einem türkisfarbenen Himmel auf, gegen den sich das feine Geäst der Bäume als klare Silhouette abzeichnet. Menschen drängen sich um das Fenster des Wirtshauses Zum grünen Kranz, wo Regierungsbeamte die Eintragungen vornehmen. Zwischen beschneiten Faßwagen erscheint unauffällig die Heilige Familie. Eigentlich ist der harte flämische Winter das Thema. Kaum gibt es in der europäischen Kunstgeschichte ein 'kälteres' Bild.

Einer der Schwerpunkte des Brüsseler Museums ist seine Rubenssammlung (vgl. S. 16). Ob der große Antwerpener Meister nun *Christus und die Ehebrecherin*, die *Huldigung der Drei Könige vor dem Kind auf Mariens Schoß*, die *Himmelfahrt* und *Krönung Mariens, Die Kreuztragung, Die Beweinung Christi, Das Martyrium der hl. Ursula* oder *Das Wunder des hl. Benedikt* zum Gegenstand der Darstellung wählte, stets geht ein rauschender Zug barocken Pathos' durch die zum Teil riesigen Leinwände. Pralle Daseinsfülle und sinnenhafte Gegenwärtigkeit, Schwelgen in schmetternden Farbakkorden und unlösliche Verzahnung aller Bildkomponenten kennzeichnen diesen Maler, der zu den wenigen Großen der Kunstgeschichte zählt, die einen Stil geschaffen haben. Wie mächtig sein Einfluß in der Antwerpener Malerei gewesen ist, beweisen die Bilder Anton van Dycks (1599–1641), dessen *Gekreuzigter Petrus* und *Trunkener Silen* ganz in der Bildwelt des großen Lehrers beheimatet sind. Dagegen findet van Dyck in seinen vornehmen, verhaltenen Porträts seine unverwechselbare Eigenart. Nun sind die Porträtierten – Jean-Charles de Cordes, Jacoba von Caestre, der Bildhauer François Duquesnoy (Abb. 59) oder der Jesuit Jean-Charles de la Faille – zu unmittelbaren Gesprächspartnern des Betrachters geworden.

In keinem Museum der Welt läßt sich die Kunst des Jacob Jordaens (1593–1678) so lückenlos studieren wie in Brüssel. Der *Satyr beim Bauern*, die *Allegorie der Fruchtbarkeit, Christus und Nikodemus, Susanna und die beiden Alten*, vor allem jedoch *Das Bohnenfest* – sie alle erweisen, wie antiker Mythos, christliche Heilswahrheit und flämisches Volksleben schlackenlos in eine Gußform fließen, wenn ein Künstler wie Jordaens Bildregie führt.

Zu den wenigen Malern, die, stärker von den nördlichen Niederlanden geprägt, in Antwerpen gewirkt haben, zählt Adriaen Brouwer (1605 oder 1606–38). Seine künstlerische Phantasie entzündete sich am Leben der Bauern. Wie sie fressen und saufen, sich prügeln und beim Kartenspiel betrügen, das hat keiner in solche malerische Poesie zu verwandeln vermocht wie er. Des Cornelis de Vos' (1585–1651) kultivierter Porträtstil, David Teniers' (1610–1690) *Versuchung des hl. Antonius* oder Jan Fyts (1611–61) Stilleben deuten auf die 'Spezialisierung' hin, die für die Kunstentwicklung im 17. Jh. so kennzeichnend ist.

Doch auch die großen Meister der nördlichen Niederlande sind in Brüssel gut vertreten. Wir begnügen uns mit der Erwähnung der hinreißenden, von der Spontanität des Augenblicks getragenen Bildnisse von Frans Hals (1581/85–1666, Abb. 58), des vornehm distanzierten *Nicolaus von Bambeeck*, wie ihn Rembrandt (1606–69) porträtiert hat, des *Schweinestalles*, wie ihn Paulus Potter (1625–54) 'bildwürdig' machte, des prallen, derb-zupackenden *Rhetorikerbilds* des Jan Steen (1626–79), der es verstand, seinen Zeitgenossen aufs Maul – und nicht nur dorthin – zu schauen, des wundervollen Kirchenraumes, den Emanuel de Witte (1617–92) durch die Stufungen des Lichtes zu stillem Leben erweckt, und der über Gelesenes nachdenkenden alten Frau, mit der Nicolaus Maes (1632–93) die vita contemplativa in die niederländische Bildwelt des 17. Jh. zurückholt (Abb. 56).

Das riesige Panorama europäischer Malerei wird im Brüsseler Museum durch Werke des Meisters von Moulin, Lucas Cranach, Carlo Crivelli, Federico Barocci, Francesco Barocci, Jusepe de Ribera und viele andere bis nach Frankreich, Deutschland, Italien und Spanien hin ausgeweitet.

Im Museum für Moderne Kunst, das 1984 unter dem Museumsplatz eingerichtet wurde, läßt sich die Entwicklung der belgischen Malerei im 19. und 20. Jh. lückenlos studieren. Da begegnet man der aus romantischem Geist lebenden Historienmalerei von G. Wappers, L. Gaillat und de Kayser. Die Bilder des Henry Leys versuchen in einfühlsamer Nachempfindung an die altniederländische Malerei anzuknüpfen (vgl. seine Fresken im Antwerpener Rathaus). Albert Stevens, der pariserischste der belgischen Maler, sucht seine Motive in den Boudoirs. Henri de Braekeleer findet in seiner aus durchlichteter Farbigkeit lebenden Palette den Anschluß an den europäischen Impressionismus. Charles de Grux, den man den »Bruegel der Armen« genannt hat, deutet schon auf die Kunst Permekes hin. Sie alle überragt JAMES ENSOR (vgl. S. 19). Seine an den Impressionismus geschulte Technik wird ihm bald schon zum Medium einer phantastischen, hintergründigen Bildaussage, in der das Maskenmotiv eine wichtige Rolle spielt. Seine Malerei gehört zum Wurzelgrund des europäischen Surrealismus (vgl. Abb. 68). Rik Wouters ist von Ensors Technik ausgegangen, um sie zu konsequentem Impressionismus weiterzuentwickeln und in den Dienst unbeschwerter Freude und des Hymnus' an die Schönheit des Lebens zu nehmen. Wir erwähnen noch den Maler der Borinagelandschaft, Baron Paulus, den glänzenden Porträtisten Opsomer und Paul Delvaux, der mit René Magritte (Abb. 66) in minuziös gemalten Traumbildern einen entscheidenden Beitrag zum europäischen Surrealismus geleistet hat. Mit Constant Permekes (1866–1952) expressionistischen Bauern und Fischern deutet sich eine künstlerische Erneuerung an, die ihre Stärke aus der Eigenwilligkeit einer im besten Sinne ländlichen Urwüchsigkeit und Monumentalität bezieht.

Das Museum für moderne Kunst erlaubt die Einordnung des belgischen Beitrags zur Moderne durch die ebenfalls hier gezeigten Werke von David (Abb. 60), Goya, Constable, Corot, Gauguin, van Gogh, Utrillo, Matisse und vielen anderen.

Zusammen mit den Königlichen Museen der Schönen Künste markieren die KÖNIGLICHE BIBLIOTHEK ALBERT I. und die KÖNIGLICHEN ARCHIVE (20) einen Schwerpunkt des geistigen und künstlerischen Lebens in Brüssel. Im Palais de l'Industrie werden seit 1838 die Schätze der Königlichen Bibliothek aufbewahrt. Vornehmlich die Abteilung der Handschriften, die im wesentlichen aus der berühmten Bibliothèque de Bourgogne Philipps des Guten (1419–67) besteht, bewahrt Cimelien von europäischem Rang. Viele Handschriften sind mit Miniaturen flämischer Meister geschmückt. So bilden etwa das Rechnungsbuch von Oudenaarde, das lateinische Horarium des Herzogs Johann von Berry mit den Miniaturen des Jacquemart de Hesdin, die Chronik des Hennegaus mit Rogiers berühmten Titelbild (vgl. S. 79), Jean le Taverniers »Chronique et conquestes de Charlemagne« (1458), das Brevier Philipps des Guten, um nur einige der wichtigsten zu nennen, eine notwendige Ergänzung für unser Wissen um Kunst und Kultur im Burgunderreich.

Dem bekanntesten – nicht dem bedeutendsten – Künstler des 19. Jh., ANTOINE WIERTZ (1806–65), hat man in der Rue Vautier im einstigen Atelier des Malers ein eigenes Museum (16) eingerichtet. Von maßlosem Ehrgeiz besessen, schuf er Monumentalwerke oder das, was er dafür hielt, die aus ihrer moralphilosophischen Tendenz leben. Der Menschheit einen Spiegel vorzuhalten, Selbsterkenntnis und Umkehr zu erzwingen, hat er, ein »Plagiator großen Stiles«, nicht vor fatalen außerkünstlerischen Effekten haltgemacht, um in seiner Philosophie mit dem Pinsel michelangeleske Größe mit rubensschem Pathos zu verbinden (Abb. 67). Um sechs riesige Leinwände ist im Museum Wiertz fast das gesamte Lebenswerk dieses seltsamen Einzelgängers in der belgischen, ja europäischen Kunstlandschaft des 19. Jh. versammelt.

Der große Triumphbogen im Cinquantenairepark (14), der anläßlich der Fünfzigjahrfeier belgischer Selbständigkeit errichtet wurde, macht das Auffinden des links von ihm gelegenen Armeemuseums und der rechts sich anschließenden KÖNIGLICHEN MUSEEN FÜR KUNST UND GESCHICHTE leicht. Ihre Sammlungen haben wahrhaft enzyklopädischen Charakter. Sie umfassen Meisterwerke des griechischen, römischen und ägyptischen Altertums, des präkolumbischen Amerika und der Prähistorie des eigenen Landes. Was sollte man hier nennen? Vielleicht den Kantharos des Griechen Duris aus dem 5. Jh. v. Chr., die Königsbüste des Mittleren Reiches (Ägypten), die römische Statue des Septimus Severus oder die altmexikanische Kultfigur. Doch Vergleichbares läßt sich auch in anderen Weltmuseen finden. So soll unser Besuch vornehmlich den Sonderleistungen der Kunst aus dem belgischen Raum gelten, allen voran der Gold- und Silberschmiedekunst des maasländischen Hochmittelalters. Im *Kopfreliquiar des Papstes Alexander* (Abb. 50) steht uns ein Meisterwerk des Godefroid von Huy (vor 1145) vor Augen. Während die herrlichen Grubenschmelzplatten des tragaltarförmigen Kastens an die maasländische Tradition der in Basel und Paris aufbewahrten Platten des untergegangenen Remaklusretabels aus Stablo anknüpfen, ist die Büste des Papstes ohne die Kenntnis spätantiker römischer Köpfe nicht denkbar. Im *Tragaltar von Stablo* (um

1150–60) hat die mosane Kunst des Grubenemails ihren Höhepunkt erreicht. Die vier Evangelisten an den Ecken, gebeugt von der Last des Altares, den sie in doppelter Hinsicht 'tragen', sind mit der Niederschrift der heiligen Texte beschäftigt. In der körperlosen Verklärung der farbigen Emailmalerei wird auf den Seitenflächen des Altares das Martyrium der Apostel dargestellt. Um den Bergkristallstein (Abb. 51) des Altartisches ordnen sich die Emailbilder von Kirche und Synagoge, Samsons mit den Türen von Gaza, des zum Opfer schreitenden Abrahams und Isaaks, der Aufrichtung der Ehernen Schlange, der Opfer Abels und Melchisedechs, dazu gleichsam als die Erfüllungen der sich in den Darstellungen des Alten Bundes ankündigenden Erlösungstaten die neutestamentarischen Szenen des Abendmahls, der Pilatuserklärung, der Geißelung, Kreuztragung, Kreuzigung und der Engel am leeren Grab. Zum charakteristischen Stil des Meisters dieses Hauptwerkes mosaner Metallkunst gehört das Stehenlassen der Köpfe, Glieder und Gegenstände im vergoldeten Metall innerhalb der schimmernden Emailfelder des Grundes, etwa der Gewänder. – Das *Prozessionskreuz* der Zeit um 1160/75 ordnet den Grubenschmelzplatten mit propädeutischen Szenen des Alten Bundes zur Erlösungstat Christi im Mittelfeld und den Endquadraten der Balken den Glanz von Cabochons und Edelsteinen zu. – Zwei Reliquiare in Form der Stirnseite eines Schreins mit den getriebenen Reliefs des hl. Candidus sowie einer Auferstehungsszene, entstanden um 1170, gehörten ursprünglich zu einem Reliquiar aus St. Servatius in Maastricht. Ihr Stil ist streng mit dem Schrein des Heiligen, der sich heute noch an seinem Bestimmungsort befindet, verbunden. – Im *Kreuzreliquiar* aus der Zeit um 1200 erscheint lediglich das Brustbild Christi in plastischem Relief im dreipaßförmigen Giebel. Im übrigen beruht die Wirkung des Tafelreliquiars im verhaltenen Dekor der Emailplatten und Ornamentranken, der farbigen Edelsteine und dem filigrangezierten Doppelkreuz der Mitte. Als letztes der großen Meisterwerke maasländischer Goldschmiede erwähnen wir das *Phylakterion der hl. Maria von Oignies* aus der Zeit um 1230. Durch die Verwendung des spiraligen Filigrans, der Bergkristalle und Cabochons sowie der geometrischen, übereinandergeschichteten Grundformen ist es den Werken des Meisters Hugo d'Oignies (vgl. S. 45f.) so verwandt, daß man sich auch dieses Reliquiar in dessen Werkstatt entstanden denken darf.

Nicht weniger dokumentieren das Elfenbein des 8. Jh. aus Genoels-Elderen bei Tongeren (Abb. 53), das romanische Bronzegußtaufbecken (1149) aus der St.-Germanuskerk in Tienen, die Osterkerzenleuchter des 12. und 13. Jh., der charakteristische Brüsseler Schnitzaltar, in dem Jan Borman 1493 die Marter des hl. Georg mit der Meisterschaft des großen Erzählers schildert, die Brüsseler Gobelins des frühen 16. Jh., vertreten durch die Passionsbildteppiche und die Jakobsgeschichte (Entwurf B. van Orley) und das Antependium von Grimbergen, die Porzellane des 18. Jh. aus Tournai, Brüssel, Andenne, Lüttich, die Spitzen und Stickereien aus Brüsseler Werkstätten des gleichen Zeitraums und die Lütticher Möbel des 18. Jh., in welch reichem Maße die belgischen Städte zur Vielfalt der europäischen Kunstszenerie beigetragen haben.

Bleibt zu berichten, daß auch im Cinquantenairemuseum der Bogen noch weiter gespannt wird und französische Plastik und Elfenbeine der Gotik, spanische und italienische Majoliken, Meißner und Höchster Porzellan, niederrheinische und Westerwälder Keramik, venezianische und böhmische Gläser, Limousiner Emails, Goldschmiedearbeiten der deutschen Renaissance, Möbel aus vielen Epochen und vieles mehr den Besucher zwingen, für dieses Haus wiederholte Besuche vorzusehen, um den hier angebotenen Reichtum voll in sich aufnehmen zu können. In mehr als vierzig großen und kleinen Museen erweist Brüssel sich als eine der reichsten Museumsstädte des Kontinents.

Die Umgebung von Brüssel

Tervuren

Wer einmal ausbrechen möchte aus dem abendländischen Kulturkreis, der einen in Brüssel scheinbar so unentrinnbar umfaßt hält, dem bietet sich die von den Arcades du Cinquantenaire aus führende Avenue de Tervuren zum Ausflug in den Wald von Soignies und zum KOLONIALMUSEUM an. In herrlichen Gartenanlagen ließ König Leopold II. nach 1900 das Schloß Tervuren im Louis-seize-Stil errichten (Abb. 70). Doch keine Spiegelkabinette, keine stuckierten und vertäfelten Räume, wie man sie in diesem belgischen Pseudo-Sanssouci aufgrund seines Stilcharakters erwarten sollte, empfangen den Besucher, sondern Elfenbeinarbeiten, Tanzmasken, Schnitzereien, Fetische und Kultgeräte aus dem einstigen Belgischen Kongo. In breitem Spektrum werden die Phasen der Kolonialisation Zentralafrikas im Zeitraum zwischen 1886 und 1960 lebendig.

In dem grünen, die Hauptstadt umschließenden Waldmantel gibt es eine Fülle reizvoller Ziele, die immer wieder eine neue Facette des schimmernden Kristalls Brüssel zum Aufblenden bringen. Da ist die mächtige dreitürmige BURG BEERSEL, deren leuchtend rote Backsteinarchitektur im 14. Jh. entstand (Ft. 4), oder das liebenswürdige ANDERLECHT, über dessen winkelige Straßen der prächtige Glockenturm der St.-Pieter-en-St.-Guidokerk emporwächst. Als man ihn um 1510 der gotischen, aus dem 14. bis 16. Jh. stammenden Kirche mit der romanischen Krypta anfügte, lebte ein illustrer Gast im Schatten dieses Gotteshauses. Es war Erasmus von Rotterdam, der hier in dem malerischen, treppengiebeligen Haus seines Freundes, des Domherrn Pierre Wichmann, Wohnung genommen hatte. Die Stelle dieser Prälatenresidenz mit ihren vom Beginenkloster begrenzten Gärten und der vornehmen Renaissanceeinrichtung mochte so recht nach dem Herzen des großen Humanisten gewesen sein, der, Weltbürger, der er war, doch von sich bekannte: »Ich möchte in Brabant leben«.

III Von Brüssel nach Antwerpen

Mechelen (Malines)

Auf dem Weg nach Mechelen bietet sich ein kurzer Abstecher nach GRIMMBERGEN, seiner Prämonstratenserabtei und der eindrucksvollen St.-Servatiuskerk an. 1660 begann man mit dem Bau des Gotteshauses, der mehrmals unterbrochen werden mußte. Erst 1725 konnte es geweiht werden. Obgleich unvollendet geblieben, gehört die Kirche im Schmuck ihrer durchlichteten Vierungskuppel mit dem langgestreckten Chor zu den eindrucksvollsten Schöpfungen des 17. Jh. in Belgien.

Wir kommen nach MECHELEN, malerisch an der Dyle gelegen, inmitten riesiger Gemüsekulturen und »gläsernen Weinbergen«, in denen die berühmten ›Brüsseler Trauben‹ reifen. Es ist Sitz des Primas der katholischen Kirche Belgiens, in seinen Baudenkmälern geprägt vom Zeitalter der Margarete von Österreich († 1530), der Statthalterin Karls V. in den Niederlanden. Die Geschichte der Stadt reicht bis ins frühe Mittelalter, um 870 wird sie erstmals unter dem Namen Malinas erwähnt. Seit dem 10. Jh. eine Lütticher Enklave im Brabanter Land, gelangt sie im 13. Jh. unter den bischöflichen Vögten der Familie Berthold fast zu städtischer Unabhängigkeit. 1333 wird sie von Bischof Adolf von der Marck an den Grafen Ludwig von Flandern ›verkauft‹. Seit 1369 burgundisch, wird Mechelen 1473 Sitz des höchsten Gerichtes der Niederlande, des Großen Rates. Isabella von Portugal, die Mutter Karls des Kühnen von Burgund, wählte die Stadt zu ihrem Witwensitz. Hier wuchsen die Kinder Maximilians von Österreich, Philipp der Schöne und Margarete von Österreich, heran. Von hier leitete Margarete seit 1507 einsichtsvoll und geschickt die Regierungsgeschäfte. An ihrem Hof verkehrten die großen Künstler und Gelehrten ihrer Zeit: Thomas Morus und Erasmus von Rotterdam, der Historiker Lemaire de Belges, die Komponisten Pierre de la Rue und Josquin des Près. Die Malerei vertraten Jan Gossaert und Barend van Orley an diesem ›Musenhof‹ und der bedeutende Rombout II. Keldermans gab allem den architektonischen Rahmen. Die Architekturdynastie der Keldermans übernahmen auch die Bauleitung für den Turm des ST.-ROMBOUTSKATHEDRAAL (St. Romuald), der mit einer Höhe von 167 Metern der höchste Turm der Christenheit werden sollte. Um 1520 stockten die 1452 begonnenen Arbeiten und kamen bald gänzlich zum Erliegen. Doch auch mit seinen tatsächlich erreichten 97 Metern wurde der Turm das eindrucksvollste Bauwerk seiner Art in Belgien und zum Wahrzeichen seiner Stadt

MECHELEN. Kupferstich von Matthaeus Merian. Brüssel, Königl. Bibliothek

(Abb. 72). – Das Gotteshaus selbst (1559 zur Metropolitankirche erhoben) wurde an der Wende vom 13. zum 14. Jh. errichtet, doch bietet sie sich heute in ihrer spätgotischen Umwandlung dar, die man ihr nach dem Stadtbrand des Jahres 1342 gegeben hat. Als gotische Basilika über kreuzförmigem Grundriß in einer Länge von 99 Metern angelegt, entwickelt sich die Langhausarchitektur in dreizonigem Wandaufbau in einer Abfolge von sechs Traveen. Mit einer Höhe von 28 Metern und einer Mittelschiffbreite von 13 Metern wird ein Raum von edlen Proportionen gewonnen, an den sich Chorkapellen (14. Jh.) und Kapellenanbauten der Jahre 1498 bis 1502 anschließen. Die Barockzeit leistete mit ihren Pfeilerfiguren und der originellen Kanzel, an der der Schnitzmeister M. Vervoort d. Ä. (1723) die Bekehrung des hl. Norbert, Sündenfall und Kreuzigung als Theatrum sacrum in Szene setzt, ihren Beitrag zur Gestaltung des Inneren. Bedeutsamer als der reiche Barockaltar aus Marmor und die Madonnengruppe von L. Fayd 'herbe (1666), die auf A. Quellinus d. J. zurückgehende Kommunionbank und die übrige reiche Kirchenausstattung ist van Dycks *Kreuzigung* (1628–30) im rechten Querhaus.

Die im 15. Jh. erbaute ST.-JANSKERK sollte man wegen ihres Hochaltartriptychons aufsuchen, das, 1619 von Rubens gemalt, zu den bedeutendsten Schöpfungen barocker Bildaltäre gehört. Sein reiches ikonographisches Programm ordnet um die Mitteltafel mit der ganz auf Hell-Dunkelwirkung angelegten *Anbetung der Könige* die Flügeldarstellungen mit der Taufe Christi, dem hl. Johannes auf Patmos (außen) sowie der Enthauptung Johannes des Täufers und der Marter des Evangelisten Johannes (innen). In der lichtvollen Gestalt der Maria erkennt man Rubens' erste Frau Isabella Brant wieder.

Die Kirche O.-L.-VROUW-OVER-DE-DYLE verdankt ihre heutige Gestalt einem Neubau, der Ende des 14. Jh. begonnen und erst um 1663 fertiggestellt wurde. Sie nennt ein Rubenstriptychon der Zeit um 1618/19 ihr eigen; es zeigt den wunderbaren Fischzug. In kühner Diagonalkomposition ist die Mitteltafel aufgebaut. Das Auge wird über das von Fischen überquellende Netz und die herkulischen Fischergestalten zu der Gruppe Christus-Petrus hingeführt, die der vita activa die Ergriffenheit der geistigen Begegnung, des Offenbarens und Erkennens gegenüberstellt.

Jacques Francquart und Pieter Huyssens lieferten die Pläne, nach denen in den Jahren 1629–47 die KIRCHE DES GROSSEN BEGINENHOFS in üppigem Barockstil errichtet wurde. Bilder von G. de Crayer, Jean Cossiers u. a., Statuen von Fayd'herbe und ein Elfenbeinkruzifix von Jérôme Duquesnoy geben der Innenausstattung eindrucksvolle Akzente. Vom Glanz der Stadt kündet vor allem der GROSSE MARKT mit dem aus zwei verschiedenen Epochen stammenden RATHAUS in der ALTEN TUCHHALLE (Abb. 74).

Die Mechelener hatten den Hallenmeister Willem de Amman nach Brügge geschickt, damit er dort »die Halle besichtige und die Anordnung mitbringe«. Das Beispiel zeigt, wie man auch im Mittelalter bewährte Vorbilder nachahmte und in Mechelen nach dem Brügger Muster 1311–26 einen Vierflügelbau mit Innenhof und (unvollendetem) Belfried in der Frontmitte errichtete. In spannungsreichem Kontrast zur blockhaften, wuchtigen Fassade der ehemaligen ›Halle‹ steht die filigranhaft feine des Nordflügels, in dem früher der Große Rat tagte. Rombout II. Keldermans hat ihn 1526 in spätgotischem Stil begonnen. Nur das Erdgeschoß wurde ausgeführt, und erst 1900–11 vollendete man den Bau nach den alten Plänen. Die Architekten Antoon Keldermans d. J. und

MECHELEN. Das Brüsseler Tor

Rombout II. Keldermans bauen 1507–30 am Palais der Margarete von Österreich, dem heutigen JUSTIZPALAST (Abb. 73). Er vereinigt die charakteristischen Stilelemente flämischer Flamboyantgotik mit den breitgelagerten, giebelgezierten Baugruppen der einheimischen Renaissance. In Mechelens Stadtbild haben sich in dem mit reicher Renaissancefassade geschmückten Zunfthaus der Fischhändler, dem originellen Holzhaus, im Volksmund ›Duivelshuis‹ genannt, dem barocken Giebelbau ›St.-Jozef‹ und dem ehemaligen Gildehaus der Armbrustschützen mit einer Fassade aus dem Jahre 1604 reizvolle Beispiele einer eigenwilligen, vom Bürgertum getragenen Stadtarchitektur erhalten. Von den 12 Toren des einstigen Befestigungsgürtels hat nur das zu Beginn des 17. Jh. umgebaute BRÜSSELER TOR die Zeiten überdauert. Ein Besuch im Museum der Erzdiözese gilt vornehmlich dem Stadtpatron, dem hl. Rombout, wie ihn ein Bildhauer der Zeit um 1375 unter dem Eindruck französischer Kathedralplastik in Stein meißelte.

Lier (Lierre)

Der Schriftsteller Felix Timmermans (›Das Jesuskind in Flandern‹, ›Triptychon von den heiligen Dreikönigen‹) hat seine Heimatstadt Lier »die hübscheste Stadt Belgiens« genannt. Es ist der malerisch gewundene Lauf der Nethe, der Große Markt mit seinen alten Häusern, die sich um das Rathaus (J. P. Baurscheit d. J. 1710–44) mit seinem Belfried aus dem Jahre 1369 gruppieren, der Beginenhof mit dem monumentalen Renaissanceportal und der Vielfalt seiner Häuschen im Schatten der Kirche mit ihrer Rokokofassade und dem pittoresken Kreuzgang, die zu diesem unverwechselbaren Stadtbild beitragen. Von der Lierer Beginage war für Timmermans die Anregung zu den ›Sehr schönen Stunden der Jungfer Symforosa, dem Beginchen‹ ausgegangen.

Vom mächtigen Turm von ST.-GUMMARUS (Abb. 75) klingt ein Glockenspiel, und die astromomische Uhr am ›Zimmerturm‹ zeigt Stunden, Jahreszeit, Sonnen- und Mondstand an (Ft. 10). Das Innere der Gummaruskirche bietet einen geschlossenen Raumeindruck. Rundpfeiler, darüber Spitzbögen, Fenster und Triforium, in brabantischer Eigenart zusammengefaßt, charakterisieren den Aufriß. Beim Voranschreiten vom Langhaus zum Chor verhält man seinen Schritt vor dem dreibogigen Lettner, der, obgleich erst 1536 entstanden, noch alle Merkmale später Flamboyantgotik trägt. Das ikonographische Programm seiner Bauplastik umfaßt Passions-, Evangelisten- und Kirchenväterdarstellungen. Die Glasfenster der Kirche (Bauzeit 15. und 16. Jh.) berichten in ihren Darstellungen Maximilians, der Maria von Burgund und ihrer Nachkommen von der Gunst, die das Herrscherhaus St. Gummarus entgegenbrachte. 1496 sah die Kirche die Hochzeit Philipps des Schönen mit Johanna der Wahnsinnigen, ein Ereignis, das den spanischen Einfluß in den südlichen Niederlanden für Jahrhunderte einleiten wird. Im südlichen Seitenschiff erinnert ein Glasfenster mit der *Marienkrönung* an den Stil Rogier van der Weydens. Im barocken Schrein von Dirk Somers (1682) bewahrt man die Reliquien des Stadtpatrons. – Das Museum Wuyts-Van Campen en Baron Caroly beherbergt eine interessante Sammlung alter Meister (u. a. Frans Floris).

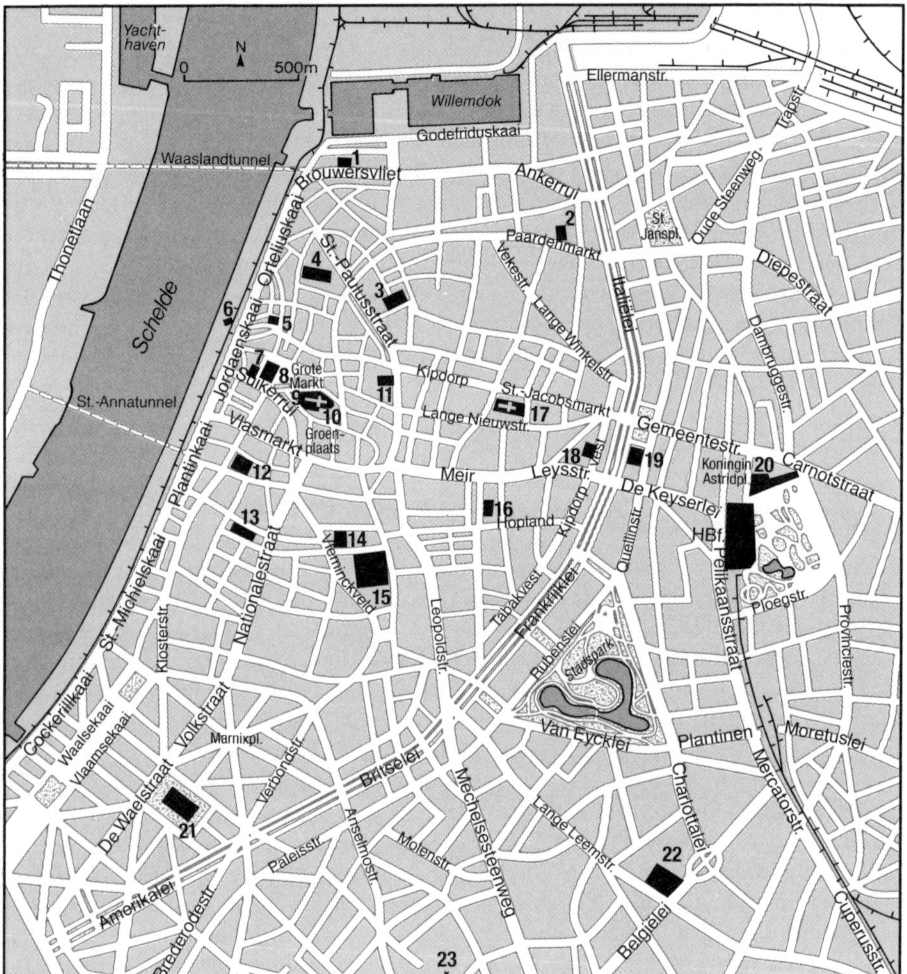

Plan der Innenstadt von Antwerpen

1 Brauerhaus 2 St.-Antoniuskerk 3 Archiv und Museum für flämische Kultur 4 St.-Pauluskerk 5 Alte Fleischhalle 6 Steen 7 Volkskundemuseum 8 Rathaus und Brabobrunnen 9 Matsysbrunnen 10 O.-L.-Vrouwekathedraal 11 St.-Carolus-Borromeuskerk 12 Plantin-Moretus-Haus 13 St.-Andrieskerk 14 St.-Augustinuskerk 15 Museum Mayer van den Bergh 16 Rubenshaus 17 St.-Jacobskerk 18 Diamantenmuseum 19 Königl. Flämische Oper 20 Museum für Naturgeschichte und Tierpark 21 Königl. Museum der Schönen Künste 22 Museum Ridder Smidt van Gelder 23 Park von Middelheim

Antwerpen (Anvers)

88 km vor der Mündung der Schelde ins Meer liegt Antwerpen – Aan 't Werp (An der Schiffswerft), einer der bedeutendsten Seehäfen des Kontinents und 1993 Kulturhauptstadt Europas. Seine beurkundete Geschichte reicht bis ins Jahr 726 zurück. 836 zerstörten die Normannen die frühmittelalterliche Siedlung. Zu Beginn des 11. Jh. wird Antwerpen zum Zentrum einer Markgrafschaft an der flandrischen Grenze. Die rasche Entwicklung zur beherrschenden Hafenstadt beginnt am Ende des 15. Jh., als Antwerpen den Handel vom rivalisierenden Brügge dank Maximilians Hilfe an sich reißt und mit der Entdeckung der neuen Welt als Hafen im Reiche Karls V. die Erdteile miteinander verbindet. Die spanische Herrschaft Herzog Albas, die »Furie espagnole«, vertreibt Tausende Bürger aus der Stadt, die die letzte Bastion gegen die Inquisition auf belgischem Gebiet war. Bilderstürmer verwüsten 1566 Kirchen und Klöster. Bei der Plünderung durch die Truppen Philipps II. sollen 1576 an die 7000 Menschen umgekommen sein. 14 Monate belagerte Herzog Alexander Farnese die Stadt. Nach der Einnahme 1585 schien ihr Schicksal besiegelt. Amsterdam und Rotterdam traten das Erbe an. Der Westfälische Friede von 1648 verfügte zudem die völlige Sperrung des Scheldeflusses. Erst 1795 – die österreichische Herrschaft war kurz zuvor zusammengebrochen – zeichnet sich mit der Aufhebung der Scheldezölle ein Wandel ab. Seit 1832 ist Antwerpen »der erste Hafen und die zweite Stadt« des Königreichs Belgien. Im ersten Weltkrieg band die nach dem Fall Lüttichs von der belgischen Armee verteidigte Stadt in der entscheidenden Phase vom 20. August bis 7. Oktober 1914 starke deutsche Truppenkontingente. V-Waffen haben 1944 die Stadt schwer getroffen.

Das Wahrzeichen der Stadt ist die der Madonna geweihte KATHEDRALE (10). Siebenschiffig über kreuzförmigem Grundriß mit Chorumgang angelegt, mißt sie 117 Meter in der Länge, im Querhaus 65 Meter (Abb. 76). 1352 war mit dem Bau des Chores begonnen worden, bevor Pieter Appelmans das mächtige Doppelturmprojekt in Angriff nahm. Zwischen 1425 und 1500 werden die Seitenschiffe aufgeführt. Unter Pieter Appelmans, Jan Tac, Everaert Spoorwater und Herman de Waghemakere († 1503) und seinem Sohn Dominicus wachsen die Vierungskuppel und die oberen Stockwerke des 123 Meter hohen Nordturmes über den Bau empor. Ein unvergleichliches Werk war damit fertiggestellt – vollendet werden sollte es nie. Als Höhe- und Endpunkt der belgischen Sakralarchitektur gebietet dieser Bau, in knappen Strichen seinen Ort innerhalb der europäischen Baukunst aufzuzeigen. Die Landschaft selbst lieferte aus den Brabanter Sandsteinbrüchen das gelblich-braune Baumaterial. Die Brabanter Gotik hatte eine Reihe profilierter Architekten, deren bedeutendste die Keldermans waren, die durch fast zwei Jahrhunderte hindurch (1375–1550) die Ausformung spätmittelalterlicher Baukunst bestimmten. Träger der teilweise riesigen Unternehmungen war die Bürgerschaft, deren Anzahl häufig in kaum einer Relation zu den von ihr geplanten gigantischen Bauten stand. Man spricht von dem stets wiederkehrenden, voll entwickelten Grundriß des Chores mit sieben Chorkapellen als »Brabanter Ordnung«.

ANTWERPEN 1502. Medaillon. Kupferstich von Melchisedech van Hooren, 1562. Brüssel, Königl. Bibliothek

Tienen und Mechelen, das holländische s'Hertogenbosch und Antwerpen folgen ihr. Eine Sonderleistung der Gotik in Flandern und Brabant sind die mächtigen Turmanlagen, die im Gegensatz zur Brüsseler Kathedrale St-Michel-et-Ste-Gudule oder der Antwerpener O.-L.-Vrouwekathedraal als Einzeltürme in der Achse des Längsschiffes liegen. Schon in romanischer Zeit hat sich diese Form des Einturmes ausgebildet. Längs der flandrischen Küste entstehen im hohen Mittelalter in Damme (Ft. 18) und Lissewege (Ft. 24), vornehmlich jedoch an der Brügger Liebfrauenkirche diese Turmriesen. Den Höhepunkt der Turmarchitekturen bringt wiederum Brabant. Man denkt an Lier, Oudenaarde oder Mechelen in ihrer plastischen Kraft, ihrem Zusammenspiel kantiger beleuchteter Reliefteile mit den dunklen Massen zurückweichender Flächen. In der Auflösung und Durchnischung der Turmbekrönung hatte Antwerpen wichtige Vorgänger: Den Rathausturm in Brüssel etwa oder auch Kleinarchitekturen nach Art des Sakramentsturmes von St. Peter zu Löwen.

Die Antwerpener Kathedrale bewahrt in einer stehenden *Madonna mit Kind* das Hauptwerk des sogenannten Meisters der mosanen Marmormadonnen aus der Zeit um 1330/40, das wohl einstmals in der untergegangenen Lütticher Lambertuskirche (vgl. S. 41) stand. In der Geschichte der O.-L.Vrouwekathedraal spiegelt sich das Schicksal, das Glaubensfanatismus und Krieg so vielen Kunstwerken bereitete: 1566 zerschlugen die Bilderstürmer den plastischen Schmuck. 1794 entfernte man die Glasmalereien. Das Gotteshaus wurde zweckentfremdet, seine Meisterwerke nach Paris verbracht. Erst 1816 kamen die zwei riesigen Altarwerke von Peter Paul Rubens nach dem Untergang Napoleons an Antwerpen zurück. Es sind *Kreuzaufrichtung* und *Abnahme Christi vom Kreuz,* Schlüsselwerke des europäischen Barock, Vermächtnisse eines Sohnes Antwerpens an ‘seine Stadt’.

Sie entstanden nach seiner zweiten Italienreise in der Zeit um 1610–14. Bei der *Kreuzaufrichtung* ist die elementare Kraft der die Mitteltafel bestimmenden Diagonalen so gewaltig, daß sie die beiden Seitenflügel benötigt, um aufgefangen zu werden. Die in ihren Proportionen maßlos übersteigerten Schergen sind durch ausgreifende, verklammernde Bewegungen und räumlich-plastische Verflechtung mit dem ans Kreuz geschlagenen Christus verbunden. In der Herausmodellierung der Körper durch Licht und Schatten spürt man den Einfluß Italiens, genauer Michelangelo da Caravaggios nachklingen. Ein Werk aus einem Guß, von titanischer Kraft hingeschrieben!

Im Gegenstück, der *Kreuzabnahme* (Abb. 77), haben sich die Formen beruhigt. Sie sprengen nicht mehr die Mitteltafel, so daß seitlich Raum für gesonderte Szenen der ›Heimsuchung‹ und der ›Darstellung im Tempel‹ (1612–14) gefunden wird. Nurmehr der Körper des Toten, vor der Folie des weißen Leichentuches vom Kreuz herabgleitend, ist in Licht getaucht, das sanft auf die radial angeordneten Figuren übergreift, um an den Bildrändern im Dunkel des heraufziehenden Abends zu verdämmern. Das Rot im Gewand des Johannes vollendet die mächtige ‘Farbachse’. Eindringlich setzt der Künstler das Leblose des schwer herabsackenden Leichnams gegen die vitale Schönheit der Maria Magdalena und der Mutter Maria. Leben und Tod haben ihre Synthese in einem der gewaltigsten Werke des europäischen Barock gefunden.

Für den Hochaltar der Liebfrauenkirche hat Rubens um 1626 eine *Himmelfahrt Mariens* geschaffen, die ähnlich der ›Assumptio‹ Tizians in der venezianischen Frarikirche den Chor in ein theatrum sacrum verwandelt, in dem die Aufnahme Mariens in den Himmel zu geschauter Wirklichkeit wird. Bevor wir die Liebfrauenkirche verlassen, betrachten wir den schönen Epitaph der Familie Plantin und das Grabmal des Johannes Moretus. Man könnte fortfahren, die Schönheiten der Kirche zu beschreiben, die prachtvollen Beichtstühle etwa, das Grabmal der Isabella von Bourbon und eine Anzahl farbfunkelnder Glasfenster, ohne doch ein vollständiges Bild dieses Schatzhauses zu geben, das es auch nach seiner Purifizierung 1794 noch war.

Auf dem Handschoenmarkt setzt der kunstvoll geschmiedete MATSYSBRUNNEN (um 1490; 9), dessen Aufsatz von einer Statue des Salvius Brabo gekrönt wird, einen hübschen Platzakzent. Nach der Kathedrale ist die Pfarrkirche ST.-JACOB (17) Antwerpens bedeutendste Kirche. Von Hermann de Waghemakere 1491 begonnen und von seinen Söhnen fortgeführt, übernahm Ronbout II. Keldermans 1525 den Bau des Gotteshauses, der jedoch 1533 unvollendet liegen blieb. Kaiser Karl V. förderte die vorläufige Fertigstellung des Lang- und Querhauses (zwischen 1552 und 1566). Erst in der ersten Hälfte des 17. Jh. konnte weitergearbeitet werden. 1656 kamen die Arbeiten zum Abschluß, allerdings sollte der Turm nie die vorgesehene Höhe erreichen. Die Kirche folgt dem kreuzförmigen basilikalen Schema mit beiderseitigen Kapellenreihen, Chorumgang und Chorkapellen und bietet damit einer Fülle von Altären und Grabgewölben der vornehmsten Familien der Stadt Platz. Organisch wächst die auf Schwarz-Weiß-Töne gestimmte Barockausstattung in den gotischen Raum hinein. Hinter dem Hochaltar ist das Grab von Rubens. Eines seiner Spätwerke, eine *Maria mit Kind, von Heiligen verehrt,* (um 1634) dient der Grabkapelle als Altarschmuck. Unmöglich, die Bilderfülle der Jakobskirche zu beschreiben.

Auch in den übrigen Kirchen Antwerpens bietet sich Rubens als Wegbegleiter an. So bewahrt die von einem barocken Glockenturm (begonnen 1679) überragte ST.-PAULUSKERK (4), die während des 16. und 17. Jh. errichtet wurde, im linken Querhaus eine eindrucksstarke *Geißelung Christi.* Die kostbaren Schnitzereien an den Beichtstühlen sollen auf P. Verbruggen d. Ä. zurückgehen.

An der Stelle eines romanischen Bauwerks errichtete man in den Jahren 1614–21 unter der Leitung der Jesuitenpatres d'Aiguilon und Huyssens die ST.-CAROLUS-BORROMEUSKERK (11; Ft. 9). Für ihren Schmuck entstanden in der Rubenswerkstatt 39 Deckengemälde. Sie sind alle bei der Brandkatastrophe des Jahres 1718 zugrunde gegangen. Die drei Chorbilder gelangten bei der Aufhebung des Jesuitenordens ins Wiener Kunsthistorische Museum. Der Neubau wiederholte das alte Vorbild, vereinfachte es jedoch. – Den belgischen Barockkirchen ist die breitgelagerte einheitliche Stirnseite gemeinsam, deren klare Stockwerkeinteilung noch vom Ebenmaß der Renaissanceproportionen bestimmt ist. Auch die Bilder der neogotischen Pfarrkirche ST.-ANTONIUS (2), die sich an der Stelle eines 1908 abgerissenen Kapuzinerkirchleins erhebt, werden Rubens und van Dyck zugeschrieben. Von den übrigen Gotteshäusern sollen nur noch zwei erwähnt werden. In der Pfarrkirche ST.-ANDRIES(Langhaus 16. Jh., Chor und Querschiff 17. Jh.; 13) befindet sich ein Gedenkmonument für Maria Stuart; Frans Pourbus d. J. hat sie auf Kupfer porträtiert. Die ST.-AUGUSTINUSKERK (1615–18; 14) hat mit der *Mystischen Vermählung der hl. Katharina* von Rubens und dem *Martertod der hl. Apollonia* von Jordaens zwei bedeutende Kunstwerke aufzuweisen.

Im RUBENSHAUS (16) hat sich die ›Residenz‹ erhalten, die der Antwerpener Malerfürst im Jahre 1610 nach seiner Vermählung mit der 18jährigen Isabella Brant erwarb. Die Anlage gleicht einem repräsentativen, um einen Binnenhof angelegten italienischen Palazzo (Abb. 86). »Abwechslung in den Linien, stärkere Schattenwirkung, möglichste Verschiedenheit in Haupt- und Nebenformen, in der gleichzeitigen Ansicht homoge-

ANTWERPEN St.- Carolus-Borromeuskerk, Westfassade. Nach einem Kupferstich im ›Groot Kerkelyk Toneel van Brabant‹

ner Bauglieder, in der Aneinanderreihung hellerer und dunklerer Räume« bestimmen die architektonische Haltung. Es gibt eine Reihe von Bildern des Meisters, in denen man etwa Portal und Pavillon seines Wohnhauses wiederfindet. 1627 war der Ausbau zum Stadtpalais abgeschlossen. Ein riesiges Atelier bot die Möglichkeit zum charakteristischen Werkstattbetrieb Rubensscher Prägung. Das 1946 wiederhergestellte Raumensemble vereinigt flämische Barockmöbel, zeitgenössische Bilder und die typischen Messingleuchter zu einem Ambiente, das freilich nur der Maler mit seiner großen Familie, seinen vielen Mitarbeitern und Schülern mit vollem Leben erfüllen konnte.

Den Eindruck des ›Grote Markt‹ bestimmt das RATHAUS (8; Abb. 85). Cornelis II. Floris de Vriendt hat es 1561–65 erbaut. Über dem Rustika-Erdgeschoß erheben sich zwei Hauptstockwerke und ein abschließendes Galeriegeschoß. Ein leicht vorspringender dreiachsiger Mittelbau gibt der ebenmäßigen, 78 Meter langen Fassade eine kraftvolle vertikale Unterbrechung. Sie verleiht dem Gebäude trotz der Verwendung reinen Renaissanceornamentes seine einprägsame 'flandrische' Note. Zwischen den Personifikationen von ›Weisheit‹ und ›Gerechtigkeit‹ steht in der Mitte Maria als Schützerin der Stadt. Einige Zunfthäuser – Küfer und Schützen, Schneider und Zimmerleute sind mit typischen Antwerpener 'Skelettbauten' vertreten – haben sich, wenn auch stark restauriert, am Markt erhalten und bildeten die prächtige Kulisse für den ›Ommegang‹, der den sagenhaften Druon-Antigonriesen begleitete. Der BRABOBRUNNEN (1887; 8) ist dem legendären Salvius Brabo gewidmet und zeigt ihn, wie er die dem Riesen Antigonus abgeschnittene Hand in die Schelde wirft. Nicht weit vom Markt liegt die ALTE FLEISCHHALLE (5), die H. de Waghemakere 1501–1503 in malerischem Wechsel von rotem Back- und weißem Bruchstein erbaute. In ihr ist ein Museum für Kunsthandwerk und Musikinstrumente untergebracht. In dem heute als Museum eingerichteten PLANTIN-MORETUS-HAUS (12) hat sich ein Denkmal von hohem kulturhistorischen Wert erhalten. Hier hatte der berühmte Buchdrucker Christoph Plantin, der 1549 nach Antwerpen gekommen war, seine Druckerei. Sie hat sich, im 17. und 18. Jh. durch die Familie seines Schwiegersohnes Moretus erweitert, bis heute erhalten. Auf 16 Pressen wurde gearbeitet, die ›Biblia regia‹ aufgelegt und der Grundstock zur berühmten Antwerpener Stecherschule gelegt, die später von Rubens geleitet wurde. Seit 1876 in städtischem Besitz, bietet das Haus mit seinem Renaissancebinnenhof und reizvollen Garten, Verkaufszimmer und Laden, der Typengießerei und der typographischen Sammlung, den alten Kontorräumen und dem Zimmer des Justus Lipsius, des gelehrten Freundes von Plantin, das Bild einer altflämischen Patrizierwohnung mit Geschäftsräumen, die ihresgleichen nicht mehr hat. Privilegien der Familie, geschnittene Holzstöcke, gestochene Kupferplatten, Landkarten und Stadtansichten, Schriftproben und Matrizen geben einen lebendigen Einblick in die Kunst des Buchdrucks.

Die wichtigsten Museen

Man durchschreitet eine kolossale korinthische Säulenordnung an der Westfassade, um in das riesige, um 6 Innenhöfe angelegte Rechteck dieses Schatzhauses flämisch-niederländischer, darüber hinaus europäischer Malerei zu gelangen, das KÖNIGLICHE MUSEUM DER SCHÖNEN KÜNSTE (21). Im ersten Stock reiht sich Meisterwerk an Meisterwerk. Zum ersten Mal begegnen wir auf unserer Reise Jan van Eyck mit zwei kleinformatigen

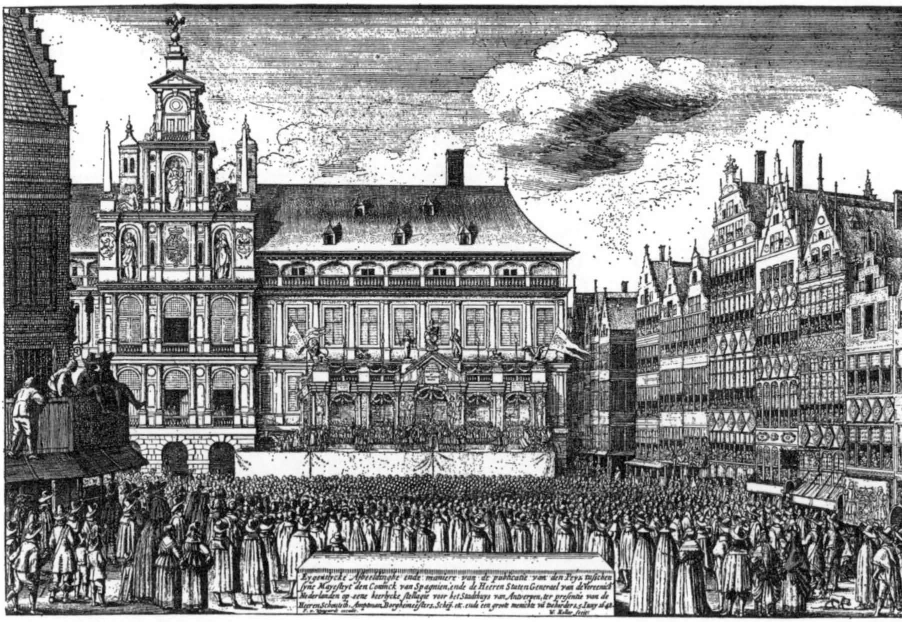

Die Verkündigung des Westfälischen Friedens 1648 zu Antwerpen. Radierung von Wenzel Hollar. Brüssel, Königl. Bibliothek

Tafeln, die, obgleich am Ende des künstlerischen Schaffens entstanden, in der Feinheit der spitzpinseligen Detailschilderung die Herkunft dieser Kunst aus der Miniaturmalerei verraten. »Johannes de Eyck me fecit + complevit anno 1439« liest man auf dem alten Rahmen der spätesten und kleinsten Mariendarstellung van Eycks, der *Madonna am Springbrunnen* (Abb. 78). Zwei Engel halten einen Brokatteppich, dessen Goldflächen wie der Rest des gotischen Goldgrundes wirken, hinter die statuarisch empfundene Gestalt Mariens und grenzen damit eine Hoheitszone gegen die üppig wuchernde Blumenhecke des rückwärtigen ›hortus conclusus‹ ab. Der Brunnen mit seinem klaren Wasser – ehedem primär als marianisches Symbol verstanden – bekommt nun in seiner materiellen Realität, den spiegelnden Reflexen des Metalls und dem perlenden Plätschern des Wassers eine neue, an der Natur geprüfte Bildfunktion. – Das unvollendete Bild der *hl. Barbara* (1437) löst sich gleicherweise von der alten Tradition der Heiligenikonographie, indem es das Turmattribut der Heiligen nun als noch im Bau befindlichen flandrischen Kirchturm gibt. Der geschäftige Betrieb der Bauhütte und die weit sich dehnende Hintergrundlandschaft weist schon auf Pieter Bruegels *Turmbau zu Babel* (1563, heute Wien). Die feine Pinselvorzeichnung auf Kreidegrund gibt hier einen aufschlußreichen Hinweis auf die Maltechnik Jan van Eycks. Im Sieben-Sakramente-Triptychon Rogier van der Weydens (1445/50) wird die Kreuzigung Christi als der Ursprung des in den Sakramenten sich ausprägenden Heiles in das Mittelschiff einer flandrischen Kathedrale verlegt. Rogier selbst ist mit dem distanzierten *Porträt des Philippe de Croy* (um 1459/60) vertreten. In Memlings *Triptychon* der um den segnenden Christus versammelten musizierenden Engel (um 1490) klingt im Wohllaut problemloser Schönheit die Erinnerung an van Eycks ›Engelskonzert‹ des Genter Altars an. Das *Porträt des J. de Candida* von Memling stellt uns den Hofmedailleur Karls des Kühnen, ausgewiesen durch eine römische Kaisermünze, die er in der Rechten hält, vor. Im Jahre 1511 malte Quentin Massys seinen *Johannes-Altar* für die Antwerpener Schreinerzunft. Er hatte ursprünglich seinen Ort in der Kathedrale. In der Mitteltafel mit der ›Beweinung Christi‹ (Abb. 80) wird das Auge von der zu dem Toten sich neigenden Gestalt des Josef von Arimathia in großer halbkreisförmiger Abwärtsbewegung zu dem Leichnam Jesu geführt. Die Figuren der beiden Marien, die die Linke Christi fassen und seine Füße salben, nehmen die Kurvatur wieder auf und leiten sie zur Gruppe der von Johannes gestützten Mutter in der Bildmitte zurück. Differenzierte Farbigkeit, die gebrochene Halbtöne ins malerische Kalkül einbezieht, weist in eine neue Landschaft des Bildens und des Denkens. Mit einer seiner reizvollsten Schöpfungen, der *Landschaft mit der Flucht nach Ägypten,* der ersten wirklichen Landschaft der niederländisch-flämischen Kunst, ist Joachim Patinir vertreten.

Und Rubens natürlich! Noch einmal wird seine sinnenfrohe Verherrlichung des antiken Mythos und der christlichen Heilsoffenbarung im Pathos einer schwellenden, farbstrotzenden Formensprache lebendig. Was sollte man herausgreifen? Die noch ganz unter italienischen Einfluß stehende *Taufe Christi* (1604–06) oder den *Gekreuzigten* (um 1610) in der grenzenlosen Einsamkeit des frei vor dem sich verdüsternden Himmel stehenden Kreuzes, die *Heilige Familie mit dem Papagei* (um 1615) oder den *Verlorenen Sohn* (um 1617/18), der als Ausgestoßener vor der ›heilen Welt‹ eines flämischen Bauernhofes darum bittet, daß man ihm von den Schweineschoten für seinen Hunger abgebe, den *Ungläubigen Thomas* (1613–15) – auf seine Weise auch ein zurückfindender ›Verlorener Sohn‹ – oder die in kühner Verkürzung gegebene *Beweinung Christi* (um 1614), die *Frierende Venus* (1614) oder den erschütternden *Christus im Grabe* (um 1617/18), die *Letzte Kommunion des hl. Franz von Assisi* (1619) oder die *Heilige Dreifaltigkeit* (um 1620/21) in ihrer Abwandlung der mittelalterlichen 'Not Gottes', die Porträts – allen voran den *Caspar Geravartius* aus der Zeit um 1630 – oder das von sinnenfreudiger Mystik getragene Bild der für die armen Seelen bittenden *hl. Theresa?* Am nachhaltigsten werden sich vielleicht die beiden Meisterwerke mit der *Anbetung der Könige* (1624, Abb. 79) und dem *Lanzenstich* (1620) einprägen. Sie markieren Anfang und Ende des Lebens Christi, zeigen die 'Audienz' im Stall zu Bethlehem und die Öffnung der Seite des schmählich am Kreuz Gestorbenen. Die Huldigung durch die Könige, ein Auftragswerk für den Altar der Michaelskirche, ist so spontan »aus einem Guß«, daß man der Überlieferung gern Glauben schenkt, das Bild sei von Rubens in 13 Tagen gemalt worden. Der *Lanzenstich* stammt aus der Franziskanerkirche. Das Bild lebt aus einem kühnen System diagonaler Formverklammerungen, dem Kontrast des lichtvollen Corpus vor der düsteren Gewitterwand und dem Gegen-

72 MECHELEN Turm der St.-Romboutskathedraal

73 MECHELEN Justizpalast, ehem. Palast der Margarete v. Österreich, 1507 beg., Innenhof

75 LIER Blick auf die Stadt mit St.-Gummarus (15.–16. Jh.) ▷

74 MECHELEN Rathaus und Tuchhalle

76 ANTWERPEN Die gotische Kathedrale, Belgiens größte Kirche

77 Peter Paul Rubens, Kreuzabnahme, 1611–1612. Antwerpen, Kathedrale ▷

78 Jan van Eyck, Madonna am Springbrunnen, 1439. Antwerpen, Königl. Museum der Schönen Künste

79 Peter Paul Rubens, Anbetung der Könige, 1624. Antwerpen, Königl. Museum der Schönen Künste

80 Quentin Massys, Johannes-Altar, 1511. Antwerpen, Königl. Museum der Schönen Künste

81 Jean Fouquet, Maria mit dem Kind und Engeln, um 1451. Antwerpen, Königl. Museum der Schönen Künste

82 Melchior Broederlam (Umkreis), ›Geburt Christi‹ und ›St.-Christophorus‹, spätes 14. Jh. Antwerpen, Museum Mayer van den Bergh

83 Pieter Bruegel d. Ä., Dulle Griet, 1563. Antwerpen, Museum Mayer van den Bergh

84 Jacob Jordaens, Der König trinkt, Antwerpen, Königl. Museum der Schönen Künste

85 ANTWERPEN Rathaus (Cornelis II. Floris de Vriendt, 1561–1565) und Brabobrunnen

86 ANTWERPEN Hof und Garten des Rubenshauses, 17. Jh.

87 SINT-NIKLAAS Stadtansicht mit Großem Markt

88 GENT Die alte Fleischhalle (1404) in der Nähe der Graslei

89 GENT 's Gravensteen, Schloß der Grafen von Flandern, 11.–13. Jh.

90 GENT Rathaus, ältester Teil, 1482–1538

91 GENT St.-Baafskathedraal, Westturm, 1462–1534

92 GENT Schifferhaus, 1531

93 GENT Binnenhof der Bijlokeabdij

94 Hubert und Jan van Eyck, Genter Altar (geöffnet), 1432. Gesamtbreite ca. 440 cm. Gent, St.-Baafskathedraal

95 GENT Stadtansicht mit St.-Niklaaskerk, Belfried und St.-Baafskathedraal

satz zwischen der kraftvoll-gefühllosen Reitergruppe zur Linken und den vom Schmerz überwältigten Trauernden am Fuß des Kreuzes. Wie weiß Rubens die schmerzvoll sich bäumenden Schächer gegen die majestätische Todesruhe der Christusfigur auszuspielen! Eine vollkommene Bildregie überträgt die unerhörte Spannung in alle Teile der trotz ihrer Dynamik ausgewogenen Komposition.

In der *Beweinung Christi* von Anton van Dyck – sie wurde 1635 für die Minoritenkirche gemalt – gelingt die Abhebung der Kunst des großen Schülers gegenüber der Eigenart des Lehrers. In breitem Querformat hat der Künstler den im Schoße der Mutter liegenden toten Jesus gemalt. Eine fahle Farbigkeit unterstützt die Trostlosigkeit des Augenblicks. Nur in der Klagegebärde Mariens erlaubt sich der Künstler noch einen echt barocken Gefühlsausbruch. In eigenwilliger Abwandlung des alten Schemas reduziert van Dyck die herkömmlichen Assistenzfiguren auf Johannes, der zwei Engel auf die Wundmale des Toten hinweist. Eine Stufe der Verinnerlichung und Vergeistigung wird erreicht, die der Vitalität des Rubens fremd war. In dem charaktervollen frontalen *Reiterbildnis* steht uns van Dyck als der große Porträtist seines Zeitalters vor Augen. Jacob Jordaens ist mit dem Saufgelage *Der König trinkt* (Abb. 84) vertreten.

Auch im Antwerpener Museum werden die Bilder der bedeutenden südniederländischen Meister von den nordniederländischen ergänzt. Jan Steen, Jan Weenix, Terborch, Rembrandt, Frans Hals, Ruisdael, Molenaer, van Goyen, Wouwerman, Berchem, Dujardin, van Delen, de Witte, van der Helst seien stellvertretend genannt. Aus der Fülle der übrigen europäischen Malerschulen erwähnen wir die Italiener Simone Martini und Antonello da Messina, von den Franzosen Jean Fouquet mit seiner *Madonna mit Kind und Engeln* (um 1451, Abb. 81). Die Tradition will wissen, daß Agnes Sorel, die Maitresse König Karls VII., das Modell für Maria abgegeben habe. Sie entspricht dem Körperideal der Zeit. Der seltsam eiförmige Kopf ist leicht geneigt. Ein hauchdünner Schleier umrahmt das Gesicht. Die Augen sind zum Kind niedergeschlagen. Die linke kugelförmige Brust der Madonna ist entblößt. Knapp umspannt das Mieder den Oberkörper und zwängt die organischen Körperformen in die angestrebte Idealvorstellung. Die roten und blauen Seraphime, die eigenartige Zwitter von praller Leiblichkeit und körperlicher Undefinierbarkeit sind, umgeben Mariens Thron. Nirgends ein freudiger, schmetternder Farbton. Eine makabre Blässe geht von den Körpern aus.

Wir können nur auf den nahezu vollständigen Überblick verweisen, den eine große Abteilung des Museums über den belgischen Beitrag zur Kunst Europas seit 1830 bietet, können nur Namen wie de Braekeleer, Verlat, Claus, Vogels, Ensor (mit dem berühmten Bild *Die Intrige* von 1890), Permeke, de Smet, van den Berghe und Wouters nennen, ehe wir das riesige Museum verlassen.

Ein gänzlich anderes Schatzhaus der Kunst in Antwerpen stellt das MUSEUM MAYER VAN DEN BERGH (15) dar. Überschaubar in seinen Sammlungen, katalogmäßig hervorragend erschlossen, bietet es eine reiche Fülle griechisch-römischer Kunst, Elfenbeinreliefs vom 9. Jh. bis zum Ausgang des Mittelalters und Beispiele der Bildhauerei eines ganzen Jahrtausends. Besonders hervorzuheben sind eine Gruppe der ›Johannesminne‹, wie sie am Anfang des 14. Jh. Meister Heinrich von Konstanz in mystischer Verinnerlichung für das Dominikanerkloster St. Katharinental geschaffen hat, und die glänzend belegten Zeugnisse flämischer Bildschnitzerkunst des 15. und 16. Jh. In der erlesenen Bilder- und Handschriftensammlung werden die Altartafeln der *Geburt Christi*, von *St. Christophorus* (Abb. 82) und der *Auferstehung* aus dem späten 14. Jh., das *Festmahl des Herodes* – ein charakteristisches Werk des Juàn de Flandes –, als hervorragendes Zeugnis flämischer Buchmalerei das von Gerard Horenbout wundervoll illuminierte Breviarium aus dem 1. Jahrzehnt des 16. Jh. sowie Bilder von Quentin Massys, Lucas Cranach, Adriaan Isenbrant, Jan Gossaert und vielen anderen gezeigt.

Von Pieter Bruegel d. Ä. finden sich 12 Sprichwortbilder und die berühmte *Dulle Griet* (Abb. 83). Diese spukhafte Gestalt, die in der Literatur der Zeit wohlbekannte Verkörperung eines bösartigen, heimtückischen Weibsbildes, wird von Bruegel so erschreckend monumentalisiert und dämonisiert, daß man sie zu Recht die bedeutendste Hexenfigur in der bildenden Kunst des Abendlandes genannt hat. So stürmt sie daher, dürr und gespenstisch, mit einer Brünne über ihrer Küchentracht und in ihrer Schürze, dazu in einem Kessel und einem Korb alles mit sich tragend, was menschliche Gier nur an sich raffen kann. Auch hier findet man den Schlüssel zum Verständnis der seltsam pervertierten Gestalt in ihrer höllischen Umgebung in der Welt der niederländischen Sprichwörter. Denn es ist ja nicht nur die eine ›tolle Grete‹, die da bereit ist, mit ihrem Schwert ihren törichten Raub zu verteidigen. Eine ganze Armee solcher Megären ficht gegen die von der Hölle ausgesandten Truppen. Selbst dort mag man sie offenbar nicht haben. So wird es ein absolut sinnloser Kampf des Bösen mit dem Bösen.

Das MUSEUM RIDDER SMIDT VAN GELDER (22) bietet in seinen prächtig ausgestatteten, manchmal an ein vornehmes Wohnhaus des 18. Jh. erinnernden Schauräumen eine reiche Sammlung chinesischen und europäischen Porzellans, niederländischer Malerei und französischer Möbel.

Antwerpen ist ohne seinen Hafen, den 240 Schiffahrtslinien anlaufen, nicht denkbar. »Toute la mer va vers la ville«, sagte Verlaine. Die Einrichtung eines Schiffahrtmuseums nahe dem Hafen schien daher besonders sinnvoll. Man wählte hierfür die alte, STEEN (6) genannte, Festung. Nach 843 zum Schutz der neuen Grenze zwischen dem Westreich und dem Mittelreich Lothars I. errichtet, wurde sie mehrfach umgebaut und 1521 erweitert. Karl V. überließ sie 1549 den Bürgern. Als späterer Sitz der spanischen Inquisition verbinden sich düstere Erinnerungen mit dem Bau, seiner Kapelle und den berüchtigten Verliesen. Heute läßt sich in den reichen Sammlungen im Steen die Entwicklung des Hafens und der Schiffahrt anhand eindrucksvoller Zeugnisse ablesen.

Der PARK VON MIDDELHEIM (23) gibt moderner Plastik in Antwerpen eine feste Heimstatt. In schöner landschaftlicher Umgebung lassen sich Skulpturen von Auguste Rodin, Aristide Maillol, Emile-Antoine Bourdelle, Raymond Duchamp-Villon, Jacques Lipchitz, Pablo Gargallo, Max Bill, Henry Moore, Periche Fazzini, Emilio Greco, Kenneth Armitage, Germaine Richier, Alberto Giacometti, Robert Couturier, Giacomo Manzù, Jean Arp, Vojus Bakič, Ossip Zadkine, Marino Marini, Lynn Chadwick, B. Hepworth, Hans Uhlmann, W. Bodmer u. v. a. im weiten Freiraum erleben.

IV Flandern

In einer Heiligenvita des 9. Jh. kommt erstmals der Name Flandern als Bezeichnung für überschwemmtes Gebiet vor. Damit wird schon auf das Meer hingewiesen, das seit eh und je eine Herausforderung an die weite flandrische Ebene darstellte. In sattem Grün erstreckt sich das Weideland. Pappeln biegen sich im Rhythmus der Windorgel an den Ufern eines vielachsigen Kanalsystems. Von den Glockenspielen der türmereichen Städte klingt es metallisch und anheimelnd über die Heimat Ulenspiegels, des Sohnes von Claes, in dem flandrische Literatur den Geist der Freiheit personifizierte. Im Backstein besitzt die flandrische Küste ihren ureigensten Baustoff.

Hier ist ein Volk zu Hause, »das durch eine besondere Verbindung von Schwung und Sehnen gekennzeichnet ist, von fieberhafter Aktivität und Neigung zur Beschaulichkeit, dieses zugleich heftige und geduldige, bis aufs äußerste sinnliche und von der Sinnenwelt abgewandte Volk, das sich in die mystischen Gefilde zurückziehen kann, in denen die Seele zwischen Nacht und Erkenntnis heimliche Schlösser baut«, beschreibt Paul Valéry den Charakter der Flamen, und Felix Timmermanns läßt seinen ›Pieter Breughel‹ sich wohl fühlen »mitten in dem Volk, das in den ansteigenden, lauten Gassen hauste. Es war dasselbe Volk, vom selben guten Schlag und aus demselben Teig geknetet, wie er es in Antwerpen gekannt hatte... ebenso tapfer, kindlich gut, leidenschaftlich, verschlagen und lustig. Es war das Volk der Kontrabässe, der Säufer und Schlemmer, die nur so in den Tag hineinlebten, der Männer, die in Hemdsärmeln rauften und dann zusammen ihr Bier tranken... Sie fluchten und schimpften über die Klöster, aber unten, in der mütterlichen Kapellenkirche, zündeten sie die meisten Kerzen an vor dem Bild der Madonna... Es waren Genießer, aber stramme Kerle, wenn es zu arbeiten galt: denn haben sie nicht Antwerpen und Brüssel bis zum Wetterhahn auf dem Liebfrauenturm und bis zum goldenen Sankt Michael auf dem Brüsseler Rathaus auf ihren Schultern in den Himmel hineingetragen?... Sie waren es, die die Spottlieder dichteten auf den König von Spanien und seine Trabanten, die sich nach Freiheit sehnten, wie eine durstige Taube nach Wasser, aber inzwischen kein saures Gesicht machten, keine großen Worte deklamierten, sondern Mitglied waren von vielen Vereinen mit ebenso vielen Festessen, den Mut hochhielten mit einem Lachen, mit Essen, Trinken und Singen, mit Vogelschießen und Angeln, mit Kirmes und Tanz. Der Galgen stand schwarz und drohend über ihren Köpfen aufgerichtet, aber sie tanzten darunter mit den Händen in den Hüften, den Beinen in der Luft und dem Mund voller Gesang und Witz...«

Das ist das Land und das Volk Nordbelgiens, wo man flämisch (niederländisch) spricht. Gelegentlich hat man nicht nur die eigentlichen Provinzen West-, Ost- und Südflandern zwischen der unteren Schelde und der Küste unter dem Begriff ›Flandern‹ zusammengefaßt, sondern das ganze germanische Belgien in Abhebung gegen die romanische Wallonie so bezeichnet.

Der Pagus flandrensis, aus der sich später die Grafschaft Flandern entwickelte, war in den karolingischen Reichsteilungen des 9. Jh. an die französische Krone gekommen. Bis ins 11. Jh. dehnten die flandrischen Grafen als mächtigste Vasallen der Kapetinger ihr Gebiet bis nach Douai und Arras, weit südlich ins Artois hinein aus. An der Küste entstehen als Folge der Öffnung zu England, Skandinavien und dem Ostseegebiet reiche Handelsstädte. Über die Mündung der Maas erschließt der Rhein den Schiffahrtsweg bis nach Mitteldeutschland. Die Städtetrias von Brügge, Gent und Ypern wird zur wirtschaftlichen Weltmacht, die englische Wolle zu hochwertigen Tuchen verarbeitet.

Mehr und mehr streben die Städte neben dem Marktrecht Selbstverwaltung an. Seit dem 13. Jh. nehmen die Spannungen im Kampf der Stände gegen die Gilden des Patriziats zu. Die Zünfte melden ihren Anspruch an der Teilhabe der Herrschaft an und setzen sich damit in Widerpart zu den Interessen des französischen Königs, der die Sache der Grundherren und reichen Kaufleute vertrat. So kommt es zum nationalen Krieg, der seinen Höhepunkt in der Schlacht von Kortrijk findet, als das französische Ritterheer von Brügger und Genter Zünftlern blutig geschlagen wird. Als stolzester Feiertag in der Geschichte des Landes ist der 11. Juli 1302 als Tag der ›Sporenschlacht‹ (vgl. S. 12) in den Kalender Flanderns eingegangen. Hin und her wogte der Kampf, sah 1304 Philipp den Schönen von Frankreich als Sieger, erzwang 1339 unter Jacob van Artevelde das Schutzbündnis von Gent, Brügge und Ypern, schien zur Bürgerrepublik der Städte zu führen, doch dann beendet der übermächtige Karl VI. von Frankreich 1382 in der Schlacht von Roosebeke das ungleiche Ringen. Zwei Jahre später kommen Flandern, Artois und Mechelen als französische Lehen an Philipp den Kühnen von Burgund.

Industrielles und landwirtschaftliches Zentrum des Waaslandes ist das im 13. Jh. gegründete SINT-NIKLAAS (Saint-Nicolas), dessen Großer Markt den Anspruch erhebt, der weiträumigste Platz Belgiens zu sein (Abb. 87). Das hübsche ›Landhuis‹ aus dem 16. und 17. Jh. sowie ein gotisch nachempfundenes Rathaus setzen malerische Akzente. Im Städtischen Museum erinnert ein liebevoll eingerichteter Saal an den großen flämischen Geographen Gerhard Mercator.

Auf dem Weg von Antwerpen nach Gent führt ein Abstecher zu dem 1914 schwer zerstörten DENDERMONDE (Termonde), dessen Rathaus mit dem hochragenden Belfried im 14. und 15. Jh. erbaut und nach dem Krieg im Stil der flämischen Renaissance wiederhergestellt wurde. In der alten Fleischhalle aus der Zeit um 1460 ist heute ein

Museum mit prähistorischen und folkloristischen Sammlungen untergebracht. Die Kirche O.-L.-VROUW aus dem 14. Jh. ist eine klar gegliederte kreuzförmige Basilika mit charaktervollem Vierungsturm. Sie bewahrt einen romanischen Taufstein, aus dessen mächtigem, von vier Ecksäulen und einer Mittelstütze getragenen quadratischen Steinblock eine Abendmahlszene in feinem Hochrelief herausgearbeitet ist (Deckel von 1635). Unter den Bildern der Kirche verdienen zwei van Dycks (*Christus am Kreuz* mit Maria, Maria Magdalena und dem hl. Franz von Assisi, 1629/30, und die *Anbetung der Hirten*, 1631/32) sowie eine dem Antwerpener Maler Herry met de Bles zugeschriebene *Verehrung des Kindes durch die Hirten* besondere Erwähnung.

Aalst (Alost)

In einer Autoviertelstunde erreichen wir Aalst, die alte Hauptstadt der gleichnamigen Grafschaft im Land zwischen der unteren Dender und der Schelde. Sie kam 1056 als Reichslehen an die Grafen von Flandern. Am großen, unregelmäßigen Marktplatz (Abb. 113) steht das HAUS DER BARBARISTEN (17. und 18. Jh.), einer Rhetorikervereinigung, den niederländischen Reederijkers und deutschen Meistersingern verwandt, die ihre von fremdländischen Brocken durchsetzten Lieder, Mirakel, Mysterienspiele und Moralitäten selbst aufführten. Die ziegelrote, von Arkadengalerien und Giebelaufsätzen belebte Fassade wird von einem Glockenturm mit Zwiebelhaube überragt. Vor dem alten, stark restaurierten RATHAUS, heute Gerichtsgebäude, das in seiner Festungshaftigkeit Erinnerungen an das Genter Schloß der Grafen von Flandern weckt, mit seinen Arkadenzonen und dem schlanken, im 13. Jh. erbauten Belfried, gemahnt ein Denkmal an Dirk Martens von Aalst, der 1473 die Kunst des Buchdrucks in Flandern heimisch machte. Die dem hl. Martin geweihte STIFTSKIRCHE, von den großen Brabanter Architekten Waghemakere Vater und Sohn im 15. Jh. entworfen, ist unvollendet geblieben. Zwar fehlen zwei Drittel des Langhauses, der Turm und das geplante reiche Portal, doch bilden Chor, Querhaus und der durchlichtete Kapellenkranz ein ausgewogenes architektonisches Ensemble. Ein riesiges Gemälde im rechten Querhaus, das den hl. Rochus als Patron der Pestkranken zeigt und früher als ein Hauptwerk des Rubens galt, wird heute als Werkstattarbeit angesehen. Das Sakramentshaus aus schwarzem und weißem Marmor ist ein charakteristisches Werk von Jérôme Duquesnoy aus dem Jahre 1604.

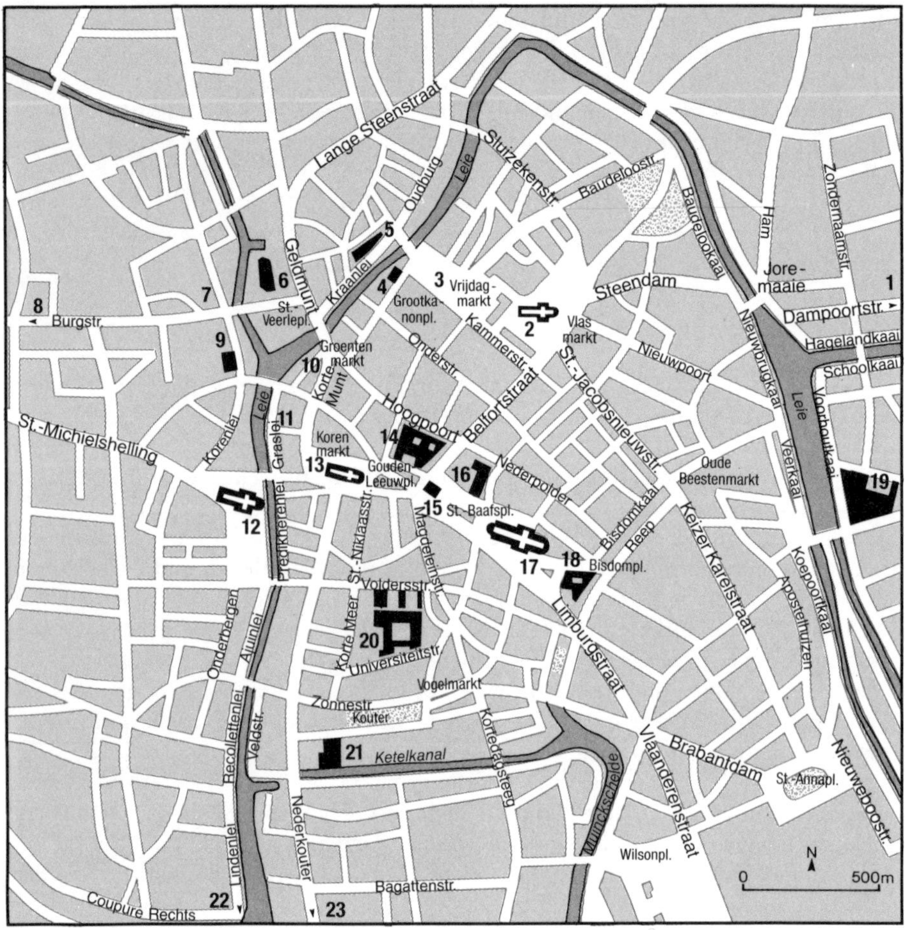

Plan der Innenstadt von Gent

1 Großer Beginenhof und St.-Baafsabdij 2 St.-Jacobskerk 3 Standbild Jacobs van Artevelde 4 ›Dulle Griet‹ 5 Museum für Volkskunde 6 ’s Gravensteen 7 Haus der Gekrönten Häupter 8 Alter Beginenhof 9 Museum für Kunstgewerbe 10 Alte Fleischhalle 11 Alte Gildehäuser (Haus der Mauergilde, 1. Haus der Kornmesser, Umschlageplatz, Zollhäuschen, Haus der Getreidemesser, Haus der Freien Schiffer) 12 St.-Michielskerk 13 St.-Niklaaskerk 14 Rathaus 15 Belfried und Alte Tuchhalle 16 Königl. Niederländisches Schauspielhaus 17 St.-Baafskathedraal 18 Geraard de Duivelsteen 19 Kleiner Beginenhof 20 Universität 21 Königl. Oper 22 Bijlokeabdij 23 Museum der Schönen Künste

Gent (Gand)

»Die große und wunderbare Stadt« hat Albrecht Dürer die Hauptstadt Ostflanderns genannt. Man muß auf den Turm von St.-Baaf oder den Belfried gestiegen sein, um sich von hier die Anlage Gents »der Stolzen« auf 13 von Schelde und Leie gebildeten Inseln klarzumachen und aus der wuchernden Großstadt das alte Gent abzuheben, mit dem sich die Geschichte dieser Landschaft so untrennbar verknüpft. Die Ursprünge gehen auf eine Siedelung des 7. Jh. im Schatten der St.-Baafsadij zurück. Die Geschichte der Stadt im Mittelalter ist geprägt von freiheitlichem Denken, das immer wieder die Genter im Felde sieht, wenn die Unabhängigkeit in Gefahr ist. Sie sind dabei, als 1302 das französische Ritterheer bei Kortrijk geschlagen wird, sie läuten die Sturmglocke auf dem Belfried, um die Bürger bei einem der zahlreichen Volksaufstände, an denen die Genter Geschichte so reich ist, zu den Waffen zu rufen. In Jacob van Artevelde haben die Bürger nach dem Ausbruch des englisch-französischen Krieges 1337 ihren ›Hauptmann von Gent‹ gekürt, der diktatorisch regierend die Stadt mit Brügge und Ypern gegen den mit Frankreich sympathisierenden Grafen Ludwig von Crécy verbündete. Bei einer Volkserhebung wird Jacob van Artevelde 1345 im eigenen Haus ermordet. Sein Sohn Philipp kann zwar 1381 noch den mit Brügge verbündeten Grafen Ludwig von Male besiegen. Doch schon ein Jahr später wendet sich das Schlachtenglück: 1382 wird Philipp in der Schlacht bei Westrozebeke geschlagen und getötet, die Stadt muß sich 1385 erneut unterwerfen, behält jedoch ihre Privilegien.

Doch auch vor einem Kampf mit dem Landesherrn scheuten die Genter nicht zurück. So erklärten sie 1448 Philipp dem Guten von Burgund aufgrund einer von ihm ausgeschriebenen Steuer auf Salz und Getreide den Krieg, der 1453 in der Schlacht bei Gavere gegen sie entschieden wurde. 1477 proklamierte Karls des Kühnen Tochter und Erbin Maria von Burgund in Gent die erste allgemeine Konstitution der Niederlande und vermählte sich im gleichen Jahr mit Erzherzog Maximilian von Österreich. Am 24. Februar 1500 wird im Genter Prinsenhof der nachmalige Kaiser Karl V. geboren. Während seiner Regierungszeit erlebt die Stadt eine Zeit höchster Blüte. »Mon Gant (Handschuh), Paris danserait dedans« soll er gesagt haben. Doch auch gegen ihn erhoben sich eines Tages die Genter. Da erbaute Karl 1540 seine Zwingburg (het Spanjaardskasteel) in der Stadt. 1576 wird im Stadthaus die ›Genter Pazifikation‹ unterschrieben, mit der die vereinigten niederländischen Provinzen Religionsfreiheit und Vertreibung der Spanier proklamierten. Acht Jahre später muß sich die stolze Stadt dem Herzog Alexander Farnese beugen...

1815 wird Gent während der ›hundert Tage‹ Residenz Ludwigs XVIII. – Heute liegt es inmitten weiter Blumenfelder, die den Ruf Gents als eines der floristischen Zentren Europas begründen.

Die ST.-BAAFSKATHEDRAAL (17) ist ein schmuckloser Granitbau. Im 10. Jh. gegründet, begann man Ende des 13. Jh. über einer älteren Krypta mit der Errichtung des Chores. Er ist 1353 vollendet; an der Wende vom 14. zum 15. Jh. wird ein Chorumgang hinzugefügt. Querschiff und Langhaus werden erst 1559 fertig. Der über 80 Meter hohe

Westturm (1462–1534) hat 1602 durch einen Brand seinen Helm verloren (Abb. 91). Der Grundriß der dreischiffigen Anlage folgt wieder dem lateinischen Kreuz. Die Verwendung von Backstein und Haustein bedingt eine reizvolle farbige Wirkung. Ein weites Rippennetz überwölbt das edel proportionierte Mittelschiff. Über 10 Stufen steigt man zum Chor mit seinem mächtigen, den Raumeindruck verunklärenden Marmoraltar mit der Statue des hl. Bavo (H. F. Verbruggen) aus dem 18. Jh. Unter den *vier Bischofsgrabmälern* gehört das des Anton Triest zu den bedeutendsten Belgiens. Jérôme Duquesnoy hat es vor 1654 geschaffen. Die Christusfigur entstand in enger Anlehnung an Michelangelos ›Christus‹ in S. Maria sopra Minerva zu Rom. Das Denkmal des Bischofs Albert d'Allamont auf der rechten Altarseite zeugt von der Auseinandersetzung des Lütticher Bildhauers Jean Delcour mit der italienischen Barockplastik des Berninizeitalters.

Die *Kanzel* von St. Bavo steht in der Reihe jener Predigtstühle, wie sie uns schon in mehreren großen Kirchen als Sonderleistung des belgischen Barock begegneten, doch hat dieses Stück bereits viele Züge des Rokoko. Sie ist 1745 in der Werkstatt des Laurent Delvaux fertiggestellt worden und vermischt Marmor und Holz in malerischer Wirkung. Die Allegorie der Zeit in Gestalt eines Greises ist am Fuß eines Baumes eingeschlafen. Die ›Wahrheit‹ weckt ihn mit den Worten: »Surge qui dormis, et exsurge a mortius et illuminabit te Christus.«

Aber weniger die barocken Ausstattungsstücke und die mächtigen Kupferleuchter von Benedetto da Rovezzano (1525) fesseln in der Kathedrale die Aufmerksamkeit des Betrachters, hat doch hier das Hauptwerk der frühen niederländischen Malerei seinen Ort: Hubert und Jan van Eycks *Genter Altar,* das »überköstlich hochverständige Gemäl«, von dem Albrecht Dürer im Tagebuch seiner niederländischen Reise spricht (Ft. 20, Abb. 94). Die van-Eyck-Forschung geht seit jeher von der berühmten Inschrift aus, die sich an der Außenseite des geschlossenen Altares befindet. In ihr heißt es:

P(i)ctor (H)ubertus (e)cyck maior quo nemo repertus
Incepit pondus q(uo)d Johannes arte secundus
(Frater percepit) Judoci Vyd prece fretus
VersU se Xta MaI Vos CoLLoCat a Cta tUerl
(Der Maler Hubert van Eyck, größer als der keiner gefunden ward, begann die schwere Arbeit, die (der Bruder) Johannes, in der Kunst der Zweite, (vollendet) auf die Bitte des Jodocus Vijd vertrauend. Mit diesem Verse läßt er auch am 6. Mai zusammentreten, das getane Werk zu beschauen.)

Liest man die großgedruckten Buchstaben der letzten Zeile als Chronogramm, so ergibt sich die Jahreszahl 1432. Zu diesem Zeitpunkt, sechs Jahre nach Huberts Tod, wird es offenbar niemand verwundert haben, daß Hubert van Eyck als Maler bezeichnet wird, »größer als der keiner gefunden«, und daß der noch lebende Bruder Jan »in der Kunst der zweite« war. Hubert ist über der Arbeit am Altarwerk gestorben. Jan hat es vollendet. Über den Anteil der Brüder am Genter Altar gehen die Meinungen auseinander. Von einigen Forschern wird die Echtheit der Inschrift angezweifelt und eine Beteiligung Huberts bestritten. Andere sind der Meinung, daß Hubert der entwerfende Meister gewesen sei. Eine dritte Meinung besagt, daß Jan, bewogen durch das Drängen des Stifters Jodocus Vijd, mehrere ursprünglich nicht zusammengehörige Teile zum Altar, wie er sich heute darbietet, zusammengefügt habe. Sicher ist, daß der kleinteilige, im Verhältnis altertümliche Stil der ›Anbetung des Lammes‹ sich auffallend von der Monumentalität der Figuren der Oberzone unterscheidet und daß unsere Kenntnis des Landschaftsstiles Jan van Eycks die Landschaftsmalerei in der unteren Haupttafel des Altares als Arbeit Jans ausschließt. Entwicklungsgeschichtlich »erhebt sich für uns die junge niederländische Malerei hier zum ersten Male sichtbarlich über ihre miniaturhaften Anfänge. Mit Recht gilt daher diese gefeierte Schöpfung als die eigentliche Inkunabel der neuen Kunst« (H. Beenken).

Zentrum des Hauptbildes ist das Lamm Gottes (Ft. 20). Es steht auf einem Altar in der Bildmitte, und sein Blut strömt in den Abendmahlskelch. Vierzehn Engel mit Leidenswerkzeugen und Rauchfässern umgeben verehrend den Altar. Seine goldene Inschrift lautet übersetzt: »Dies ist Gottes Lamm, das der Welt Sünde trägt.« In der gleichen Bildachse sieht man im Vordergrund den Lebensbrunnen. Apostel, Propheten, Päpste, Bischöfe und Heilige sind preisend und anbetend um ihn versammelt. Im Mittelgrund des Bildes schreiten Chöre der Märtyrer und Märtyrerinnen mit ihren Palmsymbolen auf den Altar zu. Eine paradiesische Landschaft bildet die Szenerie, die sich in den Hintergründen der anschließenden Altarflügel fortsetzt (vgl. rückwärtigen Einband dieses Buches). Links nahen sich die gerechten Richter und Streiter Christi. Neben den hll. Viktor, Georg und Sebastian erscheinen unter den gerechten Richtern Karl der Große, König Artus und Gottfried von Bouillon. Der vorderste Reiter wird von der Tradition als Bildnis Huberts, der vierte, aus dem Bild herausblickende, als Selbstporträt Jans bezeichnet. Die rechten Flügelbilder zeigen die heiligen Eremiten und Pilger, vom Riesen Christophorus angeführt. Über die mit feinstem Natursinn wiedergegebenen Baumgruppen ragen die Türme des ›Himmlischen Jerusalems‹ empor. Diese untere Bildreihe bildet den Sockel für sieben weitere Tafeln.

Die Mitte beherrschend, thront der »Deus Potentissimus« (Abb. 94). Die Zuordnung von Maria und Johannes zur Linken und Rechten nach Art der von Byzanz ausgebildeten Deesisgruppe spricht für eine Wiedergabe Christi in der Mittelfigur, doch ist eine Darstellung der Trinität in einer Figur nicht ausgeschlossen. Hier spüren wir die Hand Jan van Eycks, der den Errungenschaften seines Bruders die monumentale Form hinzufügt. Selbst die unendliche Feinheit der Perlen, die Edelsteine und Brokatmuster des hinterfangenden Tuches, der Kristallglanz des Zepters dienen der Monumentalität des segnenden Schöpfergottes. Der feierliche Farbakkord von Rot und Gold ist Ausdruck himmlischer Mächtigkeit. In sinnvoller Rangstufung schließen sich nach links und rechts die Figuren Mariens und Johannes' an. Die geistige Zusammengehörigkeit der Gruppe wird durch formale Hinweise optisch anschaulich. Seit jeher erfreuen sich die nun folgenden Tafeln mit dem Engelskonzert volkstümlicher Beliebtheit. Jan van Eyck bezeugt in seinen Engelgruppen seine Vertrautheit mit der Wirkung der Musik auf das menschliche Gemüt. Wie diese himmlischen Wesen sich der Musik, dem Gesang hingeben, wie sich die Gefühlsskala von tiefer Versunkenheit bis zu aufmerksamer Beachtung der Noten erstreckt, das setzte unmittelbare Beobachtung voraus. In seltsamer Zusammenarbeit vereinigte der Künstler menschliche Erfahrung mit den Idealbildern seiner Engel. Wie sehr kontrastiert ihre makellose Schönheit zu den Figuren Adams und Evas, die in den Ecktafeln der oberen Altarzone erscheinen.

Die Kühnheit dieser Bilder ist beispiellos. Die Nacktheit ist das eigentliche Thema der Darstellung, obgleich auch hier noch wie im Mittelalter das Nichtbekleidetsein ein Attribut der beiden Stammeltern ist. Der aus Licht und Schatten modellierte Körper, der schimmernde Ton der Haut bestimmt diese 'Akte'. Kein Verschweigen mildert die Drastik des kühn ausgesprochenen »So ist es«. Gleich dem Menschenpaar, das Masaccio in der Florentiner Brancacci-Kapelle malte, ist die Gestalt des Adam bei van Eyck von unten gesehen. Deutlich rechnet diese Figur mit dem Betrachter, der heraufschaut. So blickt man unter die Sohle von Adams vorgestelltem rechten Fuß. Doch ist diese Stellung nicht ein perspektivisches Kunststück um seiner selber willen, sondern es charakterisiert die erdhafte Gebundenheit, das den Gesetzen unterworfene Dasein des Menschen gegenüber der ungebundenen Idealität der 'Himmelsperspektive', wie sie in den Mitteltafeln vorherrscht. Der Körper Evas ist der Körper einer Frau des beginnenden 15. Jh. in seiner charakteristischen Haltung mit dem vorgewölbten Bauch und den kugeligen Brüsten. Diese Körper sind nicht aus der Kenntnis organischen Lebens heraus gebildet, sondern ›Oberflächenbilder‹ von Menschen. Mit welcher Realistik sind die Gesichter, die wirren Strähnen des Haars, die unter der Haut sichtbar werdenden Adern der Hände wiedergegeben! Adam und Eva stehen in ihrer Menschlichkeit als Vertreter ihres ganzen Geschlechtes. Sie sind die Schlüsselfiguren zum Verständnis der Altarbilder. Ihre Sünde war der Anlaß zur Erlösungstat Christi, die in der ›Anbetung des Lammes‹ gefeiert wird. Spürbar geht der Trennungsschnitt durch das Werk – hier die Realistik des menschlichen Körpers, die Scham, die die Blößen des Leibes kümmerlich deckt –, dort Gott, der »war vor aller Zeit und sein wird in Ewigkeit«.

Doch nicht nur in den Tafeln mit Adam und Eva sind die Menschen in der Gebrechlichkeit ihres Körpers in die heilige Bildwelt eingelassen, auch auf den Außenflächen der Altarflügel sind die durch das Stifterehepaar Jodocus Vijd und Elisabeth Borluut vertreten. In leichter Wendung zur Mitte knien sie in den gemalten Außentabernakeln an Stellen, wo man, analog zu den Grisaillefiguren der beiden Johannes in den inneren Tabernakeln, Figuren aus Holz oder Stein vermuten sollte. Eine seltsame Anordnung von Porträts in sakralen Raum. Der Patrizier und Bürgermeister Jodocus Vijd ist eine mühselige, gebeugte Gestalt. Jede Runzel des häßlichen Glatzkopfs, der leicht schielende, tränenfeuchte Blick, Warzen und Härchen, alles ist mit gleicher Sorgfalt gegeben. Die Züge der Elisabeth Borlutt sind strenger, dabei nicht ganz so ausdrucksstark.

In den Oberfeldern der Außenflügel erscheint in verhaltener Farbigkeit das Mysterium der Verkündigung als Verheißung auf die Erlösung. Maria kniet in einem weiträumigen Gemach, das aber noch nicht in perspektivischem Raumverhältnis zu den Figuren steht. Von links naht der Engel. Italienischer Tradition folgend, schafft Jan einen durchgehenden Handlungsraum für seine Szene. Obgleich sich die ›Verkündigung‹ über vier Bildfelder erstreckt, bleibt die Einheit des Ortes gewahrt.

Bildgewordene Erwartung kennzeichnet die beiden Mitteltafeln, die, obgleich im zentralen Blickpunkt liegend, nur die Darstellung eines leeren Raumes zeigen. Durch die Arkadenstellung der Fenster schaut man in die Stadt Gent. In den Lünetten ergänzen Halbfiguren der Propheten und hockende Sibyllen das Bildprogramm der Außenflügel, deren großes Thema ›die Menschheit in der Erwartung‹ ist. Nur an hohen Feiertagen wurden die Flügel geöffnet. Noch war man sich des unerhört feiertäglich Einmaligen dieser farbigen Vision bewußt.

Die Geschichte des Genter Altarwerks ist kennzeichnend für die Bewertung der 'primitiven' Niederländer im Lauf der Jahrhunderte. Auf Wunsch Kaiser Josefs II. entfernte man 1781 die 'anstößigen' Adam- und Evatafeln. Nach kurzem Zwangsaufenthalt im Pariser Louvre kehrte der Altar 1815 nach Gent zurück. Die unteren Flügel waren im Kunsthandel gelandet. Friedrich Wilhelm von Preußen erwarb sie für 400000 Gulden für die Berliner Galerie. Adam und Eva gelangten nach ihrer Wiederentdekkung 1861 ins Brüsseler Museum. Nachdem im Versailler Vertrag die Berliner Teile Belgien wieder zugesprochen worden waren, erfolgte 1920 die Zusammenfügung in St. Bavo. 1934 wurden die unteren linken Flügel gestohlen. Nur die Tafel mit dem hl. Johannes wurde zurückgegeben. Die ›gerechten Richter‹ mußten durch eine Kopie ersetzt werden.

Ein weiteres Hauptwerk der frühen flämischen Malerei besitzt die St.-Baafskathedraal im Triptychon der *Kreuzigung* aus dem Jahre 1464, das Joos van Massenhove (alias Justus van Gent) zugeschrieben wird. Die Mitteltafel mit der Golgathaszene ist von zwei alttestamentarischen Präfigurationen, der ›Aufrichtung der Ehernen Schlange‹ und ›Moses, der das Wasser von Mara umrührt, um es süß zu machen‹ flankiert. Der Maler schafft für die drei Szenen einen einheitlichen, klar gegliederten Bildraum. Die Skala der Farben verwendet reine und gebrochene Tonwerte. Der in Antwerpen ausgebildete Künstler war 1464 nach Gent gekommen, wo er engen freundschaftlichen Kontakt mit Hugo van der Goes (vgl. S. 179) hatte. Weltweiter Ruhm führte Justus nach Italien, wo er 1473 am Hofe von Urbino sein berühmtes *Abendmahl* geschaffen hat.

Von den weiteren Tafelbildern in der Kathedrale seien die *Kreuzabnahme* von Th. Rombouts, die *Himmelfahrt Mariens* von G. de Crayer, die *Auferweckung des Lazarus* von O. van Veen, *Christus unter den Schriftgelehrten* (mit Porträts Karls V., Philipps II., Calvins, P. Bruegels u. a.) von Pourbus und endlich das große Altarbild mit der *Berufung des hl. Bavo* von Rubens genannt.

Mit dem Besuch der Krypta, deren älteste Teile aus der Mitte des 12. Jh. stammen, und der Besichtigung des hier ausgestellten reichen Kirchenschatzes beschließen wir den Besuch dieses Schatzhauses flämischer Kunst und Kultur.

Unweit der Kathedrale halten die Gebrüder Hubert und Jan van Eyck Hof. Hier hat die Stadt ihnen durch George Verbanck ein DENKMAL setzen lassen, einem lebenden Bilde ähnlich, das gleicherweise den Willen und das Unvermögen zum Denkmal im 20. Jh. zeigt. Die in der Nähe gelegene STADTBURG (18) Gerhard des Teufels, Vogt von Gent im

GENT. Kupferstich von Matthaeus Merian. Brüssel, Königl. Bibliothek

13. Jh., ist vornehmlich wegen ihres mächtigen Kryptengeschosses sehenswert. Es vermittelt noch einen ungefähren Eindruck der ursprünglichen Architektur (Baubeginn Anfang des 13. Jh.), während die übrigen Teile der blockhaft-trutzigen Anlage durchgreifend restauriert sind.

Die unvergleichliche Stadtsilhouette von Gent wird vor allem durch die Trias der Türme von St.-Baaf, St.-Niklaas und des BELFRIED (15) bestimmt (Abb. 95). Zu Beginn des 14. Jh. erbaut, zwischenzeitlich häufig restauriert, kündet der letztere von der Macht selbstbewußter Zünfte, deren Vertreter das Stadtregiment innehatten und als Wetterfahne einen mehr als drei Meter langen Drachen aus vergoldetem Kupfer als Zeichen der Unbesiegbarkeit auf die Spitze des Turmes pflanzten. An den Belfried lehnt sich die ALTE TUCHHALLE (15) an. Diese Vebindung von Belfried und Halle ist charakteristisch für Flandern, wenngleich der Stadtturm als solcher auch in den anderen nördlichen Landschaften des damaligen französischen Königreiches, Picardie und Artois, vorkommt. In eigenartigem Kontrast zu den wuchtigen Architekturblöcken der Umgebung steht Georges Minnes (geb. Gent 1866) *Jünglingsbrunnen* mit seinen überschlanken, in stiller Sehnsucht sich gleichsam verzehrenden Epheben. Das RATHAUS (14) läßt deutlich die verschiedenen Epochen seiner Entstehungszeit erkennen. Der älteste Teil stammt aus den Jahren 1482–84. Die Nordfassade, 1519–39 von Dominicus de Waghemakere und Rombout Keldermans errichtet, zeigt den Flamboyantstil in einer goldschmiedehaften Feinheit der Bauplastik (Abb. 90). Dagegen wirkt der östliche Trakt (1595–1620) in seiner klaren, ein wenig eintönigen Renaissancefassade eher nüchtern.

Die im 11. Jh. gegründete ST.-NIKLASSKERK (13) gehört zu den ältesten Gebäuden der Stadt. Sie bietet sich heute in den Formen des 13. und 14. Jh. dar. Die Westfassade wird von einem riesigen, türmchenflankierten Fenster bestimmt. Den Hauptakzent innerhalb des Stadtbildes bestimmt der mächtige Vierungsturm. Von der Michaelsbrücke gewinnt man einen umfassenden Blick über das Ensemble des türmereichen Stadtzentrums.
Die nahegelegene St.-Michielskerk (1445–1673; 12) bewahrt eine 1630 von van Dyck für die Heiligkreuzbruderschaft gemalte *Kreuzigung*.

Wir wenden uns zum alten von Gras- und Korenlei flankierten Hafen der Stadt. Von der Korenlei (Ft. 21) aus gewinnt man über das Wasser hinweg einen guten Überblick über eine der schönsten alten Häuserfluchten Altflanderns an der Graslei. Obgleich aus fünf Jahrhunderten stammend, verbinden die eigentümlichen Treppengiebel die verschiedenen GILDEHÄUSER (11; Ft. 19) zur charaktervollen Einheit. Das breitgelagerte Stapelhaus aus dem 13. Jh. gehört zu den ältesten erhaltenen Profanbauten überhaupt. Ihm schließen sich in den schlanken Proportionen späterer Jahrhunderte die Häuser der Kornmesser und der Freien Schiffer (1531, Abb. 92) an. Auf einem Spaziergang vorbei an der ALTEN FLEISCHHALLE (Baubeginn um 1404; 10; Abb. 88) über den Gemüsemarkt, den Freitagsmarkt mit der 'Dulle Griet' (4) – einer Kanone mit dem Wappen der Herzöge von Burgund –, vorüber an der ST.-JACOBSKERK (12.–15. Jh.; 2), den alten Häusern der Kraanlei und dem ›Haus zum fliegenden Hirsch‹ gelangen wir zum St.-Veerleplein mit reichen Hausfassaden des 17. Jh. und einem Löwendenkmal, das die Erinnerung an eine Exekutionsstätte der Inquisitionszeit lebendig hält.

Hier liegt das 's GRAVENSTEEN (6). Es ist die Wasserburg eines mächtigen Feudalherrn, im 9. oder 10. Jh. grundgelegt, in ihrer heutigen Gestalt von Graf Philipp van de Elzas erbaut. Inmitten der steinernen Umwallung mit ihren zahlreichen vorgekragten Türmen erhebt sich in blockhafter Schwere der rechteckige Wohnturm (Abb. 89). Im Obergeschoß des Turmbaues befindet sich eine Kapelle. Um 1200 errichtete man hinter dem Donjon* den Palas mit den gräflichen Gemächern. Hier steht uns ein gotischer Wohnbau gegenüber, der die flandrische Profanarchitektur richtungsweisend bestimmt hat. Diese Burg war das mittelalterliche Zentrum der Stadt, hier hatte der ›Rat

* Hauptturm einer mittelalterlichen Burg in Frankreich

Das Grafenschloß zu GENT. Nach A. Sanderus, ›Flandria illustrata‹, ed. 1644

von Flandern‹ seinen Sitz, hier trat das höchste Gericht zusammen, saßen Gefangene in ihren Kerkern und wurden durch Folterungen Geständnisse erpreßt.

Von den Zeugnissen großer Geschichte zur Idylle des KLEINEN BEGINENHOFES (19), dem reizvollsten der drei Genter Beginagen (1, 8, 19). Sein Ursprung reicht ins hohe Mittelalter hinauf, doch geht seine heutige Form vornehmlich auf Umgestaltungen im 18. Jh. zurück. Um den großen, baumbestandenen Rasenplatz sind die Häuschen der Schwestern angelegt (Ft. 23), überragt von der dreischiffigen Kirche aus dem 17. Jh. (Westgiebel von 1720). Von hier ist es nicht weit zur ehemaligen ST.-BAAFSABDIJ (1). Nach der Überlieferung hat der hl. Amandus sie 631 gegründet, der hl. Bavo erneuerte sie 651. In karolingischer Zeit war sie Einhard, dem Biographen Karls des Großen, verliehen. Nach normannischer Zerstörung glänzend wiederhergestellt, wurde sie im Zeitalter Karls V. großenteils zur Errichtung seiner Zwingburg niedergelegt, die den Grafen Egmont und Hoorn 1567/68 als Gefängnis diente (1831 gänzlich beseitigt). Von der mittelalterlichen Abtei hat sich der um 1177 erbaute, 1495 gotisch erneuerte Kreuzgang, das 1177 vollendete achteckige Lavatorium sowie das Refektorium (spätes 12. Jh.), in dem man ein Lapidarium mit wertvollen Erinnerungsstücken an die alte Abtei untergebracht hat, erhalten.

Eine der reizvollsten Ziegelsteinarchitekturen Belgiens ist die BIJLOKEABDIJ (22; Abb. 93) mit ihrem prächtigem Remter. »Hätte die Stadt Gent den Reisenden nichts anderes als ihr altes Hospital der Bijloke zu zeigen, so würden sie keinesfalls den Ausflug in seine Mauern zu bedauern haben: Der große Krankensaal und der Giebel des Kapitelsaales sind Monumente, einzig in Belgien ...«, schreibt A. Verhaegen. Von den zwischen dem 13. und 17. Jh. errichteten Gebäuden mit dem Museum, dem vielleicht stimmungsvollsten und 'atmosphärehaltigsten' Schatzhaus des alten Gent (Geschichte, Archäologie, Raumensembles, Keramik, Malerei, Plastik, Glas, Ostasiatica), ist es nicht weit zum MUSEUM DER SCHÖNEN KÜNSTE (23). Aus der Fülle seiner Exponate ragen zwei Bilder von Hieronymus Bosch, *Kreuztragung* (Ft. 22) und *Der büßende Hieronymus,* Tafeln des Genters Gerard Horenbout, ein weibliches Porträt von Pourbus d. Ä., Werke von Franz Hals, Philippe de Champaigne, Géricault, Corot, endlich Ensor, Evenpoel, Permeke, Rouault, Georges Minne und Bacon, heraus.

Brügge (Brugge, Bruges)

Man hat es das »Venedig des Nordens« genannt, »eine der schönsten Städte der Welt« (Aeneo Silvio Piccolomini 1458), »geschaffen uns die Seele zu laben und die Augen zu öffnen« (Chronist 1540). Mit seinen zahllosen Kanälen, Brücken, Treppengiebeln, seinen Kirchen, Tuchhallen, Patrizierhäusern und dem über die Dächer trotzig emporragenden Belfried gleicht es heute noch dem Prototyp der mittelalterlichen Stadt.

Das erste sichere Zeugnis von der Existenz Brügges stammt aus dem Jahre 892. Markgraf Balduin I., ›Eisenarm‹ genannt, der Begründer der mächtigen flandrischen Grafendynastie, ließ hier eine befestigte Burg errichten. Im 11. Jh. verlegte Robert der

Friese seine Residenz in die sich kraftvoll entwickelnde Stadt. Der mächtige Durchbruch gelang im 13. Jh., als man Brügge neben Ypern und Venedig als Zentrum des Welthandels nannte. Die Stadt war noch durch den Zwin mit der Nordsee verbunden. Kaufleute aus 17 Ländern hatten ihre Faktoreien in Brügge, dem »Haupt der flandrischen Hansa in London«, das fast den gesamten englischen Tuchhandel mit dem Kontinent kontrollierte. Johanna von Navarra, der Gemahlin König Ludwigs des Schönen von Frankreich, wurden anläßlich ihres Aufenthaltes in Brügge 1301 die Worte in den Mund gelegt: »Ich glaubte allein Königin zu sein; hier aber sehe ich hunderte gleich mir«. – Um diese Zeit hatte man den Mauerring um die Stadt gezogen, der sie auf lange Zeit hin begrenzte. Vier TORE sind von dieser Umfriedung noch übriggeblieben, im Norden das Tor von Ostende, besser bekannt als das Eselstor (Ft. 26), das Tor von Gent im Osten, das Kreuztor im Nordosten und das Schmiedetor im Nordwesten. In der 1. Hälfte des 15. Jh. hielten die Herzöge von Burgund Hof in der Stadt. Es ist die Zeit höchsten Glanzes und üppigsten Reichtums. Der ›Herbst des Mittelalters‹ war sonnenreich in Brügge. Hier feiert man die Hochzeit Philipps des Guten mit Isabella von Portugal (1430) und Karls des Kühnen mit Margareta von York, der Schwester Edwards IV. von England (1468). Doch »so weit im Leben, ist zu nah am Tod!« Schnell und unaufhaltsam beginnt der Niedergang. Die Versandung des Zwin versperrte den Zugang zum Meer. Das rivalisierende Antwerpen zog, unterstützt von Maximilian, den Handel und die Privilegien Brügges an sich. Mit der Verlegung des Augsburger Fuggerkontors in die Scheldestadt 1505, der 40 Jahre später die Faktoreien der Hansestädte folgten, war das Schicksal Brügges als Handelsstadt besiegelt. Aus Brügge »der Schönen« wird Brügge »die Tote«. Erst im 20. Jh. hat der Kanal nach Zeebrügge den Zugang zur Nordsee wieder geöffnet und dazu beigetragen, das 'museale' Leben der Stadt zu beenden.

Wir beginnen unsere Wanderung durch Brügge bei der O.-L.-VROUWEKERK (15), die an Stelle einer alten Kapelle im 12. und 13. Jh. erbaut wurde. Die ursprünglich dreischiffige Anlage wurde im 14. und 15. Jh. durch äußere Seitenschiffe mit Kapellenreihen erweitert. Der 1297 vollendete Turm hat eine Höhe von 122 Metern und wurde im 19. Jh. erneuert. Das Innere der Kirche birgt Kunstwerke von europäischem Rang. Im Hochchor finden sich die *Grabmäler* Karls des Kühnen und seiner Tochter Maria von Burgund (Abb. 102). Obgleich der Vater fünf Jahre vor dem tödlichen Sturz der Tochter vom Pferd starb, ist das Grabmal Marias gut 50 Jahre älter. Jan Borman entwarf es 1496, 14 Jahre nach ihrem Tod. Als Gießer wird Reiner von Thienen genannt.

Es wurde unter der Leitung des Brüsseler Goldschmieds Pieter de Beckere 1502 vollendet. Auf der schwarzen Marmortumba, deren Seitenflächen mit den Verzweigungen des Stammbaums der Verstorbenen und wappenhaltenden Engeln bedeckt sind, lagert die junge Gemahlin Maximilians von Österreich, vergegenwärtigt in vergoldetem Bronzerelief. Ihr Haupt ruht auf einem Kissen, die Hände sind im Gebet gefaltet (Abb. 102), auf zwei Hunden liegen die Füße.

Jacob Jonghelinck aus Antwerpen hat zusammen mit J. Aerts nach Zeichnungen des Marc Gheeraerts das Grabmal für den 1477 bei Nancy gefallenen Karl den Kühnen geschaffen. Aus der Georgskirche von Nancy waren seine Gebeine 1550 durch Karl V. in die Brügger Donatianskirche überführt worden. Wenige Jahre später setzte man ihn neben seiner Tochter in der Liebfrauenkirche bei. Erst 1562 war das auf Kosten Philipps II. errichtete Monument vollendet. Fast ein Jahrhundert war seit dem Tod des Burgunders vergangen und sein Bild in der Zeitenabfolge erloschen. So ist es die Idealvorstellung Karls des Kühnen, die sich in dem seine Füße auf einen Löwen stützenden Herrscherrelief spiegelt. – In der gleichen Kapelle zeigt ein Bild von Isenbrant Maria als Mutter der sieben Schmerzen.

Die Liebfrauenkirche vermittelt nicht nur die Begegnung mit flandrischer Kunst, sie bewahrt auch als kostbare Frucht des Austauschs mit Italien Michelangelos *Brügger Madonna* (Abb. 103). 1506 verkaufte der Künstler die ursprünglich für die Tribuna des Hochaltars im Sieneser Dom bestimmte Gruppe an die Brüder Jean und Alexandre Mouscron in Brügge, die sie in der Grabkapelle ihrer Familie aufstellen ließen. Hier hat schon Albrecht Dürer sie auf seiner Reise in die Niederlande gesehen. »Darnach sahe ich das alawaser Marienbildt zu Unser Frauen, das Michel Angelo von Rohm gemacht hat«, notierte er 1520 in sein Tagebuch. Maria thront frontal auf einem Felsen. Ihr Blick ist nach unten gewandt. Die Rechte hält ein Buch. Mit der Linken greift sie nach der rechten Hand des nackten Kindes, das zwischen ihren Beinen steht. So kommt es erstmals zu jenem Übergreifungsmotiv, das für Michelangelo späterhin so bedeutsam werden sollte. Die Gruppe ist von einprägsamer Geschlossenheit und innerer Spannung, überschattet von der Vorausschau des kommenden Leides. In kaum einem anderen Werk sind die Spuren der Nähe zu Leonardo so deutlich wie hier und in der Pietà von St. Peter, an die die *Brügger Madonna* unmittelbar anknüpft.

Die Fülle der Bilder, die an den Wänden der Seitenschiffe des Chorumganges und der Westseite hängen, führt in einigen Beispielen bedeutende Vertreter der Brügger Malerschule des 16. Jh. vor. Zwar läßt sich der bekannteste von ihnen – Lancelot Blondeel – nur in der St. Jakobskirche und im Museum studieren, dafür werden von Peter Pourbus gleich vier Arbeiten gezeigt. Gerard Seghers, ein Zeitgenosse Rubens, vertritt mit seiner *Anbetung der Weisen* das 17. Jh. Eine zierliche Tribüne im linken Umgang ist 1474 für Lodewijk van Gruuthuse und seine Gemahlin Margaretha von Aa errichtet und ehemals unmittelbar mit dem Haus der alten Brügger Patrizierfamilie, das an den Chor der Liebfrauenkirche grenzt, verbunden worden. Sein ältester, zur Reie hin gelegener Flügel entstand seit 1420. Die Nordfassade wurde von Lodewijk van Gruuthuse, dem weisen Berater Karls des Kühnen, zwischen 1460 und 1465 aufgeführt. Er war es, der 1471 dem aus England vertriebenen König Edward IV. Asyl gewährte und die berühmte Bibliothek begründete, die, heute in Paris bewahrt, neben der burgundischen die bedeutendste des Landes war. Der stark restaurierte Backsteinbau mit dem charakteristischen sechseckigen Turm beherbergt in seinem völlig modernisierten Inneren ein Museum mit kunsthandwerklichen Arbeiten, vorgeschichtlichen Altertümern, archäologischen Sammlungen, einer in ihrer Art einmaligen Kollektion flandrischer, brabantischer, mechelener und holländischer Spitzen, Musikinstrumente, Münzen, Glas und Graphiken.

96 BRÜGGE St.-Amandsstraat

97 BRÜGGE Rathaus, 1376–1420

98 BRÜGGE Tuchhalle mit Belfried (1282–1482) am Großen Markt

99 BRÜGGE Stadtansicht mit St.-Salvatorskathedraal und O.-L.-Vrouwekerk

100 BRÜGGE Potterierei

101 BRÜGGE Hospitz Meulenaere

102 Jan Borman, Grabmal der Maria von Burgund, 1496. Brügge, O.-L.-Vrouwekerk

103 Michelangelo, ›Brügger Madonna‹, vor 1506, Brügge, O.-L.-Vrouwekerk

104 Hans Memling (geb. 1435), Ursulaschrein. Brügge, Memling-Museum im St.-Janhospitaal

105 Hans Memling, Die mystische Vermählung der hl. Katharina, 1479. Brügge, Memling-Museum

106 Jan van Eyck, Madonna des Kanonikus van der Paele, 1436. Brügge, Groeninge-Museum

107 Gerard David, Taufe Christi, vor 1502

108 Hugo van der Goes, Marientod, nach 1478

109 BRÜGGE Fassade der H.-Bloedkapel im Flamboyant-Stil, 15. Jh.

110 DAMME Kanal und Mühle

111 Flandrische Landschaft, Kanal bei Brügge

112 OUDENAARDE Rathaus, Anfang 16. Jh.

113 AALST Markt mit Rathaus und Tuchhalle

114 YPERN Die Hallen (um 1250 beg.) und die St.-Maartenskerk (nach dem Wiederaufbau)

115 Schlachtfeld von WATERLOO mit Löwendenkmal

116 Otto Dix, Schützengraben in Flandern (1914/18), 1934/36. Berlin, Stiftung Preuß. Kulturbesitz Nationalgalerie

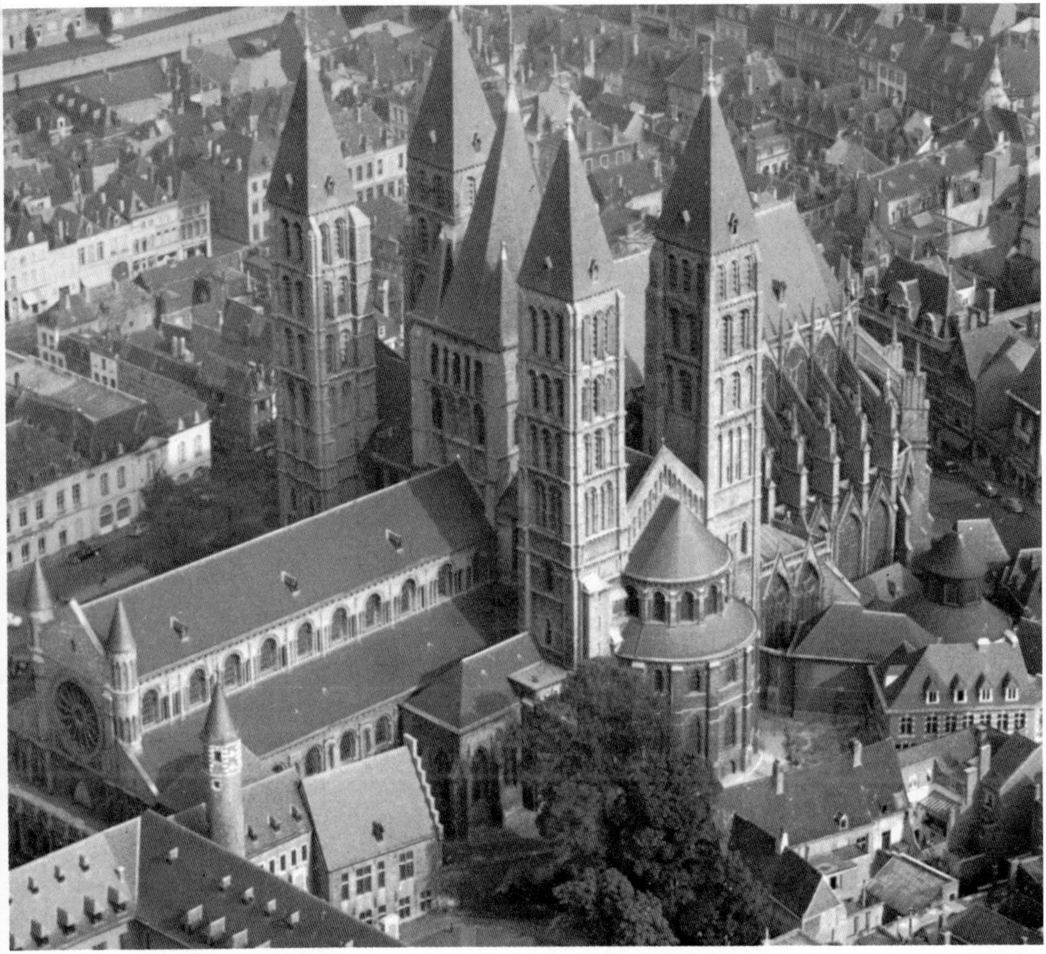

117 TOURNAI Stadtansicht mit Kathedrale

Kathedrale von Tournai, 12. und 13. Jh.

118 Mittelschiff nach Osten

119 Vierung mit Blick ins Querhaus

120 Der hochgotische Chor

121 Blick vom Chor ins Langhaus

122 Nicolaus von Verdun, Marienschrein, 1205 vollendet. Tournai, Schatzkammer der Kathedrale

123 Eleutheriusschrein. Tournai, 1247 vollendet. Tournai, Schatzkammer der Kathedrale

124–125 SCHLOSS BELOEIL (17. Jh.), Sitz des Prinzen von Ligne

126 MONS Hauptstadt des Hennegaus. Blick auf die Stadt mit Marktplatz und Rathaus

127 MONS Ste-Waudru

128 HALLE St.-Martinuskerk, 1341–1467

129 NIVELLES Maria vom Gertrudenschrein, um 1272–1298. Im Krieg 1940 zerstört

130 HALLE St.-Martinuskerk. Kopf eines Apostels aus dem Figurenzyklus des Chores, Wende 14./15. Jh.

131 NIVELLES Ste-Gertrude nach der Zerstörung im Zweiten Weltkrieg wieder aufgebaut

Im Schatten der Liebfrauenkirche liegt innerhalb des malerischen ST.-JANSHOSPITAAL aus dem 13. Jh. das Memling-Museum (16). Hier sind sechs Werke des großen Wahlbrüggers, der aus seiner unweit von Frankfurt gelegenen Heimat (geb. um 1435) über Köln nach Brügge zog und hier seit etwa 1460 Schüler Rogier van der Weydens wurde, um den *Schrein der hl. Ursula* versammelt. Das vergoldete Schreingehäuse gleicht einer spätmittelalterlichen Goldschmiedearbeit (Abb. 104). Es ist charakteristisches Zeugnis einer Zeit, in der die Techniken auswechselbar werden und an der Stelle des Reliefschmucks gemalte Bildfelder die Lang- und Querseiten des Schreins bestimmen. Zwei Jahrhunderte zuvor war der heute im Kloster Mariënlof von Kolen in Kerniel (Belgisch-Limburg) aufbewahrte Schrein der hl. Ottilie entstanden, der, in der Thematik auf Memling vorausweisend, als Inkunabel flämischer Malerei gelten kann und erkennen läßt, daß diese nicht aus dem Nichts entstand, sondern durch bemalte Schreine, von denen sich jedoch nur das eine, bescheidene Zeugnis erhalten hat, vorbereitet war. In sechs rundbogig geschlossenen Tafeln, drei auf jeder Seite, erzählt Memling die Ursulalegende. Von miniaturhafter Feinheit ist seine Malerei, die mühelos eine Vielzahl von Figuren in den kleinen Bildfeldern unterbringt. Als exakter Beobachter gibt der Maler bei den in Köln spielenden Szenen dem Geschehen eine topographisch genau beobachtete Architekturkulisse. Da erkennt man den Bayenturm, Groß-St. Martin und den im Bau befindlichen Dom (Abb. 104). Bei der Schilderung der Tötung der Jungfrauen und des Martyriums erkennt man zudem noch St. Severin und St. Maria im Kapitol. Die zeitgenössische Gewandung – Ursula und ihre Jungfrauen sind nach der neuesten burgundischen Mode gekleidet – trägt zudem dazu bei, die alte Legende zu aktualisieren und das Ganze zu einem Stück damaliger Zeitgeschichte zu machen. An den Schmalseiten des Schreins bezeugt Memlings Malerei die illusionistische Vorstellung eines in den Schreinskasten eingetieften gotischen Chores, in den Maria mit dem Kind, davor eine Nonne als Stifterin, auf der anderen Seite Ursula mit ihrem Pfeilattribut, wie eine Schutzmantelheilige ihre Jungfrauen um sich versammelnd, hineingestellt sind. Hier wie auch in den übrigen großen Tafeln des Memling-Museums – der *Mystischen Vermählung der hl. Katharina* (1479, Abb. 105), dem Triptychon der *Anbetung der Könige mit Christgeburt* und *Darstellung im Tempel* und dem Johannes-Altar, der 1479 zu Ehren der Schutzpatrone des Hospitals für den Hochaltar der Kirche gestiftet wurde – sieht man wie in einem Brennspiegel noch einmal die großen künstlerischen Entdekkungen seiner Vorgänger reflektiert. Dabei wird die harte Kantigkeit, die häufig Ausdruck expressiver Aussage war, abgeschliffen. Ein weicher, zarter Lyrismus bestimmt diese Bilder. Das ausgeprägte Erzählertalent verleiht Memlings Tafeln echte Volkstümlichkeit. Das 19. Jh. verehrte in ihm sogar den größten niederländischen Maler des 15. Jh. Das *Diptychon des Martin Nieuwenhove,* auf dessen linkem Flügel Maria dem Kind einen Apfel darreicht, während auf dem rechten der Stifter mit betend erhobenen Händen im Dreiviertelprofil gegeben wird, ist ein Zeugnis der devotio moderna, die einen unmittelbaren geistigen Dialog zwischen dem Menschen und dem vermenschlichten Göttlichen erlaubt. Ein flämischer Raum mit dem Blick in eine liebliche Landschaft ist zum Thronsaal Mariens geworden. Die Tochter Maria des Bürgermeisters

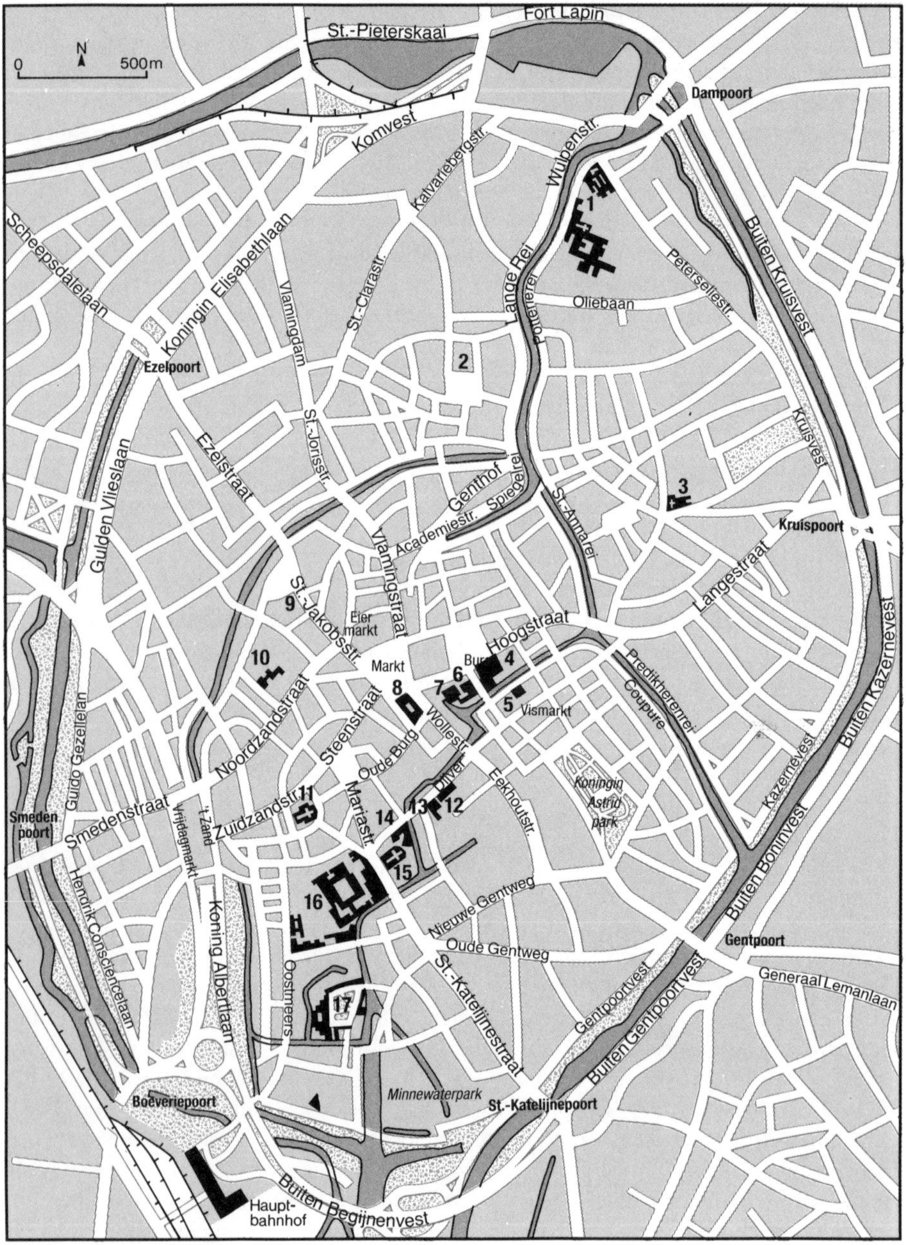

Plan der Innenstadt von Brügge

Moreel (1480) wird durch eine Spruchtafel als persische Sibylle ausgegeben, wie man denn auch in der Gestalt des Königs Balthasar im Dreikönigentriptychon die porträthaften Züge Karls des Kühnen wiedererkennt.

Im GROENINGE-MUSEUM (Stedelijk Museum voor Schone Kunsten; 12) bilden wiederum Meisterwerke der flämischen Malerschulen des 15. Jh. den Kern der reichen Sammlung; allen voran Jan van Eycks reifes Spätwerk, die *Madonna des Kanonikus van der Paele* von 1436 (Abb. 106). Edelsteinhaft schimmern die Farben. Aus tiefem Dunkel leuchtet das Rot des Madonnenmantels, der Goldglanz der Rüstung des hl. Georg, das Blau des Bischofsmantels des hl. Donatian, des Patrons der Kirche, für die das Bild gemalt wurde. In einer romanischen Apsis nimmt Maria die Fürbitte des hl. Michael für den greisen Prälaten entgegen. Schwer und voller Diesseitigkeit sind die Akteure. Selbst der hl. Georg hat Mühe mit seiner Fahnenstange, die auf dem glatten Boden fortzugleiten droht. Wie er höflich seinen Helm lüpft und seine Fürbitte spricht, hat sich Maria ihm zugewandt. Das Kind hält in seinem Spiel mit dem Papageien inne, und nur der Kanonikus selbst scheint unbeteiligt an der Gruppe der Thronenden vorbeizuschauen. Was für ein unvergeßlicher Kopf! Geprägt von Alter, Krankheit und den Widerwärtigkeiten des Lebens; fast unerträglich im harten Realismus der hervortretenden Adern und der zu einem schmalen Spalt geschrumpften Lippen. Mühselig halten die gichtgekrümmten Finger Gebetbuch und Brille. Groß und bestimmend füllen die Figuren den Raum. Sie sprengen die Schranken, die die frühere Malerei zwischen der Hoheit der Bildwelt und der minderen Wirklichkeit des Betrachters errichtet hatte. – Im *Bildnis der Margarete van Eyck* bewahrt das Brügger Museum Jan van Eycks einziges weibliches Einzelbildnis. Drei Jahre nach der Van der Paele-Madonna entstanden, zeigt es in stiller und klarer Vergegenwärtigung die Frau des Künstlers in einem der ersten bürgerlichen Porträts der Kunstgeschichte.

Den 2. Raum des Museums bestimmt der *Marientod* des Hugo van der Goes (Abb. 108). In seiner flackernden, nervösen Unrast, seiner ekstatischen, halluzinatorischen Erregtheit, dem morbiden Blau scheint das Bild wie in einem Wachtraum gemalt. Vielleicht ist es in den letzten Jahren entstanden, als sich Hugo v. d. Goes unter der Wirkung eines schweren Gemütsleidens in das Kloster Roodendaale bei Brüssel zurückgezogen hatte. Doch das allein würde als Erklärung für diese Darstellung des unerhörten Kontrastes zwischen dem Elend des menschlichen Daseins und dem übernatürlichen Leben nicht ausreichen.

Hans Memling ist mit seinem *Christophorus-Altar* (1484) aus der Jakobskirche vertreten. Der linke Flügel zeigt den Stifter Wilhelm Moreel mit seinen fünf Söhnen, der rechte seine Frau mit den elf Töchtern. Die Mitteltafel vergegenwärtigt in glatter und emailhafter Farbigkeit die Hll. Christophorus, Mauritius und Ägidius. Werke des Gerard David bestimmen Raum 5 des Museums. Zwei *Gerechtigkeitsbilder* stammen

◁ 1 Potterie Museum 2 St.-Gillis 3 Jeruzalemkerk 4 Justizpalast 5 Oude Civiele Griffie 6 Rathaus 7 H.-Bloedkapel 8 Belfried und Hallen 9 St.-Jacobskerk 10 Prinsenhof 11 St.-Salvatorskathedraal 12 Groeninge-Museum 13 Arentshuis 14 Gruuthuse-Museum 15 O.-L.-Vrouwekerk 16 St.-Janshospitaal mit Memling-Museum 17 Beginenhof

aus den Jahren 1498/99. Man sieht den König Kambyses, der mit seinem Gefolge unerwartet bei dem pflichtvergessenen Richter Sisamnes eindringt, der sich schreckensbleich die Vorwürfe des Königs anhören muß. Die Bestrafung des bestechlichen Richters zeigt die zweite Tafel. In schonungslosem Realismus wird seine Schindung vor Augen gestellt. Im Hintergrund öffnet sich ein weiter Platzraum, dessen Architektur als die Poortersloge in Brügge identifiziert wurde. Im Helm eines Soldaten spiegelt sich zudem die Brügger Johanneskirche – Hinweise für den Betrachter, das Bild nicht nur als Historienschilderung zu verstehen, sondern gerechte und ungerechte Richter als Zeitgenossen in der eigenen Stadt gegenwärtig zu sehen. – Das eigentliche Meisterwerk des Gerard David jedoch ist das Triptychon mit der *Taufe Christi* (1502/08). Die drei Bildtafeln werden durch eine durchgehende Landschaft miteinander verknüpft. Der Stifter Jean des Trompes im linken, die Gattin mit ihren vier Töchtern, vom hl. Johannes und der hl. Maria Magdalena empfohlen, erscheinen in den Seitenflügeln. Die Mitteltafel zeigt die bestimmende Szene der Taufe Christi (Abb. 107), im Hintergrund die Predigt des Johannes und das ›Ecce Agnus Dei‹. Was dieses Triptychon anderen zeitgenössischen Tafeln voraus hat, ist sein zarter Naturlyrismus. Die Versenkung in die Eigenart spezifischer Pflanzen, die Schilderung des stimmungsvollen Walddunkels weist schon auf die große Zeit niederländischer Landschaftsmalerei hin.

Die ST.-SALVATORSKATHEDRAAL (11) wurde 1834 zur Bischofskirche erhoben. Von dem ursprünglich spätromanischen/frühgotischen Backsteinbau sind nur die Untergeschosse des Westturms erhalten. Innerer Chor und Querschiff stammen vom Ende des 13. und Beginn des 14. Jh. Das Langhaus mußte nach einem Brand 1358 erneuert werden. In den Jahren zwischen 1482 und 1527 fügte man dem Chor einen Umgang, den man etwas später einwölbte, sowie fünf Chorkapellen an. Über dem prachtvoll geschnitzten spätgotischen Chorgestühl erinnern die Wappen der Ritter des Ordens vom Goldenen Vlies an die 13. Sitzung des Kapitels im Jahre 1478. Der wuchtige Westturm läßt die verschiedenen Bauphasen des 12., 14. und 19. Jh. deutlich erkennen (Abb. 99). Den 1682 errichteten Lettner hat man abgebrochen und vor der Westwand wieder errichtet. Mit der pathetischen Gestalt des machtvoll segnenden Gottvaters hat Artus Quellinus d. J. hier ein Hauptwerk des flämischen Spätbarock geschaffen. Der harmonisch proportionierte Innenraum war verschwenderisch mit Kunstschätzen ausgestattet, deren kostbarste in das KATHEDRALMUSEUM überführt wurden, so etwa das *Martyrium des hl. Hippolyt,* wie es Dirk Bouts um 1475 gemalt hat. Der Künstler läßt den Betrachter gleichsam aus der Vogelperspektive auf die Szene blicken. Dadurch erscheinen die Figuren wie auf eine schräge Fläche gestellt und gewinnen allesamt den gleichen Maßstab. Durch diese 'Verfremdung' verliert das Thema der Vierteilung des Heiligen von seiner Grausamkeit. Wie die Speichen eines Rades weisen seine Gliedmaßen in verschiedene Richtungen. Schergen spornen ihre an die Gelenke des Märtyrers gespannten Pferde an, den Unglücklichen zu zerreißen. Etwa 75 Jahre älter ist der *Kalvarienberg der Gerber,* der die Brügger Malerschule unter dem lyrischen Schmelz des heraufziehenden 'Weichen Stils' zeigt.

Die Südseite des Großen Markts (Ft. 25) bestimmen die HALLEN (8) aus dem 13. und 14. Jh. Sie sind in einem Rechteck angelegt und werden von dem 83 Meter hohen Belfried überragt (Ft. 32, Abb. 98). Über den zwei gewaltigen Baublöcken der Untergeschosse errichtete man seit 1482 das obere Oktogon, das ein Glockenspiel aufnimmt.

Am Burgplatz, dessen Name an die 1434 abgebrochene Grafenburg erinnert, erhebt sich das RATHAUS (1376–1420; 6). Nach der Thronbesteigung zeigten sich die Grafen von einem Fenster aus dem Volk und leisteten den Eid, die Gerechtsame und Gesetze der Stadt zu achten. Der Baukörper wird von Ecktürmchen und einem kleinen Mittelturm akzentuiert (Abb. 97). Ober- und Unterfenster werden zu einer Nische zusammengefaßt. Die verbleibenden Wandteile sind fast vollständig mit erneuerten Figuren der flandrischen Grafen unter Baldachinen bedeckt. Das Brügger Rathaus eröffnet die goldene Zeit des flämischen Rathausbaus (Ft. 33). Im Schöffensaal hat sich das prächtige *Holzdeckengewölbe* erhalten, dessen 'Schlußsteine' Reliefs mit der Leidensgeschichte Christi von Jean de Valenciennes (1385) sowie Gilles von den Houtmersch und Cornelis von Aeltre (1402) zieren.

Unmittelbar benachbart ist die zweistöckige H.-BLOEDKAPEL (7; Abb. 109), die ihren Namen einer Reliquie dankt, die Dietrich van de Elzas 1149 als ›Blutstropfen Christi‹ aus dem Heiligen Land mitbrachte. Der Brügger Goldschmied Jan Crabbe hat 1614–17 den prächtigen silbervergoldeten Schrein geschaffen. Er ist, an spanische Kustodien erinnernd, in eine kleine Renaissance-Zierarchitektur hineingestellt. – Die Gewölbe des dreischiffigen Kryptengeschosses aus der Mitte des 12. Jh. werden von massigen Rundpfeilern getragen. Dagegen ist das Obergeschoß einschiffig und zeigt die Stilmerkmale des Umbaus im 15. Jh. In drei Bogenstellungen öffnet sich die Südwand in eine Seitenkapelle, in der die Reliquie zur Verehrung ausgestellt ist. Alljährlich an Christi Himmelfahrt bewegt sich die Heiligblutprozession durch die Straßen der Stadt. Ordensgemeinschaften, als Kreuzritter Verkleidete und andere Kostümgruppen umgeben dann die Reliquie bei ihrem Triumphzug durch Brügge. Dem Rathaus schräg gegenüber neben der barocken Propstei stand Brügges erste, dem hl. Donatus geweihte Kathedrale (um 900). Die 1955 ausgegrabenen Grundmauern erlauben eine Rekonstruktion, die dem Grundriß der Pfalzkapelle Karls des Großen in Aachen gleicht. Zum malerischen Reiz des Burgplatzes trägt die Fassade der ehemaligen Stadtkanzlei OUDE CIVIELE GRIFFIE (1535–1537; 5) in ihrer schönen Renaissancegliederung mit Säulenstellungen, Büstenmedaillons und drei elegant geschwungenen Giebeln, deren mittleren die Personifikation der Gerechtigkeit krönt, entscheidend bei.

Im JUSTIZPALAST (1722–27; 4), erbaut an der Stelle der alten Kanzlei der ›buitenpoosters‹, d. h. der freien Landbewohner, hat sich ein prachtvoller *Kamin* aus Eichenholz, schwarzem Marmor und Alabaster erhalten, dessen Bildprogramm von solcher Bedeutung für die flandrische, ja europäische Geschichte im Zeitalter Karls V. ist, daß es eingehender gewürdigt werden muß. Im sogenannten Damenfrieden von Cambrai (3. 8. 1529) war für Flandern eine wichtige Entscheidung gefallen: Karl V. erhält die uneingeschränkte Oberhoheit über Flandern und den Hennegau. Auch die Bischofsstädte Cambrai und Tournai werden ihm zugesprochen. Der französische König leistet

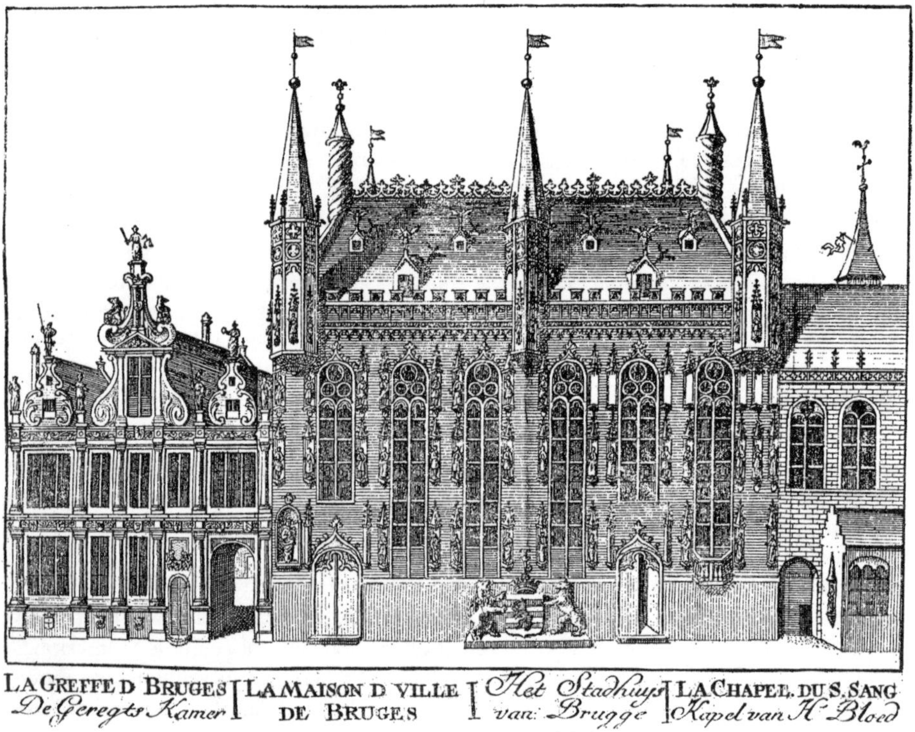

BRÜGGE, Stadtkanzlei, Rathaus und Heiligblutkapelle. Kupferstich des 18. Jahrhunderts. Bildarchiv Foto Marburg

damit feierlich Verzicht auf seine Ansprüche auf Flandern. Damit war eine Entwicklung abgeschlossen, die durch die Sieger von Courtrai, Ferdinand von Portugal und Guido von Dampierre sowie Jacob van Artevelde eingeleitet und von Philipp dem Guten und Karl dem Kühnen fortgeführt wurde. Es war der selbstbewußten und diplomatischen Statthalterin Margarete von Österreich – man nannte sie die »Gouvernante der Niederlande« – letzter großer Erfolg, den ›Damenfrieden‹ herbeigeführt und ausgehandelt zu haben. Dies ist die Situation, deren Kenntnis zum Verständnis des Brügger Kamins notwendig ist. 1528 war die erste Ausschreibung erfolgt, doch nach dem Friedensschluß des Folgejahres war das Bildprogramm zur Konzeption eines umfassenden zyklischen Denkmals erweitert worden, in dessen Mittelpunkt die Huldigung für Karl V. und sein Haus steht. Von zwei seitlichen Figurenpaaren gerahmt, erscheint der Habsburger in voller Rüstung als Graf von Flandern im Schmuck der Insignien des Ordens vom Goldenen Vlies über einem Marmorfries mit Szenen aus der Susannengeschichte. Die Rechte hebt das Schwert in der Geste des Eidschwurs. An der Rückseite des Thrones erinnern Medaillons an die Eltern des Kaisers, Philipp den

Schönen und Johanna von Kastilien. Weitere Rundfelder sind dem brabantischen Ritter Charles de Lamoy, der das Schwert des französischen Königs Franz I. in der Schlacht bei Pavia entgegengenommen hatte, und der Margarete von Österreich vorbehalten. Von den seitlichen Pilastern halten Putten Rundbilder von Franz I. und Eleonora, der Schwester des Kaisers. Karl V. wird von seinen Großeltern begleitet, die in den Seitenfeldern des Kamins erscheinen. Zur Rechten Maximilian und Maria von Burgund, zur Linken die Großeltern mütterlicherseits, Ferdinand von Aragon und Isabella von Kastilien. Wappenschilde mit dem österreichischen Doppeladler, ihm untergeordnet die heraldischen Zeichen all der Besitztümer der Dargestellten, vervollkommnen die Apotheose des Habsburgers. Die Namen zweier Meister sind mit diesem einzigartigen Denkmal verbunden. Die Entwürfe schuf der Flame Lancelot Blondeel, die plastische Umsetzung wurde dem Mechelener Guyot de Beaugrant aufgetragen. 1850 ist alles stark, zu stark, restauriert worden. Nur unzulänglich kann sich das gewaltige Bildprogramm in dem zur Verfügung stehenden Raum entfalten. Denn was sonst an Prunkgrabmälern in großen Kirchen seinen Ort hat oder, wie in der Brüsseler Kathedrale (vgl. S. 107f.), in riesigen Fensterflächen bildhaft ausgedrückt wird, mußte hier in der engen Zone zwischen Kamin und Decke untergebracht werden. Angesichts dieser Verherrlichung der Habsburger mag in den älteren unter den Zeitgenossen die Erinnerung an das Jahr 1488 hochgestiegen sein, als die Brügger Bürger zwölf Tage lang den Römisch-Deutschen König Maximilian gefangen hielten, weil er sich weigerte, die Vormundschaft seines Sohnes Philipp, des Erben dieses Landes, dem König von Frankreich zu übertragen...

Vom PRINSENHOF (10), dem alten Palast der Grafen von Flandern, in dessen Mauern im Jahre 1468 die Hochzeit Karls des Kühnen mit Margareta von York gefeiert wurde, 1478 Philipp der Schöne, der Sohn Maximilians und Vater Karls V. geboren wurde und 1482 Maria von Burgund starb, haben sich nur unbedeutende Reste erhalten.

Wir müssen es uns versagen, die Fülle alter Baudenkmäler, unter ihnen die St.-Jacobskerk (9), die Kirche St.-Gillis (2) und die Jeruzalemkerk (3) im einzelnen zu besprechen, um über der Vielheit der Kunstschätze, dem Reichtum der geschichtlichen Überlieferung, der Mannigfalt architektonischer Kostbarkeiten das Gesamtbild dieser unvergleichlichen Stadt nicht aus den Augen zu verlieren. Man muß den alten Beginenhof (17; Ft. 35) besuchen, den Grachten und Kanälen folgen, in denen sich die Treppengiebel der alten Häuser spiegeln (Ft. 27–31), am Minnewasser verweilen, den Spitzenklöpplerinnen bei ihrer Arbeit zusehen, um die Atmosphäre von Brügge in Muße zu erleben.

Die Umgebung

Bei unserem Besuch im nahegelegenen DAMME (Abb. 110) bleiben wir im Bannkreis von Brügge. Hier befand sich einst der Seehafen der Stadt, bis die Versandung des Reieflüßchens, das sich hier zum Zwin genannten kleinen Meeresarm erweitert, seit dem Beginn des 15. Jh. die Verödung des wichtigen Hafens brachte. Die ruinöse O.-L.-Vrouwekerk (Baubeginn um 1230, Ft. 18) ist eine wuchtige dreischiffige, querhauslose Anlage. Das rechteckige, mit vier Ecktürmen versehene Rathaus mit seiner vorgelagerten Eingangsloggia, die man über eine Freitreppe erreicht, gehört zu den einfacheren Beispielen flandrischer Rathausarchitektur und entstand in den Jahren 1464–68 nach der Planung Govaert deŐsscheres. Zum Schmuck des Schöffensaales schuf Wouter van Inghen derb-urwüchsige Schnitzereien, die den harfespielenden König David sowie ein Liebespaar, das sich im Badezuber vergnügt, zeigen. Nach Damme verlegt Charles de Coster die Heimat seines berühmten Helden aus der ›Légende d'Ulenspiegel et de Lamme Goedzak‹: »Zu Damme in Flandern wurde, als der Mai dem Hagedorn die Blüten öffnete, Uylenspiegel geboren als Sohn von Klaas dem Kohlenträger...« beginnt das »fröhliche Buch, trotz Tod und Tränen...«, die »flämische Bibel« (C. Lemonnier).

LISSEWEGE, ein charakteristisches Küstendorf mit weißen, malerisch an einem Kanal gelegenen Häusern wird vom Turmkoloß seiner Kirche O.-L.-Vrouw überragt (Ft. 24). In seiner blockhaften Schwere, seinem Backsteinmauerwerk und den wuchtigen Mauerstützen an den vier Ecken, die nichts von der graziösen Leichtigkeit doktrinärer Strebebögen an sich haben, steht er stellvertretend für die zahlreichen Westtürme flandrischer Küstenorte. Im Süden von Lissewege hat sich die große Zehentscheuer der alten Zisterzienserabtei Ter Doest erhalten. Im reichen Schmuck ihrer Blendarkatur mit Lanzettbögen erweist sie, daß auch ein Profanbau innerhalb der ›Civitas Dei‹ einer Abtei dazu beitrug, dem gesamten Komplex die abbildhafte Bedeutung der himmlischen Stadt zu verleihen. (Im Inneren sehenswertes Eichengebälk.)

Das Weltbad OSTENDE (Oostende), an der gleichförmigen, 67 km langen westflandrischen Küste gelegen (Ft. 17), ist die Geburtsstadt des großen belgischen Malers James Ensor (1860–1949), dessen Schaffen im Museum der Schönen Künste neben Arbeiten seiner Landsleute Permeke, de Smet u. a. gültig dokumentiert ist. Abgesehen von einem Aufenthalt in Brüssel hat Ensor seine Geburtsstadt nie verlassen. In ihr ist sein reiches malerisches Werk in der Fülle seiner lyrischen Eingebungen, der Vorliebe für Phantastisches, Maskenhaftes und Makabres entstanden. Man hat in ihm einen legitimen Nachfahren des Hieronymus Bosch und des Höllenbruegel gesehen, doch im Gegensatz zu ihnen, in deren Bildern das Infernalische, Teuflische nur der Gegenpol zur himmlischen Ordnung darstellt, ist Ensor ein Mensch seiner Zeit, in der die Farce, das Verzerrte, das Verrückte Ausdruck einer heillosen, gottfernen Welt ist. Ensors Bilder sind von hoher malerischer Kultur (vgl. Abb. 68). Anfangs noch von den französischen Impressionisten bestimmt, zeigen sie späterhin scharfe Farbkontraste. Helle Gelbtöne und leuchtendes Rot dominieren in der Skala seiner Tonakkorde.

Die Schlachtfelder Flanderns

Veurne (Furnes)

Die Fahrt geht durch eine Landschaft, die im Ersten Weltkrieg ein riesiges Schlachtfeld war. Kaum ein Ort, mit dessen Namen sich nicht die Erinnerung an erbitterten Widerstand, aber auch an Brand und Zerstörung verbindet. So etwa war Veurne das Hauptquartier der belgischen Armee in den Jahren 1914/15. Im Gegensatz zu Diksmuide oder Nieuwpoort ging sein altes Stadtbild jedoch nicht im Feuer der deutschen Geschütze unter. Am GROSSEN MARKT liegt der schöne Renaissancebau des RATHAUSES, wie ihn angeblich Lieven Lucas mit zwei Giebeln, einer hübschen Loggia und einem Treppenturm in den Jahren 1596–1612 erbaut hat. Im Inneren haben sich prächtige spanische Ledertapeten aus Cordoba erhalten und geben einen ersten Hinweis auf die Rolle, die Veurne als Hauptquartier der spanischen Offiziere im 17. Jh. spielte. Das ALTE LANDHUIS, das mit dem Rathaus eine bauliche Einheit bildet (heute Gerichtshof), hat vielleicht Sylvanus Boulin 1619–21 errichtet. Dahinter erhebt sich der mächtige Belfried (um 1628) mit seiner barocken Bekrönung.

Über die Treppengiebel der Häuser am Markt wachsen die Strebebögen der unvollendeten ST.-WALBURGAKERK. Nur der hochragende Chor mit Umgang und Kapellenkranz wurde gegen 1300 fertiggestellt. Das Innere bietet einen Eindruck vollendeter Harmonie. Mächtige Rundpfeiler umstehen den Chor. Sie tragen die schlanken Dienste, die das Triforium unterteilen und den Rippen des Chorgewölbes als Widerlager dienen. Von der Ausstattung sind das barocke Chorgestühl, die Kanzel sowie eine Pourbus d. Ä. zugeschriebene *Kreuzabnahme* zu erwähnen. Im Kirchenschatz wird in einem Reliquiar aus dem 15. Jh. eine Kreuzreliquie aufbewahrt, die Graf Robert II. von Flandern im Jahre 1100 aus dem Heiligen Lande in seine Heimat mitbrachte. Nach einem Schiffbruch hatte er gelobt, der ersten Kirche, auf die er nach seiner Errettung treffen würde, die Reliquie, das Kostbarste, was es für den Menschen des Mittelalters gab, zu schenken.

In der alten Herberge ›Die Nobele Rose‹ (1572–75) hinter der Kirchenapsis haben Victor Hugo und Rainer Maria Rilke gewohnt.

In der Mitte des 15. Jh. errichtete man an der Ecke des Großen Marktes und der Ooststraat in Form eines Festungsturmes (Donjon) das dreigeschossige und um 1530 durch einen neuen Flügel erweiterte (alte) Rathaus der Stadt. Nach seiner späteren Funktion als Hauptquartier der Spanier wird es SPAANS PAVILJOEN genannt. Auch die HOGE WACHT aus der Zeit um 1636 im Süden des Großen Marktes, die den Platz durch ihre Arkaden belebt, hat den Spaniern als Wachlokal gedient.

Selbst die berühmte Bußprozession, die alljährlich am letzten Julisonntag durch die Stadt zieht, erinnert in ihrer düsteren Mystik – schwarzverhüllte Gestalten schleppen ihr eigenes Kreuz durch die Straßen – an spanische Frömmigkeit. Man hat die ›Boetprocessie‹ zwar auf die Zeit Roberts II. und seine Reliquienstiftung zurückführen wollen, wahrscheinlicher ist jedoch der Ursprung im 17. Jh. zu suchen, als man im Pestjahr

1644 den Himmel zu bestürmen suchte, daß zu Krankheit und Hunger das Land nicht auch noch vom Ausbruch eines Krieges zwischen Spanien und Frankreich heimgesucht werde...

In der ST.-NIKLAASKERK mit ihrem mächtigen, unvollendeten Turmblock (13./14. Jh.) hat sich eine dreischiffige gotische Hallenkirche aus dem 16. Jh. erhalten, der um 1775 eine neue Chorpartie hinzugefügt wurde.

Ypern (Ieper, Ypres)

Dies war einst die Metropole Westflanderns! 1247 als die reichste und mächtigste Handelsstadt erwähnt, Zentrum der Tuchindustrie mit 200000 (?) Einwohnern. 4000 Webstühle sollen hier in Betrieb gewesen sein. 1383 stehen die mit den Gentern verbündeten Engländer vor den Toren, vernichten die blühende Wollfabrikation und vertreiben die letzten Weber aus den eingeäscherten Vorstädten. 1566 sind es die Bilderstürmer, wenig später die Truppen Albas, 1578 die Geusen, die Ypern mehr und mehr zur Bedeutungslosigkeit verurteilen. Im 17. Jh. viermal Beute der Franzosen, schien die Stadt mehr als jede andere ihrer Schwestern die grausamen Herausforderungen der Geschichte durchlitten zu haben. Doch nicht genug! Im Ersten Weltkrieg wird die Stadt 1914–18 zum Mittelpunkt blutiger Kämpfe im 'Ypernbogen', in deren Verlauf Zehntausende englischer, französischer, belgischer, amerikanischer und deutscher Soldaten den Tod fanden. Der Ort selbst wird fast völlig zerstört und mit ihm die weltberühmten 'Hallen' und die Stadtkirche St. Martin. Der Kern der über den Trümmern wiedererstandenen Stadt ist zwar eine Rekonstruktion des alten Zentrums, doch – »Ypern wirft keine Schatten mehr«. Yperns HALLEN waren um 1250 begonnen worden und scheinen gegen Ende des Jahrhunderts fertig gewesen zu sein. Sie hatten mit ihren von Ecktürmchen flankierten frühgotischen Fassaden in Europa nicht ihresgleichen. Über die 132 Meter breite Hauptfront ragte der mächtige viereckige Belfried 70 Meter hoch in den flandrischen Himmel. Sandstein aus Bray und Béthune hatte man für den vierflügeligen Bau benutzt. Das Erdgeschoß wurde in eine Reihe von Türen aufgelöst, die in Verkaufsräume führten. Im Obergeschoß wechselten Fenster mit Scheinfenstern ab. »In der Halle von Ypern ist der Typ des monumentalen flämischen Rathausbaues, sei er nun Halle oder Rathaus, mit Türmen in der Mitte, gezinnter Brustwehr längs des Dachansatzes und Türmchen an den Ecken des Gebäudes festgelegt.« Östlich wurden die Tuchhallen vom sogenannten Nieuwerck, einem 1620–22 von zwei Genter Meistern errichteten Renaissancebau, begrenzt.

Wie man mit großer Sorgfalt 'die Hallen' im Rahmen des Möglichen mit altem Baumaterial der Feldbrandziegel rekonstruierte (Abb. 114), so ist auch die ST.-MAARTENSKERK aus der Mitte des 13. Jh. historisch getreu wiedererstanden. Vor dem Altar ist der Yperner Bischof Cornelius Jansen (1585–1638) beigesetzt, der Begründer der Jansenistenbewegung. Ypern, die »Königin der flämischen Ebene«, ist heute eine moderne Stadt mit einigen einfühlsam wiederhergestellten Häuserfassaden des 17. Jh. und den

Zimmerfluchten des Museums Merghelynck mit einer Fülle geretteter Louis-quinze- und Louis-seize-Möbel.

Das Erinnerungsmal der Menenpoort, die England 1920 »für 58000 britische Soldaten« errichtete, »die hier kein eigenes Grab fanden«, hält das Gedächtnis an die Gefallenen des Ersten Weltkrieges und an die untergegangene alte Stadt lebendig.

Immer wieder beschwören hier in der flandrischen Ebene, dem ›Schlachtfeld Europas‹, kleine Orte und Hügel die Erinnerung an die Schrecken der Jahre 1914–18; VLADSLO b. Diksmuide, dessen umfriedeter, rasenbedeckter Friedhof die von Käthe Kollwitz im Gedenken an den eigenen, hier beigesetzten Sohn geschaffene Plastik der trauernden Eltern birgt, LANGEMARK, der Kemmelberg, Poelkapelle, Zillebeke, Wijtschaete, Poperinge und wie immer die kleinen flandrischen Orte heißen mögen, die so brutal in die Chronik der kriegführenden Nationen eingetragen wurden... (vgl. Abb. 116). Gleich Ypern wurde das einst so reizvolle DIKSMUIDE (Dixmuide) von der Feuerwalze des großen Krieges eingeebnet. Man hat es in liebender Anhänglichkeit an das Untergegangene weitgehend rekonstruiert. Freilich sein stolzester künstlerischer Besitz, der filigranhaft fein gearbeitete Flamboyantlettner aus den Jahren 1536–43 in der St.-Niklaaskerk widersetzte sich jedem Versuch der Wiederherstellung.

Auch das völlig zerstörte NIEUWPOORT-AAN-ZEE (Nieuport-Les-Bains) ist so im Geist der altflandrischen Städte wiedererstanden. Gleichgültig, wie man zur Klinkerrekonstruktion des Verlorenen stehen mag, kündet die hier geleistete Wiederherstellung – oder sollte man Nachempfindung sagen – doch vom Stolz und der Liebe der Menschen zu ihrem Land, gemäß den Worten, die de Coster seinen Helden am Schluß der Uylenspiegellegende sagen läßt: »Flandern kann schlafen, aber, sterben – nie!«

Kortrijk (Courtrai)

Der Name der alten Tuchmacherstadt an der Leie ist mit einem Ereignis der flandrischen Geschichte eng verknüpft. Am 11. Juli des Jahres 1302 schlugen flämische Bürger, vornehmlich Weber aus Brügge und Ypern, angeführt von Graf Johann von Namur und Herzog Wilhelm von Jülich, das französische Ritterheer unter dem Grafen von Artois vor den Toren der Stadt. 700 goldglänzende Sporen sammelten die Sieger als Trophäe auf dem Schlachtfeld und brachten sie in die Liebfrauenkirche. 1382, nachdem bei Westrozebeke das Kriegsglück für die Franzosen entschieden hatte, wurde das seltsame Mahnmal an die ›Sporenschlacht‹ von den Siegern wieder gelöscht.

In der Mitte des Marktplatzes erhebt sich der gotische Ziegelbau des BELFRIED aus dem 14. Jh. Im RATHAUS aus den Jahren 1526–28 haben sich zwei schöne Renaissancekamine erhalten. Den einen zieren die Wappen der Bundesgenossen Gent und Brügge, Bannerträger der Ritterschaft von Kortrijk sowie der Madonna mit den Figuren des Erzherzogs Albrecht und seiner Gemahlin, den anderen, um 1527 entstandenen, die Darstellungen von Tugenden und Lastern sowie Symboldarstellungen von Frieden und Gerechtigkeit, die auf die Figur Karls V. bezogen sind.

Balduin IX., Graf von Hennegau und Flandern, der sich 1204 zum lateinischen Kaiser von Konstantinopel machte, gründete die doppeltürmige Kirche O.-L.-VROUW. Die mittelalterliche Baugeschichte der jetzigen doppeltürmigen Anlage gliedert sich in vier Phasen: Lang- und Querhaus entstanden während der 2. Hälfte des 13. Jh.; Anfang des 14. Jh. wurde der heutige Chor mit Umgang und Kapellenkreuz errichtet, um 1370 kam die Grafenkapelle neben dem Chor hinzu; zwischen 1418 und 1421 schließlich erweiterte man die Kirche an ihrer Nordseite. Im Inneren hat sich rechts vom Chor die Kapelle der Grafen von Flandern erhalten. Ihr kostbarster Schmuck ist eine um 1380 entstandene Skulptur der *hl. Katharina*, die man André Beauneveu zuschreibt. Im linken Querhausarm hängt van Dycks *Kreuzaufrichtung*. Sie entstand 1631/32 und zeigt in der aus dem Licht gewonnenen Modellierung der Figuren und dem Pathos der Bewegung bei aller Eigenständigkeit doch noch eine gewisse Abhängigkeit von Rubens' Antwerpener *Kreuzaufrichtung* aus den Jahren 1610/11 (vgl. S. 123). Die dreischiffige Hallenkirche ST.-MARTINUS (1390–1439) wird von einem mächtigen Westturm überragt. Von der alten Stadtumwallung haben sich die malerischen ›Broeltürme‹ als bedeutsame Denkmäler der Festungsarchitektur des Scheldegebietes aus dem 15. Jh. erhalten.

Oudenaarde (Audenarde)

Von der Lys (Leie) zurück an die Ufer der Schelde, nach Oudenaarde, das seine Ursprünge auf eine befestigte Burg Baudouins von Lille im 11. Jh. zurückführt. Im 14. und 15. Jh. war die Stadt häufig Zielscheibe kriegerischer Unternehmungen der Genter, die hier sogar ihre berühmte *Dulle Griet* (vgl. S. 157) an den Gegner verloren. Im Jahre 1460 suchte Ludwig XI., damals noch Dauphin Frankreichs, Zuflucht im gleichen Schloß, in dem 100 Jahre später fanatische Hugenotten vier gefangen gehaltene Priester aus den Fenstern stürzten und in der Schelde ertränkten. Der Oudenaarder Romanze Karls V. mit Johanna van der Gheenst entsproß 1522 Margarete von Parma, die spätere Statthalterin Philipps II. in den Niederlanden (1559–67). Viermal besetzten die Franzosen die Stadt. 1708 wurde vor den Mauern Oudenaardes der Herzog Vendôme von den Truppen der Verbündeten unter Marlborough und dem Prinzen Eugen von Savoyen entscheidend geschlagen. Als Gobelinmanufaktur, Heimat der berühmten Oudenaarder Verduren, genoß die Scheldestadt vom 15. bis 17. Jh. Weltruf. Im Jahre 1605 wurde der Maler Adriaen Brouwer, der drastischste Schilderer niederländisch-flämischen Bauernlebens, hier geboren. Am Marktplatz hat sich eines der schönsten unter den RATHÄUSERN Flanderns erhalten (Abb. 112). Zwischen 1527 und 1530 vom Brüsseler Stadtarchitekten Hendrik van Pede errichtet, zeigt es in der allgemeinen Anordnung Abhängigkeit vom Brüsseler Rathaus, doch ist durch die Reduzierung der Fassadenmaße auf 25 Meter eine imponierende Einheit, eine Stimmigkeit aller Proportionen gewonnen, die in glücklicher Synthese die Reihe der stolzen Brabanter Rathäuser beschließt. Der Mittelturm ist kein Fremdkörper, sondern fest in die Front eingebunden und im Untergeschoß Bestandteil des Loggiengeschosses. Auf der durchbrochen gearbeiteten Bekrönung hat das Wahrzeichen der Stadt ›Hanske 't Krijgerke‹ seinen Platz. Die Frontanordnung der Stockwerke über der Arkadenzone läßt an das Löwener Rathaus denken, doch ist eine stärkere Ausbalancierung zwischen Höhe und Breite erreicht. Die Ecktürme sind auf große Fialen reduziert. Der ehemals reiche Skulpturenschmuck der Fassade ist verloren. Im Ratssaal hat sich der prachtvolle Kamin Paul van der Scheltens erhalten. In seiner Flamboyantzierarchitektur haben an den Ecken die Personifikationen der Hoffnung und der Gerechtigkeit, in der Mitte die hl. Walburgis ihren Platz.

Die alte TUCHHALLE aus dem 13. Jh. bildete die rückwärtige Verlängerung des Rathauses. Dem weiten Marktplatz geben der Brunnen, den Ludwig XIV. errichten ließ, das sogenannte Haus der Margarete von Parma und die ST.-WALBURGAKERK mit ihrem 88 Meter hohen Turm und dem Chor aus der Zeit um 1275 bestimmende Akzente. Obgleich räumlich weit konzipiert (1411–1515), erreicht dieses Gotteshaus nicht mehr jene kraftvolle Schönheit, wie sie den bisher besuchten Sakralbauten Brabants eigentümlich ist. Das Äußere ist vergleichsweise schmucklos und nüchtern und die architektonische Formensprache des Inneren reduziert die Triforienzone auf eine einfache Brustwehr. – Auf der anderen Seite der Schelde liegt die KIRCHE O.-L.-VROUW VAN PAMELE. Sie ist ein Werk des sogenannten Übergangsstils zwischen Romanik und Gotik, seit 1238 von Arnold von Binche auf dem Grundriß eines lateinischen Kreuzes mit drei Schiffen errichtet. Den polygonal abgeschlossenen Chor säumt ein Umgang. Über dem Schnittgeviert von Lang- und Querhaus erhebt sich ein achteckiger, stark restaurierter Vierungsturm. Typische Merkmale der 'Scheldegotik' sind die Ecktürmchen an den Querschiff-Fronten. Der Aufriß des Innenraumes wird durch mächtige Rundpfeilerarkaden, ein Triforium und Drillingsfenster im Lichtgaden bestimmt. Die Wölbung ist nicht ursprünglich. Von besonderer Schönheit ist der älteste Teil der Kirche, der Hochchor, dessen Umgang sich durch Spitzbogen zum Hauptraum öffnet.

TOURNAI. Stadtansicht von 1691. Kupferstich

V Der Hennegau und das romanische Brabant

Tournai (Doornik)

Die Bischoftstadt liegt an der alten Römerstraße Boulogne–Köln, die an dieser Stelle die Schelde überquerte. Als ›Turnacum‹ ist es seit dem ersten vorchristlichen Jahrhundert bekannt, und schon um 350 n. Chr. war der Ort ummauert. Tournai verliert auch während der Frankenzeit seine Bedeutung nicht. Childerich stirbt hier, Chlodwig wird hier geboren. Nach der Verlegung der Hauptstadt nach Paris residiert der erste Bischof, der Gallo-Romane Eleutherius, im Königspalast. Im 7. Jh. werden die Diözesen Tournai und Noyon personell vereinigt. In der Mitte des 9. Jh. errichtet man an der Stelle des merowingischen Gotteshauses eine neue Kathedrale. Von ihrem Aussehen wissen wir so wenig wie von ihrem nach der Normannenbrandschatzung 881 errichteten Folgebau. Er ging 1060 in Flammen auf. 1089 entvölkert eine schreckliche Pestepidemie Flandern, Brabant und die Tournaisie. Scharen wundergläubiger Kranker und Verängstigter suchen bei dem Marienbild der Kathedrale von Tournai Schutz und Rettung. Man nennt sie seither die »Madonna der Kranken«. Aus der Reliquienprozession, die am 14. September 1090 durch die Straßen der Stadt zieht und der man die Bannung der Pest in Tournai zuschrieb, entwickelte sich eine der großen Wallfahrten des Mittelalters. Die französischen Könige haben seit jeher Tournai als die ›Wiege ihrer Monarchie‹ betrachtet. Im Jahre 1146 wird es auf Vermittlung des hl. Bernhard von Clairvaux erneut zum Bischofssitz erhoben. Es ist die Zeit, in der die romanische Kathedrale entsteht. Der französischen Krone seit 1187 unterstellt, läßt Philipp August 1192 seinen Vertrauensmann Stephan von Orléans zum Bischof ernennen. Der Sieg von Bouvines 1214 verankert die französische Vormachtstellung auf lange Zeit. Ihre Frucht ist der hochgotische Kathedralchor, das vornehmste Bauwerk französischer Gotik im Tal der Schelde. Sein Initiator ist Bischof Walter von Marvis (1219–51). Die Fertigstellung dieser vierten Kathedrale in Tournai 1255 hat er nicht mehr erlebt. Auch der Eleutheriusschrein, eines der letzten großen Hauptwerke der hochmittelalterlichen Goldschmiedekunst, ist mit dem Namen des Bischofs eng verknüpft. 42 Kanoniker, ein Kollegium von zwölf Großvikaren und fast 50 Kapläne versehen im 14. Jh. den Kirchendienst und zelebrieren in ununterbrochener Abfolge bei Tag und Nacht das Meßopfer. Kaum einer der Mächtigen der europäischen Szene, der die Kathedrale nicht besucht hätte. 1187 weilt Philipp August hier, 1257 der hl. Ludwig, 1297 Philipp der Schöne und Johanna von Kastilien, 1439 Philipp der Gute und Karl – der später den

Beinamen der Kühne erhielt –, 1463 Ludwig XI., 1513 Heinrich VIII. von England, 1531 und 1540 Karl V. und 1549 Philipp II. Im Dezember 1531 sah der Kathedralchor die 20. Stiftsversammlung des Ordens vom Goldenen Vlies. Unter der Bedrohung des sich mächtig ausdehnenden Kalvinismus beschloß Philipp II. die Aufteilung der größten Kirchenprovinzen. So verlor Tournai seine Vorherrschaft über Gent und Brügge, die beide zu Bistümern erhoben wurden. Im stets weiter um sich greifenden Aufstand wird 1566 die Kathedrale von Pöbel in Brand gesteckt. Im Madrider Frieden wurde Tournai 1526 mit den spanischen Niederlanden vereinigt. Ein Ruhmesblatt in der Geschichte der Stadt ist der heldenmütige Widerstand, den sie 1581 unter der Prinzessin d'Epinoy dem Heer Alexanders von Parma leistet. Der Einnahme durch Ludwig XIV. 1667 war eine lange, verlustreiche Belagerung vorausgegangen. Wechselvoll ist das Schicksal der Stadt im 18. Jh. 1709 von den Kaiserlichen unter Prinz Eugen und Marlborough genommen, 1745 von den Franzosen zurückerobert, 1748 im Aachener Frieden wiederum den Niederlanden zugesprochen, 1792/93 erneut von den Franzosen besetzt, erleidet Tournai das Schicksal einer im Spannungsfeld verschiedener nationaler Interessen liegenden Stadt. Dabei wird jedoch deutlich, daß in ihren künstlerischen Sonderleistungen die vielfältigen, sich im politischen Bereich häufig befehdenden Einflüsse zu einer fruchtbaren Synthese verschmelzen können. Die Kathedrale spricht dafür wie auch die Malerei im 15. Jh. Der Meister von Flémalle (Robert Campin) hat hier gewirkt, und Rogier van der Weyden wurde hier geboren. Simon Martin schuf hier seine kostbaren Miniaturen. Kupfer- und Messingschmiede wetteiferten mit den maasländischen Dinanderien. Im 16. und 17. Jh. entstehen Bildteppiche, die denen der Brüsseler Manufakturen gleichen, Fayencen werden exportiert und das Porzellan der 1751 von F. J. Peterinck begründeten Porzellanmanufaktur hat Weltruf.

Der Stadtkern mit mehr als 1500 alten Häuserfassaden hat bei einem Luftangriff des Jahres 1940 schwer gelitten. Einfühlsam hat man beim Wiederaufbau der Grand' Place Altes mit Neuem verbunden. Auch die Tuchhalle an der Südseite, Repräsentantin der einst und jetzt blühenden Textilindustrie, ist in alter Schönheit wiedererstanden. Zum Glück hat die KATHEDRALE auch diese letzte Heimsuchung gut überstanden. Sie ist das mächtige Wahrzeichen der Stadt und des Landes (Abb. 117). Die Gruppe der fünf Türme von Notre-Dame schwebt gleich einer herrscherlichen Krone über der Scheldestadt und vereinigt sich mit dem Belfried und den Türmen von St-Brice (12. Jh.), wo sich das Grab des Frankenkönigs Childerich befindet, St-Piat, St-Quentin, der hochgotischen Kirche St-Jacques, der etwa gleichaltrigen Ste-Marie-Madeleine und St-Nicolas (12. Jh.) zu einer unvergleichlich großartigen Stadtsilhouette. Hier wie auch in vergleichbaren anderen Orten hat man städtebaulich sehr 'gesündigt', als man seit 1906 die wuchtigen Architekturblöcke mit dem hochgotisch aufgelösten Chorschrein 'freilegte' und ihnen durch den jetzt aufgehobenen Kontrast zu den sich in ihren Schatten schmiegenden Häuschen den rechten Maßstab nahm. Auf der Südseite läßt sich die Verbindung der Kathedrale mit der alten Stadt am Töpfermarkt und dem Kirchhof für die Pestkranken, im Beieinander der Querhausapsis mit dem spätgotischen Teil des Bischofspalastes, noch ahnen.

Die spätromanische Westfassade der Kathedrale mit dem basilikalen Querschnitt und den für Tournais Kirchen so charakteristischen Wendeltreppentürmchen erhielt um 1300 eine gotische Vorhalle, die 1524–64 einem Neubau in den Formen absterbender Gotik weichen mußte.

Das 19. Jh. hat die klaren Proportionen der Fassade mit einem viel zu großen Rosenfenster und einem phantasievollen treppenförmigen Bogenfries empfindlich gestört. In der Vorhalle haben sich an den drei Portalfeldern noch Skulpturengruppen von der Wende des 13. zum 14. Jh. erhalten (Sündenfall, Vertreibung, Propheten, Kirchenväter). Das Innere der Kathedrale erschließt sich dem Eintretenden in einer gewaltigen, 130 Meter langen Raumflucht (Abb. 118). Bis hin zum triumphbogenartigen Lettner, mit dem 1572 Cornelis II. de Vriendt, genannt Floris, die marmorselige Zäsur zwischen romanischem Lang- und Querhaus sowie gotischem Chor setzte, ist der Aufriß vierstöckig. Reifromanische Rundbögen auf plastisch durchgeformten Pfeilerbündeln, ein in weiten Arkaden zum Langhaus geöffnetes Emporengeschoß, die kleine Bogenfolge eines blinden Triforiums und darüber der Fenstergaden bestimmen den Eindruck der 1171 geweihten Anlage, die 1141 als im Bau befindlich erwähnt wird. Sie hatte ursprünglich eine Flachdecke. Die quadratischen Kreuzgewölbe der Seitenschiffe sind hingegen ursprünglich. An den nördlichen und südlichen Seitenportalen des Langhauses haben sich romanische Skulpturenzyklen erhalten. Das Nordportal, auch Porte Mantile genannt, besitzt in seinen Bogenreliefs, die die Legende von der Heilung des blinden Mantilius durch St. Eleutherius zeigen, den interessantesten romanischen Zyklus Belgiens. Er verrät provençalischen Einfluß.

Das zeitlich an die Fertigstellung des Langhauses anknüpfende Querhaus stellt einen eigenwilligen Kontrast zu den ruhig gelagerten, plastisch modellierten Baumassen der drei romanischen Schiffe dar (Abb. 119). Hier war von Anfang an ein Rippengewölbe vorgesehen, dessen Konstruktion eine völlig andere technische Planung verlangte. Als kleeblattförmiger Triconchos erdacht und gebaut, entstand im letzten Viertel des 12. Jh. und dem 1. Jahrzehnt des 13. eine Zentralanlage, die in der Tradition rheinischer Triconchenkirchen nach Art von St. Maria im Kapitol zu Köln steht. Die um 1198 beginnende Einwölbung verbindet Bauerfahrungen der französischen Gotik mit den Elementen des sogenannten Übergangsstils, wie ihn rheinische Kirchen entwickelt hatten. Über der Vierung und als Flankierung der Querhäuser entsteht die Gruppe der fünf Türme. Sie leisten die plastische Verbindung mit den abgestuften Rundchören. Bei genauerem Zusehen erkennt man, daß die Türme keinesfalls von symmetrischer Entsprechung sind, sondern daß sich in ihnen deutlich die Entwicklung vom plastisch empfundenen, körperbejahenden Architekturgefühl der Romanik zur pfeilerhaften Zergliederung frühgotischer Türme vollzieht. Die Kirchenneubauten der Champagne in Noyon, Reims (St-Rémy) und vor allem Laon stehen in engem schöpferischen Zusammenhang zu den frühen Teilen der Kathedrale von Tournai.

Schon im Jahre 1243 wird unter dem übermächtigen Eindruck französischer Hochgotik die kaum vollendete Ostapsis des Triconchos wieder abgetragen, um den alle bisherigen Maßstäbe sprengenden Wunderbau des nunmehr rein gotischen Chores zu

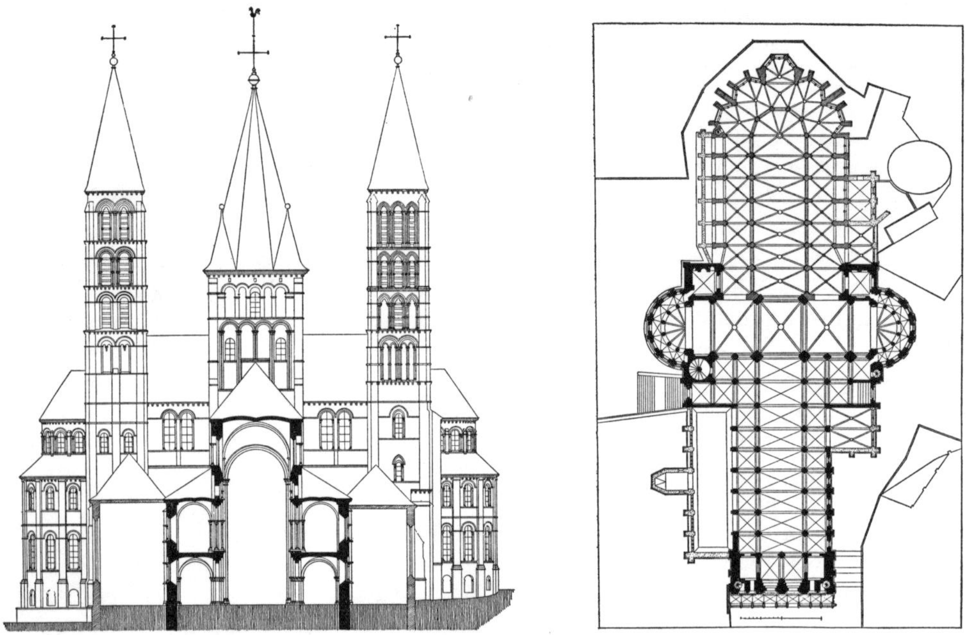

TOURNAI, Kathedrale. Querschnitt durch Langhaus und Querschiff und Grundriß

errichten (Abb. 120). Der Kontrast zwischen den Massen des horizontal geschichteten Langhauses, der kubisch gebundenen Querschiffgruppe und dem abstrakten Linearismus des neuen Ostchores ist ein elementarer. Dieser Hochchor mißt 58 Meter in der Länge und übersteigt mit seiner Höhe von 47 Metern den Scheitel des Langhauses um 14 Meter (Abb. 121). Mehr als 80 Jahre, von 1242 bis 1325, hat man am polygonal geschlossenen Chor mit seinen drei Schiffen, sieben Jochen und fünf Chorkapellen gebaut. Amiens, Köln und Soissons sind die für Tournai bestimmenden Vorbilder und Analogien gewesen.

In den Querhausarmen haben sich romanische Freskenreste mit der Legende der hl. Margarete und dem Himmelsjerusalem erhalten. Arnould van Nijmwegen schuf im 15. Jh. die prächtigen Farbfenster für Süd- und Nordchor. Von den übrigen Kunstschätzen sei nur auf das *Marienleben* des Martin de Vos, das *Jüngste Gericht* und die *Auferwekkung des Lazarus* von Pourbus d. Ä., die *Verspottung Christi* von Quentin Massys, ein *Marienleben* von Lancelot Blondeel, einen *Gekreuzigten* von Jacob Jordaens und ein *Fegefeuer,* das Rubens zugeschrieben wird, verwiesen.

Aus feinkörnigem blaugrauen Stein des Tournaisis sind die reliefierten Grabsteine in den nördlichen Kapellen. Man findet diese charakteristischen Arbeiten der Tournaiser 'Manufaktur' des 14. und 15. Jh. über ganz Europa verbreitet. Selbst nach England exportierte man die Kalksteinreliefs aus »pierre bleue de Tournai«. Wenig verschonten die Bilderstürmer von 1566 und die französischen Revolutionstruppen im Jahre 1793, doch genug, um durch 50 Jahre hindurch die Tournaiser Grabreliefs in ihrem gemäßigten Realismus belegen zu können. »Eine bürgerlich familiäre Anmut, die unfähig zur Gewalt... den größten Gegensatz zu dem ›réalisme lyrique‹, dem mächtigen Aufrauschen des Sluterstils bietet«, geht von den Grabmonumenten in den Tournaiser Kirchen aus. Hier gibt es keine Brücken zu den großen Malern, allen voran Rogier van der Weyden. Wohl aber finden sich Parallelen bei den überlebensgroßen Statuen einer ›Verkündigung‹ in der Magdalenenkirche und dem ›Heiligen Grab‹ der Vincentiuskirche in Soignies. Das sind Plastiken, die der zeitgenössischen Malerei an Qualität nicht nachstehen, deren Denkmale nur eben bis auf wenige gänzlich ausgelöscht sind.

Die SCHATZKAMMER der Kathedrale birgt zwei säkulare Werke nachmittelalterlicher Goldschmiedekunst: Marien- und Eleutheriusschrein. Eine zwar erneuerte, aber wohl auf einer ursprünglichen Überlieferung fußende Inschrift an der Sockelkante nennt Nicolaus von Verdun als Meister, der den *Marienschrein* 1205 vollendet hat (Abb. 122). Leider haben mannigfache Restaurierungen, am einschneidendsten 1890, den Schrein empfindlich entstellt. Das Marienpatrozinium der Kathedrale hat ihm, der für Reliquien der Stadtpatrone Piatus und Nicasius bestimmt war, den Namen gegeben. Ein abgewalmtes Satteldach bedeckt den in Hausform gegebenen Schrein. Unter den Arkaden der Stirnseiten thront Christus Pantokrator, von zwei Engeln mit Leidenswerkzeugen begleitet, auf der anderen Seite finden wir Maria mit den anbetenden Königen. In den Arkadennischen der Längswände erkennt man die Verkündigung an Maria, Heimsuchung und Christgeburt (Abb. 122) sowie die Flucht nach Ägypten, Darstellung im Tempel und Taufe Jesu. Halbfiguren von Propheten und Engeln erscheinen in den Arkadenzwickeln. Alle Dachkämme, die meisten Dreipaßbögen der Arkaden und große Teile des Emailbelages wurden 1890 ergänzt. Die Dachflächen sind von Blau-Gold-Schmelzen bedeckt, in die Rundmedaillons mit Passionsszenen und der Auferstehung Christi einbezogen sind. Ergänzungen und Zutaten aus neuerer Zeit erschweren eine stilgeschichtliche Beurteilung des Schreins erheblich, doch läßt die Verräumlichung der Reliefs, der plastische Figurenstil und die Gewandbildung ihn als Spätwerk des Nicolaus von Verdun erscheinen. Die Figuren »bleiben trotz ihres ruinösen Zustandes bedeutsame Zeugnisse für die Kunst des Nicolaus von Verdun am Ende einer Epoche, an deren Anfang mit dem Taufbecken des Reiner von Huy (vgl. S. 42) ein Höhepunkt gleichen Ranges stand« (Dietrich Kötzsche).

Der *Schrein des hl. Eleutherius,* ebenfalls in Tournai entstanden, war 1247 vollendet (Abb. 123). Denn am 25. August dieses Jahres legte der päpstliche Legat Odo von Tusculum die Reliquien des ersten Bischofs von Tournai in den Schrein. Er setzt im Typus den Marienschrein fort, doch führt er die Figuren thronender Apostel wieder in die Langhausarkaden zurück. Petrus, Paulus, Andreas und Johannes sitzen zur Linken Christi, Jacobus major, Jacobus minor, Bartholomäus und der Jünger Barnabas zu seiner Rechten an jeder Längsseite unter Dreipaßarkaden, die von Doppelsäulen getragen werden. Gemäß Psalm 91 thront an der einen Schmalseite Christus über den

TOURNAI. Der Grand'Place im Jahre 1647. Lithographie von M. Vasseur, 1869. Brüssel, Königl. Bibliothek

Bestien, von Engelhalbfiguren mit den Leidenswerkzeugen begleitet. An der anderen setzt der hl. Eleutherius seinen Fuß auf ein seltsames Fabeluntier (Abb. 123). Das Modell der fünftürmigen Kathedrale ist dem Heiligen, dem Engel Krone und Siegespalme bringen, als sein Attribut zugeordnet. In dreipaßgekrönten Arkaden erscheinen auf den Dachflächen Ecclesia, die Verkündigungsgruppe, Johannes der Täufer, die Synagoge sowie die Apostel Philippus, Matthias und Thomas. »Das Merkwürdige am Eleutheriusschrein ist die fortlaufende Addition architektonischer und figuraler Elemente über Wände und Dach, ohne Rücksichtnahme auf den in der vorangegangenen Schreinstradition üblichen rhythmischen Wechsel von Wand und Dachgliederung. Abgesehen davon erringt der Schrein im idealen Verhältnis von Skulptur und Architektur einen Höhepunkt. Das durchbrochen gearbeitete, sich von der Folie stark abhebende, im Wechsel zum Email und den gegossenen Stützen und Kämmen voll kontrastierende Schmuckwerk der Sockel, Pilaster und Bögen vermittelt den Eindruck der Diaphanie, aus der die fast vollplastischen Figuren als feste Körper auftauchen. In der Vollkommenheit des Plastischen und in der Einheit des neuen, die Reimser Monumentalskulptur widerspiegelnden Stils sind sie die würdigsten Nachfahren der Propheten des Nicolaus von Verdun am Dreikönigenschrein« (Anton von Euw).

Zu den übrigen Cimelien des reichen Kathedralschatzes zählt ein edelstein- und perlenübersätes byzantinisches Reliquienkreuz des 6. oder 7. Jh., das wundervolle, dem Hugo d'Oignies zugeschriebene Doppelkreuz aus dem frühen 13. Jh., das Nikasiuselfenbein des 9. Jh. sowie die zauberhafte Pariser Elfenbeinmadonna der Zeit um 1300. Ein figurenreicher Wandbehang, den der Kanonikus Pryer, Kaplan Philipps des Guten, für den Chor der Kathedrale stiftete, schildert die Legenden der Heiligen Piatus und Eleutherius (Arras, 1402).

Auf der gegenüberliegenden Seite des wieder aufgebauten, geschmackvoll Altes mit Neuem verbindenden Marktes erhebt sich der 72 Meter hohe, freistehende BELFRIED. 1187 hat man mit dem Bau, dem ältesten seiner Art in Belgien, begonnen. In der TUCHHALLE von 1610 steht uns ein 'Spätling' der niederländischen Renaissance vor Augen.

Im MUSÉE DES BEAUX-ARTS (Entwurf von Victor Horta) erweckt *Der hl. Donatius* des Jan Gossaert, genannt Mabuse, (1516) von ferne die Erinnerung an den gleichen Heiligen in van Eycks Van-der-Paele-Madonna. Zwei Hauptwerke Manets weisen auf die Wurzeln des französischen Impressionismus.

Beloeil

»Chaque homme a deux patries: la sienne et puis la France«, so umschrieb Marschall Charles-Joseph de Ligne (1735–1814) seine Vorstellung vom Vaterland eines Rokokofürsten und entsprechend erweiterte er auch den Park seines Schlosses, dem er mit Hilfe des Pariser Architekten François-Joseph Bélanger einen Englischen Garten hinzufügte. Sein Vater Claude-Lamoral II. hatte den Park, den schönsten Garten Belgiens, im Stil Ludwigs XV. angelegt. Dabei waren die kleinen Gärten an der Grande Vue, das Feld der Rosenstöcke, das grüne Bassin, die drei Brunnen, die Liebesgötter, das Damenbassin, das Spiegelbassin und was immer ein auf das klassizistische Frankreich gerichteter Geist sich ersinnen mochte (Abb. 124), entstanden. Zum SCHLOSS selbst gelangt man durch eine lange Buchenallee (Abb. 125). Die vierflügelige Anlage des 17. Jh., deren Hauptteil nach einem Brand im Jahre 1900 durchgreifend erneuert wurde, spiegelt sich in einem riesigen Schloßteich. Der Neptunsbrunnen läßt die Erinnerung an Versailles lebendig werden. Das Innere des Schlosses gleicht einem Museum. Doch stehen und hängen hier nicht nur kostbare Dinge unvermittelt beieinander, vielmehr verbinden sich alte Möbel, Bilder und wertvolle Bücher, Tapisserien aus Beauvais und geschichtliche Erinnerungsstücke zu einem fürstlichen Ensemble, dem lebendigen Spiegel eines barocken Musenhofes. – Das Schloß von Beloeil muß hier stellvertretend für all die vielen Burgen und Schlösser Belgiens stehen, die auf Felsen über das Maastal ragen, ihre Türme in den Himmel Brabants recken oder in der flandrischen Ebene, breit gelagert um einen Ehrenhof, mit den Bauten des französischen Absolutismus konkurrieren.

Von Mons zurück nach Brüssel

Mons (Bergen)

Am Rande des Kohlenreviers der Borinage liegt auf einem Hügel an der Trouille Mons, die Hauptstadt des Hennegaus. Ihre beurkundete Geschichte beginnt im 7. Jh.; 642 nennen die Quellen ein ›castri locus‹. Um 650 gründet Waltraud, die Tochter eines Grafen von Hennegau, hier ein Kloster. Im 14. Jh. wurde die Stadt unter anderem durch Jean d'Avesnes erneut befestigt. Graf Ludwig von Nassau brachte sie am 24. Mai 1572 in seine Gewalt, um hier den Widerstand gegen Herzog Alba neu zu organisieren. Tatsächlich gelang es ihm, bis zum 19. September des gleichen Jahres so starke Kräfte zu binden, daß die Nordprovinzen in die Lage versetzt wurden, sich der spanischen Fesseln zu entledigen. Nach der Einnahme durch Ludwig XIV. 1691 wurde Mons 1697 erneut den Spaniern übergeben. 1701 besetzen es wiederum die Franzosen. 1709 nach der Schlacht von Malplaquet durch die Truppen des Prinzen Eugen erobert, kommt die Stadt 1714 an Österreich. So wechseln die Besatzer in freiem zeitlichen Rhythmus, und fast ist man erstaunt, daß erst 1746 sich die Franzosen wieder der Stadt bemächtigen und »Au revoir« sagen bis 1792.

Die der hl. Waltraud geweihte Stiftskirche STE-WAUDRU liegt auf einer kleinen Anhöhe. Matthijs de Layens, dem wir schon in Löwen begegneten, hat zusammen mit Gilles Pole um 1450 auf Veranlassung der Stiftsdamen von St. Waltraud den Plan entwickelt, nach dem der Bau in imponierender Einheitlichkeit bis 1691 ausgeführt wurde. 1506 war der Chor vollendet, 1516 das Querschiff, 60 Jahre später das Langhaus. Ein gigantischer Turm, der auf 187 Meter Höhe projektiert war, kam nicht zur Ausführung. 29 Kapellen umgeben den gewaltigen, 108 Meter langen Bau. In kühnem Aufwärtsdrang streben zwischen den spitzbogigen Arkaden des Mittelschiffes die Pfeiler empor (Abb. 127). Von keinem Kapitell unterbrochen, gehen sie in der Fensterzone in die plastischen Rippen der Gewölbe über. Ein Triforium gibt der Wand ihre Diaphanie. Im mühelosen Spiel der architektonischen Kräfte wird hier noch einmal ein letzter Höhepunkt gotischer Architektur in Belgien erreicht. Ein prächtiger Lettner von Jacques Du Brœucq aus Mons, im 16. Jh. gebaut, wurde 1797 weitgehend zerstört. die qualitätvolle Skulptur einer heiligen Maria Magdalena sowie der Tugendpersonifikationen im Chor vom gleichen Künstler sind glücklicherweise erhalten. Schöne Glasscheiben aus dem 16. und 17. Jh. zieren die Chorfenster.

An der Stelle, wo einst das Schloß der Grafen von Hennegau und die romanische Calixtuskapelle standen, erhebt sich heute der 86 Meter hohe barocke BELFRIED aus dem 17. Jh. (1669 vollendet). Sein Schicksal ist es, von Victor Hugo mit einer »riesigen Kaffeekanne«, die in »Bauchhöhe von vier mittelgroßen Teekannen umgeben sei«, verglichen worden zu sein ...

Das RATHAUS, zwischen 1458 und 1467 am Markt erbaut und nach teilweisem Einsturz 1477 erneuert, hat in seinen zwei Geschossen zehn Fensterachsen mit Spitzbögen und reichem, bauplastischem Schmuck (Abb. 126). Die Skulpturen sind verloren. Die hübschen Renaissancefassaden des ›Maison de la Toison d'Or‹ und der ›Chapelle St-Georges‹ flankieren es. Ein Denkmal im Park erinnert an Orlando di Lasso, der um 1532 in Mons geboren wurde.

Soignies (Zinnik)

Im Mittelschiff der romanischen Stiftskirche ST-VINCENT von Soignies erinnern die wuchtigen Arkadenstellungen, die weit geöffneten Emporengeschosse und die flache Decke an das Langhaus der Kathedrale von Tournai, während Chor und Querschiff in ihren blockhaft schweren architektonischen Formen um das Jahr 1000 und im 11. Jh. entstanden. Eine schöne Skulptur der das Kind nährenden Maria stammt aus dem 14. Jh. (Zum ›Heiligen Grab‹, vgl. S. 195). In eigenartigem Kontrast zur herben Strenge der Architektur steht das überreiche barocke Chorgestühl aus dem Jahre 1676.

Halle (Hal)

Zu Pfingsten und zu Beginn des Monats September ist Halle das Ziel von Prozessionen, die zur ›Schwarzen Madonna‹ pilgern. Ihre Residenz, die ST-MARTINUSKERK (auch O.-L.-Vrouwebasiliek), ist ein Kleinod spätgotischer Architektur in Belgien (Abb. 128). Schlank und feingliedrig ist die Formensprache im zarten Gespinst gotischen Fialenmaßwerks, in Triforien, Galerien und Wandarkaden. 1341 wurde mit dem Bau begonnen, 1467 war er vollendet. Da 1409 das Sakramentshaus des Chorumgangs datiert ist, wird zuvor der Chor fertig gewesen sein. Seine Ziergotik legt den Vergleich mit dem Chor von St-Ouen in Rouen nahe. Offenbar haben aus Frankreich kommende Werkleute hier in Halle gearbeitet. Der Turm in seiner imponierenden Geschlossenheit ist mit den wehrhaften Türmen belgischer Rathäuser und Tuchhallen eng verwandt.

Der Innenraum wird durch hohe Spitzbogenarkaden, ein reiches Flamboyanttriforium und die Fensterzone gegliedert. Die Bündeldienste der Vierung gehen in unaufhaltsamer Aufwärtsbewegung in die Gewölberippen über. Besonders eigenwillig wirkt der polygonale Chorschluß, vor dessen Fenstergaden eine filigranhaft feine Zierarchitektur gespannt ist.

In der Kirche in Halle haben sich zahlreiche Skulpturen erhalten. Von der wundertätigen Schwarzen Madonna des 13. Jh. spannt sich der Bogen über die Maria mit Kind vom Westportal und die Marienkrönung des Südportals (14. Jh.) bis zu dem großen Apostelzyklus des Chores (Abb. 130), dessen Meister Zeitgenossen Claus Sluters und Jacques de Baerzes waren. In der Verbindung von höfischer Eleganz und individueller Eigenart wächst hier ein Stil heran, ohne den die neue Wirklichkeit, wie die niederländischen Maler des 15. Jh. sie in die europäische Bildwelt eingeführt haben, nicht denkbar gewesen wäre. Fast braucht man ein Fernglas, um die prachtvollen Charakterstudien dieser Apostel in der Höhe des Triforiums zu erkennen, in denen hier bäuerliche Schwere mit wacher Intelligenz gepaart erscheint, dort der stillen Versenkung die Spontanität momentaner Beobachtung zugeordnet ist.

Plastisches Leben erfüllt auch die Architektur. Da erkennt man in den Zwickeln des Chorumgangs von Engeln begleitete ritterliche Heilige, den hackenden Adam, die spinnende Eva, Kaiser, Papst und Könige, drei hoffärtige Reiter und Gerippe, die als memento mori der Personifikation des Hochmuts gegenübertreten. Da jagt eine nackte Frau auf dem Einhorn daher, und unter den Konsolen krümmen sich Bau- und Kellermeister. Und wo die Bildhauer Großes geleistet haben, wollen die Gelbgießer nicht zurückstehen. So entfalten sich am Taufbecken von 1446 die Taufe Christi und die Hubertusjagd. Martinus teilt seinen Mantel, und über dem von Löwen getragenen Sockel sitzen lehrend die vier Kirchenväter. In der Trazegnieskapelle am Ende des linken Seitenschiffes hat sich das Retabel des Jean Mone erhalten (1533), in dem sich übermächtig Italienisches zu Wort meldet.

Auch in Halle erklärt sich die ungemein reiche und kostbare Ausstattung nicht zuletzt durch die Protektion, wie sie die Kirche durch Karl V., Heinrich VIII. und Margarete von Österreich erfuhr. Daß auch der Himmel für Halle Partei ergriff, beweisen die 33 Kanonenkugeln, die das von der hl. Elisabeth von Ungarn gestiftete Marienbild bei der Beschießung des Jahres 1580 von der Kirche ferngehalten haben soll ...

Nivelles (Nijvel)

Nach dem Tode Pippins des Älteren zog sich seine Gemahlin Itta mit ihrer Tochter Gertrud in eine Villa an den Talhängen des Thines zurück. Sieben Jahre später gründete Gertrud hier auf Betreiben des Maastrichter Bischofs Amand ein Kloster. Sie selbst nahm den Schleier und führte ein Leben des Gebetes und der Kontemplation bis zu ihrem Tode 659.

Bei der Weihe der ottonischen Anlage des 11. Jh., die zu den bedeutendsten Reichsabteien gehörte, war 1046 Kaiser Heinrich III. zu Gast. Nach einem Brand im 12. Jh. gelangte der um das Kloster angesiedelte Ort schnell wieder zu Ansehen und Bedeutung. Elf Kirchen drängten sich schließlich in der Nähe der Abtei. Alljährlich bewegt sich die ›Tour Sainte Gertrude‹ durch die Straßen und Felder. Bis zum Kriege führte man auf einem Wagen die Reliquien der Heiligen im silbernen Schrein mit sich. Dann kamen die furchtbaren Maitage 1940, als unter den Bomben deutscher Flugzeuge die alte Stadt mit ihrer trutzigen Kirche in Flammen aufging (Abb. 131). Wie furchtbar auch die Heimsuchung gewesen ist, so bot sie doch Gelegenheit, die Kirche in den Nachkriegsjahren in einen dem ursprünglichen Aussehen angenäherten Zustand zu versetzen. Die damals vorgenommenen Ausgrabungen hat man unter dem Fußboden erhalten und damit auch das ursprüngliche Grab der hl. Gertrud sichtbar gemacht.

Schon an der Jahrtausendwende hatte man den Plan zum ottonischen Neubau gefaßt, als Adelheid, eine Base Kaiser Ottos III. aus dem Geschlecht der Ezzonen, Äbtissin von Nivelles war. Der Westturm, obwohl erst im 12. Jh. errichtet, geht sicherlich auf einen ottonischen Vorgänger zurück. Der Grundriß wird von doppelten Querhäusern und Chören bestimmt. Unter dem Ostchor liegt das aus dem Reliquienkult entwickelte Kryptengeschoß. Als Langhausstützen sind Pfeiler verwandt, die die hochgreifende, vergleichsweise steile Bogenstellung bilden. Ein System von Schwibbögen in Vierung, Mittelschiff und Querhaus bildet ein sich gleichsam »nach innen wendendes Strebesystem der flachgedeckten Basilika«. Blendengliederungen geben den Mauerflächen rhythmisches Leben. Die Kirchen in Hastière (Weihe 1039) und Celles bei Dinant zeigen eine verwandte Formensprache.

Von dem romanischen Skulpturenschmuck der West- und Nordportale seien die Türstürze mit dem hl. Michael sowie den Szenen aus der Samsonlegende erwähnt.

Wenn von untergegangenen Reliquiaren gesprochen wird, so liegt der Gedanke an Reformation und Bildersturm, an Dreißigjährigen Krieg und Französische Revolution nahe. Doch auch unser Jahrhundert hat Schreine schmelzen und verbrennen sehen: In Berlin den des hl. Patroklus, in Nivelles den der hl. Gertrud (Abb. 129). Als in den Maitagen des Jahres 1940 die schwere Orgelempore der alten ottonischen Gertrudenkirche das Reliquiar der Patronatsheiligen unter sich begrub, war eines der großartigsten Zeugnisse hochgotischer Goldschmiedekunst für immer verloren. Nur einige Figuren und Architekturfragmente künden heute noch von diesem Beispiel eines 'architekturgerechten' Schreins, der den Geist von Reims in die Kunst der Goldschmiede überführt hatte. Giebelportale und Fenster, Fialen und Türme, Galerien und diaphaner äußerer Umgang lassen im Verfertiger der Entwurfsskizzen Jacquemont von Anchin, einen Architekten, vermuten. Er hat eine dreischiffige Kirche mit Querhaus geplant. In den Stufenportalen erschienen vollrund gearbeitet der richtende Christus mit posauneblasenden Engeln sowie Maria mit dem Kind. Die Seitenarkaden rahmten Apostel und Heilige. In vollendeter höfischer Anmut, gemäß dem Figurenstil an der Westfassade von Reims, waren die Statuetten der hl. Gertrud, Agnes und Katharina rhythmisch durchgeschwungen, grazil und zerbrechlich. Sparsamer Edelstein- und Gemmenschmuck sowie Szenen aus der Gertrudvita auf den Dachflächen waren letzte Konzessionen an die große Tradition der rhein-maasländischen Schreine.

Einige Statuetten, die die Spuren der Katastrophe noch an sich tragen, lassen in ihrer aristokratischen Formvollendung, dem Charme ihrer Erscheinung, der mit Anmut gepaarten Würde erkennen, daß in Nivelles Unersetzliches verlorenging...

Weiter zurück in die Geschichte der Zerstörungen durch Krieg, Plünderung und Revolution reicht der Untergang der unweit von Nivelles gelegenen ZISTERZIENSERABTEI VILLERS-LA-VILLE im Jahre 1796. Noch heute künden die seit 1893 ausgebesserten Ruinen der 1147 gegründeten Klosteranlage mit dem spätgotischen Kreuzgang sowie der etwa zwischen 1190 und 1275 erbauten Kirche von der schöpferischen Kraft mönchischen Lebens. In fruchtbarem Kontrast stehen die plastisch durchformten Baugliederungen zu der Einfachheit und Strenge der Ordensregel. Im Jahr der Grundsteinlegung der Kirche von Villers schreibt Jacob von Vitry, daß die Zisterzienser nur auf Stroh schliefen, ohne Habit oder Kapuze abzulegen. Sie erhöben sich um Mitternacht und verbrächten den Rest der Nacht mit Arbeit, Lesung und Gebet.

So künden am Ende dieser Belgienfahrt die eindrucksvollen Bogenstellungen der Abtei von Villers von den Klostergründungen als einem der schöpferischen Impulse zur Kunst und Kultur dieses Landes. Ihm gesellen sich urbane Selbstdarstellung mit Stadtbildern, die zu den schönsten Europas gehören, unauslotbarer Reichtum architektonischer Gestaltung, in der Malerei gespiegelte Schönheit und Verklärung der Welt, eine Bildhauerei – gleich bedeutsam im Dienst sakraler und profaner Aufgabenstellung –, die maasländische Goldschmiedekunst, die nach der Meinung Abt Sugers von St-Denis durch das Materielle menschlicher Vorstellung einen Abglanz des Wahren vermittelt. Alle Künste aber haben gerade in ihrer ortsbezogenen Sonderheit dazu beigetragen, daß sich in Belgiens Kunstlandschaften schöpferischer europäischer Geist rein und unverfälscht offenbart.

Gasthof in de drie Zilveren kannen

Raum für Reisenotizen

Praktische Reisehinweise

Belgiens Gastronomie

Von Klaus Besser

Gourmets wissen, daß die in Belgien geübte Kochkunst auf allen drei Ebenen der französischen Küche nicht nachsteht: Weder in den Spitzenrestaurants, noch in der bürgerlichen Mittelklasse oder auf der einfachsten Ebene, den Fritüren. Die Franzosen belächeln gerne die belgische Vorliebe für Fritten; doch sobald sie diese, wie es sich gehört, nämlich langwierig und sorgfältig zubereitet, gegessen haben, macht das Lächeln der Bewunderung Platz: Die Belgier sind nämlich die einzigen in Europa die Fritten wohlschmeckend, zart und außerdem noch bekömmlich zuzubereiten verstehen. Gegen die marzipanartigen, zarten Fritten Belgiens sind die französischen harte Streichhölzer und die deutschen Produkte gleichen Namens fetttriefende Mampfen oder erstarrte Holzblöcke, die noch am nächsten Morgen übel nachschmecken.

Es ist gewiß kein Zufall, daß Belgiens bei allen Kennern der europäischen Gastro-Szene berühmtestes und – wie ich meine – bestes Restaurant aus einer simplen Fritüre hervorgegangen ist: Das **Comme chez Soi** in Brüssel (1926 gegründet) bot den kleinen Leuten des Viertels an der Place Rouppe einfache, aber qualitativ hochwertige Kost. Der Vater des heutigen Inhabers führte das Bistro zu gastronomischen Höhen und errang zwei Michelin-Sterne, Sohn Pierre Wynants erhielt 1979 endlich die höchste Auszeichnung, den dritten Stern, den nur noch das Prestige-Restaurant ›Pierre Romeyer‹ besitzt.

Von Fritten bis zu Hummern, von ureigenen Spezialitäten bis zur raffinierten Nouvelle Cuisine bietet Belgiens Gastronomie buchstäblich alles in überwältigender Fülle. Zwei Spezialitäten sollte man sich nicht entgehen lassen (neben den Fritten natürlich, die man überall als Beilage ordern kann): Aal grün und das Waterzooi. Der belgische *Aal grün* hat fast nichts mit dem deutschen Gericht gleichen Namens zu tun. Während in der deutschen Küche reichlich fette Aale verwendet werden (je dicker, desto besser), wählt der belgische Koch junge, relativ magere und dünne Aale aus. Die Sauce ist nicht etwa jene langweilige Mehlpampe, in der etwas Dill schwimmt, sondern ein tiefgrüner Sud, in dem dreizehn frische

Würzkräuter, fein gehackt, verarbeitet wurden. Da diese Kräuter teils lange, teils kurz, teils gar nicht gekocht werden, erfordert die Herstellung dieser Sauce in mehreren Kochvorgängen äußerste Sorgfalt, damit sie das Maximum an Aroma gewinnt. Ist sie gelungen, gehört sie zu den ganz großen Köstlichkeiten der belgischen Küche: Leicht glasig, nicht zu dick, ohne Mehl, tiefgrün – so entwickelt sie ihre Geschmacksnuancen am besten, und außerdem ist sie auch noch bekömmlich in der ganzen Frische nicht totgekochter Kräuter, die den Aal so harmonisch umschließen. *Das Waterzooi,* eine flämische Spezialität, wird aus Geflügel oder Fisch, vornehmlich dem Steinbutt, zubereitet. Das eine oder das andere wird in einer leicht cremigen Suppe auf der Basis von Geflügel- oder Fischfonds serviert, in der diverse Gemüse, feingeschnitten und noch leicht knackig, schwimmen. Die zarte, gar nicht laute Gemüsecremesuppe harmoniert vortrefflich mit dem weißen Fleisch des Huhns oder des Steinbutts. Natürlich sind in einem guten Waterzooi das Huhn saftig und der Fisch nur gerade eben gar. Totkochen gilt auch in Belgien als Todsünde.

Selbstverständlich gibt es noch viele weitere Landesspezialitäten; aber wer diese drei probiert, hat Belgien bereits schon auf der Zunge genossen. Es ist übrigens kein Fehler, zu solchen landestypischen Gerichten Bier zu trinken – *belgisches Bier* natürlich, denn Belgien ist ein Bierland. Was viele Deutsche nicht wissen: dort findet man Biersorten, die bei uns zulande ausgestorben sind, z. B. das Gueuze, Faro, das Lambic, darunter Sorten, die durch Eigengärung, also ohne Gärhilfsmittel, entstehen. Exportiert werden diese Biere nicht. Man muß sie frisch vom Faß an Ort und Stelle, d. h. vorwiegend in Brüssel und Umgebung trinken.

Die Belgier sind kulinarisch Kosmopoliten: In jeder besseren Pinte gibt es deutsche, belgische, englische, dänische und französische Biere. Belgien produziert sogar einen Käse, der großartig zum Bier paßt, den Herve piquant, einen hinreißenden, hocharomatischen Stinker, bei uns unter dem Namen ›Limburger‹ oder ›Romadur‹ (Remoudou) bekannt. Selbstverständlich wird er – wie jeder gute und weiterreifende Weichkäse – aus nicht sterilisierter Rohmilch hergestellt.

In Belgien gibt es übrigens auch eine große Bier-Küche. Die ›Ritterschaft der Hefe-Gabel‹ in Brüssel, die im berühmten Haus der Brauer am Großen Markt sitzt, hat sogar ein Kochbuch mit über 300 Rezepten herausgegeben, die sämtlich Bier, sei es beim Kochen oder bei der Herstellung von Saucen, verwenden. Man glaube aber nicht, daß Bier nur für einfache, bürgerliche Gerichte verwendet wird: Auch bei Hummer, Rebhuhn, Langusten oder Poularden kann Bier zur Zubereitung benutzt werden. Wie großartig das schmeckt, kann man im **Restaurant Devos** in Mons erleben, der besten Küche dieser sehenswerten Stadt.

Verlassen wir nun das duftende Tal der Folklore-Küche, zu der noch die Wurst- und Schinkenprodukte der Ardennen, der üppige Spargel aus Mechelen, der aromatische Chicon (die Deutschen sagen Chicorée, die Franzosen Endives), die einmaligen Brüsseler Trauben und die köstlichen Hopfenspitzen gehören (für sie lasse ich jeden Spargel, außer dem grünen von

Nizza, stehen), und begeben wir uns in die gute Mittelklasse der belgischen bürgerlichen Küche.

Sie bildet das breite Fundament, auf dem sich die Pyramide der Spitzengastronomie aufbaut. Es ist hier unmöglich, die zahlreichen guten bürgerlichen Restaurants in Belgien aufzuzählen, in denen eine Küche geboten wird, die bei uns zulande als ›groß‹ gelten würde. Diese Gruppe mittlerer Restaurants nämlich orientiert sich schon an der Spitzengastronomie, nicht nur bezüglich der Zubereitungen, sondern auch im Service. Und darüber sollte man auch ein paar Worte verlieren; denn was die bürgerlichen Häuser auszeichnet, sind ihr sympathisches Ambiente, die Liebenswürdigkeit, ja Herzlichkeit, mit der besonders auch der Fremde empfangen und umsorgt wird. Die Belgier sind auffallend frei von jeder Arroganz, kennen keinen penetranten Nationalstolz, sprechen im Bereich der Gastronomie fast überall drei bis vier Sprachen und finden den Beruf des Dienens im Restaurant ehrenwert.

Die Grenzen zwischen bürgerlichen und Spitzenrestaurants sind fließend in diesem Land. Außerdem zeichnet sich, vor allem in Brüssel, ein Wandel ab, den man bedauern mag. Es scheint jedenfalls so, als gehe die Zeit der großen Traditionsrestaurants mit ihrem enormen Aufwand für Luxus, Dekor und Service alter Schule zu Ende.

Jedoch wurde eines der ehemals schönsten Restaurants Belgiens, das Parc Savoy im Nobelviertel an der Avenue Roosevelt, das 1980 seine Pforten geschlossen hatte, als **L'Oasis** (eine wahre Feinschmeckeroase) wiedereröffnet – und inzwischen von Michelin mit zwei Sternen bewertet. Zu Beyls Glanzstücken gehören die Langustinen in einer schaumigen Beurre blanc oder Steinbutt mit Basilikum und Püree von frischen Tomaten.

Aufgestiegen jedoch sind die vielen kleinen Restaurants mit je 25 bis maximal 40 Plätzen im Bistrostil, intime Häuser mit erlesener, aber kleiner Speisekarte. An erster Stelle sind hier das **Comme chez Soi** von Pierre Wynants zu nennen (Place Rouppe) und das **Eddie van Maele** im Vorort Wemmel (964, Chaussée Romaine, B-1810 Bruxelles), dann die **Cravache D'Or** (10, Place Albert-Leemans, B-1050 Bruxelles), das **Bruneau** (73, Avenue Broustin, B-1080 Bruxelles, in der Nähe der Basilika von Koekelberg), dann das Bistro **Chez Christopher** an der Place de la Chapelle und das **30, Rue de la Paille** an der Place du Grand Sablon, schließlich das **Michel Haquin** (Le Trèfle, Au Chateau du Lac 87, 1320 Genval), das **Debussy** (1, Place du Petit Sablon, B-1000 Bruxelles), **Claude Dupont** (46, Avenue Vital-Riethuisen, B-1080 Bruxelles) und **Bernard** (93, Rue de Namur, B-1000 Bruxelles).

Alle diese Restaurants huldigen einer leichten, eleganten und bekömmlichen Küche, die sich an den Prinzipien der Nouvelle Cuisine orientiert (kurze Koch- und Bratzeiten, Zubereitungen à la minute, nur frische Produkte erster Wahl, leichte Saucen ohne Mehlschwitzen).

Äußerst beliebt sind in diesen Restaurants die sogenannten *Probiermenüs,* die sechs bis acht Gänge in entsprechend kleinen Portionen bieten, darunter stets die schönsten Spezialitäten des Küchenchefs. Wer im alten Stil des großen Luxusrestaurants speisen will, gehe in das **Cygne** am Großen Markt (etwas erleichterte, klassische Küche), in die **Villa Lorraine** (eher klassische Küche) oder fahre hinaus nach Groenendaal zu **Romeyer,** wo er eine etwas erleichterte, belgisch-klassische Küche bekommt.

Dem aufmerksamen Leser wird auffallen, daß 99 % dieser guten Restaurants genau dort nicht liegen, wo sich angeblich der ›Bauch von Brüssel‹ befindet, nämlich auf der ›Ilot Sacré‹, jenem unter Denkmalschutz stehenden Viertel neben dem Großen Markt (Rue des Bouchers und Seitengassen). Dort herrscht der große Touristenrummel, und die gastronomisch Unkundigen belegen hier Abend für Abend die Plätze in den zwar gemütlichen, aber keineswegs bemerkenswerten Restaurants mit ihrem rustikalen Schnickschnack. Ich rate deshalb dazu, dieses Viertel wegen seiner einmaligen Stimmung zwar zu Fuß zu durchstreifen, sich zum Speisen jedoch in jene Häuser zu begeben, die wirklich Qualität bieten und die ich oben erwähnte.

Wer nach einem Theaterbesuch noch spät essen möchte, dem seien das **Pimm's** und das gegenüberliegende **J & B** in der Nähe der Porte de Namur in der Oberstadt empfohlen (vorherige Reservierung unbedingt erforderlich!).

Ohne Frage ist Brüssel – ebenso wie Paris in Frankreich – auch die kulinarische Hauptstadt des Landes, der erst in weitem Abstand Antwerpen und Lüttich, die Küste oder die Ardennen folgen.

Hier eine kurze Übersicht über die besten Restaurants außerhalb der Hauptstadt (alle Angaben ohne Gewähr, Stand März 1987):

Antwerpen

La Pérouse
Ponton Steenplein
B-2000 Antwerpen
✆ (00323) 2323528
Geschlossen: Sonntag und Montag, auch an Feiertagen und 25. Dez.–5. Jan.
Kreditkarten: AE, DC, EC, VISA

Manoir
13, Everdijstraat
B-2000 Antwerpen
✆ (00323) 2327679
Geschlossen: Mittwoch und 15. Juli–15. Aug.
Kreditkarten: AE, DC, EC, VISA

Sir Anthony van Dijck
16, Oude Koornmarkt
B-2000 Antwerpen
✆ (00323) 2316170
Geschlossen: Samstag und Sonntag und vom 20.–27. April, 1.–25. Aug., 22.–31. Dez.
Kreditkarten: AE, DC, EC

T' Fornuis
24, Reyndersstraat
B-2000 Antwerpen
✆ (00323) 2336270
Geschlossen: Samstag und Sonntag, im August und von Weihnachten–Neujahr
Kreditkarten: AE, DC, EC

De Bellefleur
253, Antwerpsesteenweg
B-2080 Kapellen (15 km nördlich von Antwerpen)
✆ (00323) 6646719

Geschlossen: Samstag, Sonntag und im Juli
Kreditkarten: AE, DC, EC

Lüttich

Vieux Liège
41, Quai Goffe
B-4000 Lüttich
∅ (00 32 41) 23 77 48
Geschlossen: Mittwochabend und Sonntag, an Feiertagen, Ostern und im August
Kreditkarten: AE, DC, EC, VISA

Héliport
Bd. Frère Orban
B-4000 Lüttich
∅ (00 32 41) 52 13 21
Geschlossen: Sonntag, Montagabend und im Juli

Rôtisserie de l'Empereur
15, Place du 20. Août
B-4000 Lüttich
∅ (00 32 41) 23 53 73
Geschlossen: Dienstag und im August
Kreditkarten: AE, DC, EC, VISA

Chêne-Madame
70, Avenue de la Chevauchée
B-4121 Neuville-en-Condroz
(18 km südl. v. Lüttich)
∅ (00 32 41) 71 41 27
Geschlossen: Sonntagabend, Montag, Ostern, im Aug. und vom 23. Dez.–6. Jan.

Belgische Küste

Oostkerke

Bruegel
26, Damse Vaart Zuid
B-8350 Oostkerke
∅ (00 32 50) 50 03 46
Geschlossen: Dienstag, Mittwoch, Januar und Februar
Kreditkarten: AE, DC, EC, VISA

De Waterput
1, Rondsaartstraat
B-8350 Oostkerke
∅ (00 32 50) 59 92 56
Geschlossen: Dienstagabend und Mittwoch sowie 15. Nov.–15. Dez.
Kreditkarten: AE, DC, EC, VISA

Knokke

L'Aquilon
306, Lippenslaan
B-8300 Knokke
∅ (00 32 50) 60 12 74
Geschlossen: 15. Nov.–1. Febr., Sonntagabend, Montag und Dienstag vom 15. Sept.–Ostern
Kreditkarten: AE, DC, EC

St. Bernard-Fairway
9, Meesjesbosdreef
B-8300 Knokke-Heist
∅ (00 32 50) 61 14 67
Geschlossen: Dienstag
Kreditkarten: AE, DC, EC, VISA

St.-Idesbald

L'Aquilon
318, Koninklijkebaan
B-8460 Koksijde-Bad
✆ (00 32 58) 51 22 67
Geschlossen: Sonntagabend, Montag, Juli–Aug., Weihnachten-Neujahr sowie jeweils 2 Wochen im Dez. und Jan.
Kreditkarten: AE, DC, EC, VISA

Oostende

Hostellerie Bretonne
23, Vindictivelaan
B-8400 Ostende
✆ (00 32 59) 70 42 22
Geschlossen: Mittwoch und vom 15. Dez.–15. Jan.
Kreditkarten: AE, DC, EC, VISA

Au Vigneron
79, Koningstraat
B-8400 Ostende
✆ (00 32 59) 70 48 16
Geschlossen: Sonntagabend und Montag
Kreditkarten: AE, DC, EC, VISA

Ardennen

Noirefontaine

Auberge du Moulin Hideux
1, Rue de Dohan
B-6831 Noirefontaine
✆ (00 32 61) 46 70 15
Geschlossen: Mittwochs von März–Juni
Kreditkarten: AE, DC, EC, VISA

Comblain-la-Tour

Hostellerie Saint Roch
1, Rue Parc
B-4171 Comblain-la-Tour
✆ (00 32 41) 69 13 33
Geschlossen: Montag und Dienstag (nicht im Juli u. August) sowie vom 4. Jan.–12. März und eine Woche im September
Kreditkarten: AE, DC, EC, VISA

Verviers

Maison Moulan
37, Crapaurue
B-4800 Verviers
✆ (00 32 87) 31 22 50
Geschlossen: Samstagmittag, Montag und 1.–16. Juli
Kreditkarten: AE, DC, EC, VISA

Crupet

Les Ramiers
32, Rue Basse
B-5332 Crupet
✆ (00 32 83) 69 90 70
Geschlossen: Montagabend, Dienstag sowie vom 16.–27. März, 14.–25. Sept. und 30. Nov.–20. Dez.
Kreditkarten: AE, DC, EC, VISA

Durbuy

Le Sanglier des Ardennes
99, Rue Comte Th. d'Ursel
B-5480 Durbuy
✆ (00 32 86) 21 10 88
Geschlossen: Donnerstag (nicht im Juli und August), im Januar bis Anf. Februar
Kreditkarten: AE, DC, EC, VISA

Havelange

La Poste
26, Avenue de Criel
B-5370 Havelange
Ø (00 32 83) 63 30 90
Geschlossen: Mittwochabend und Donnerstag sowie Jan.–Febr. und vom 16. Aug.–1. Sept.
Kreditkarten: AE, DC, EC, VISA

St. Vith

Die Post
Hauptstr. 39
B-4780 St. Vith
Ø (00 32 80) 22 80 27
Geschlossen: Sonntagabend und Montag, im Januar und in der ersten Juli-Woche
Kreditkarten: AE, DC, EC, VISA

Rochefort

Auberge Les Falizes
70, Rue de France
B-5430 Rochefort
Ø (00 32 84) 21 12 82
Geschlossen: Montagabend (nicht im Juli und August), von Ende Jan.–Anfang März
Kreditkarten: AE, DC, EC, VISA

Flandern

Yperley
1, Rue Saint Jacob
B-8900 Ypern
Ø (00 32 57) 20 54 70
Geschlossen: Samstagmittag, Sonntagabend, Montag, Dienstag und 3.–21. 8.
Kreditkarten: AE, DC, EC, VISA

De Wandeling
6, Lei
B-3000 Leuwen
Ø (00 32 16) 23 62 21
Geschlossen: Samstagmittag, Sonntag
Kreditkarten: AE, DC, EC, VISA

Brouwershof
180, Zelebaan
B-9100 Lokeren
Ø (00 32 91) 48 33 33
Geschlossen: Sonntag, Montag- und Dienstagabend sowie vom 19. Juli–9. Aug.
Kreditkarten: DC, VISA

De Engel
8, Steegstraat
B-2490 Balen-Neet
Ø (00 32 14) 81 19 06
Geschlossen: Sonntag, Montag und letzte Woche im August und Februar
Kreditkarten: AE, DC

Auberge du Vieux Cèdre
1, Avenue Elisabeth
B-1390 Enghien
Ø (00 32 2) 3 95 20 61
Geschlossen: Sonntagabend, Mittwoch und Donnerstag, im Januar und vom 22. Juli–6. Aug.
Kreditkarten: AE, EC

Scholteshof
118, Kermtstraat
B-3512 Stevoort
Ø (00 32 11) 25 02 02
Geschlossen: Mittwoch
Kreditkarten: AE, DC, EC, VISA

Le Shamrock
148, Ommegangstraat
B-9600 Renaix
✆ (00 32 55) 21 55 29
Geschlossen: Sonntagabend, Montag, Dienstagmittag sowie vom 15.–31. Juli und 25. Dez.–8. Jan.
Kreditkarten: AE, DC, EC, VISA

Hostellerie Berkenhof
5, Valkeniersdreef
B-2850 Keerbergen
✆ (00 32 15) 23 48 03
Geschlossen: Sonntagabend, Montag, Dienstag sowie 3. Nov.-Woche und vom 20. Dez.–15. Febr.
Kreditkarten: AE, DC, EC, VISA

L'Auberge de Basse-Cabecque
2, Sentier du Borain
B-1380 Rebecq
✆ (00 32 67) 63 61 41
Geschlossen: vom 31. Aug.–10. Sept. und 21. Dez.–18. Jan.
Kreditkarten: AE, DC, EC, VISA

Kristoffel
28, Dorpstraat
B-3598 Bocholt
✆ (00 32 11) 47 15 91
Geschlossen: Montag und vom 20. Juli–10. Aug.
Kreditkarten: AE, DC, EC, VISA

Weinebrugge
242, Koning Albertlaan
B-8000 Brügge
✆ (00 32 50) 38 44 40
Geschlossen: Mittwoch und Donnerstag, im Januar, Sonntagabend im Dezember und Februar
Kreditkarte: AE

Wallonie

Devos
7, Rue de la Coupe
B-7000 Mons
✆ (00 32 65) 33 13 35
Geschlossen: Sonntagabend, Mittwoch und 19. 7.–12. 8.
Kreditkarten: AE, DC, EC, VISA

L'Auberge d'Ohain
709, Chaussée de Louvain
B-1328 Ohain
(00 32 2) 653 64 97
Geschlossen: Dienstag und Mittwoch sowie Anfang–Mitte April, Mitte–Ende Juli, Weihnachten–Neujahr
Kreditkarten: AE, DC, EC, VISA

Zur weiteren Information:

Es gibt drei von jeder Werbung unabhängige und kritische Hotel- und Restaurantführer für Belgien:

1. Michelin Benelux (erscheint in jedem März neu)
2. Le Grand Guide (›Alle besten Küchen von Belgien‹) von Henry Lemaire
3. Guide de France von Gault-Millau mit einem Sonderteil ›Belgien‹.

Lemaire und Gault-Millau bieten für jedes erwähnte Haus neben der Wertung nach Symbolen und Punkten auch kurze Beschreibungen des Rahmens und der Küche, während sich der Michelin wie üblich nur auf Symbole beschränkt (1–3 Sterne für die Küche, 1–5 Bestecke für Rahmen und Luxus).

Anreise

Ein Düsenflugzeug braucht knapp 20 Minuten, um das Land zu überfliegen, der Tourist aber könnte 20 Wochen verweilen und stünde doch immer noch vor überraschenden Entdeckungen: Das ist Belgien, das 30513 km² große Dreieck zwischen den Niederlanden im Norden, der Bundesrepublik Deutschland und dem Herzogtum Luxemburg im Osten sowie Frankreich im Süden. Im Westen liegt der weiße Strand der Nordsee. Belgien bedeckt nur den 346. Teil von Europa, seine Grenzen liegen in der weitesten Entfernung von Südosten nach Nordwesten nur 280 km auseinander.

Belgien ist ein Land mit über 2000jähriger Geschichte. Es liegt im Schnittpunkt der Kulturströmungen, wovon das Land zwar stets profitierte, ebenso häufig aber wurde es von feindlichen Heeren überrollt und immer wieder stark zerstört. Das Land hat eine konstitutionelle Monarchie und besteht in den heutigen Grenzen seit 1830. Es zählt fast 10 Millionen Einwohner, die in drei Sprachgruppen leben: die niederländische im Norden in den Provinzen Westflandern, Ostflandern, Antwerpen, Limburg und einem Teil von Brabant; die französische im südlichen Brabant, im Hennegau sowie in den Provinzen Lüttich, Namur, Luxemburg; die deutsche schließlich in den im Osten gelegenen Kantonen des Landes. Zweisprachig (Französisch/Niederländisch) ist Brüssel.

Entfernungen gibt es in Belgien kaum. Die Landschaft ist abwechslungsreich von den Ardennen mit ihrem Mittelgebirgscharakter bis zur Ebene an der Küste, dazwischen romantische Flußtäler, Heide, Wald, fruchtbare Äcker und immer wieder verträumte Orte, Schlösser, Burgen und pulsierende Großstädte, die alle reiche Kunstschätze bergen. So nennen Kenner das Land ein einziges Freiluftmuseum, sie wissen die Vorzüge der belgischen Gastronomie zu schätzen, und es nimmt nicht wunder, daß sie über die Autobahn zwar anreisen, hinter der Grenze jedoch auf kleinere Straßen ausweichen – und genießen. Einige Stunden mehr für die Anfahrt eingeplant (vielleicht auch eine Zwischenübernachtung) tut selbst dem eiligen Geschäftsmann gut; der Tourist aber beginnt hier bereits die Ferien und erweitert nebenbei noch seine Bildung. Wer mit der Eisenbahn (internat. Fahrkarte) anreist, kann seine Fahrt ebenfalls beliebig oft und auch für mehrere Tage unterbrechen; die Karte muß jedoch beim Aussteigen vom Aufsichtsbeamten abgestempelt werden.

Einreise

Touristen aus der Bundesrepublik Deutschland, Luxemburg, Österreich, der Schweiz sowie den meisten anderen europäischen Ländern können ohne Visum mit gültigem Personalausweis oder Paß einreisen. Autos, Anhänger, Wohnwagen mit ausländischem Nummernschild und Fahrräder dürfen ohne weitere Grenzpapiere eingeführt werden. Für Motorboote und motorlose Boote über 5,5 m Länge ist schriftliche Deklaration (Aufenthaltsdauer 6 Monate, Verlängerung möglich) erforderlich. Für Katzen und Hunde muß ein tierärztliches Attest der Tollwutschutzimpfung, das höchstens 1 Jahr und mindestens 30 Tage vor der Einreise ausgestellt wurde, mitgeführt werden. Für die Ein- und Ausfuhr von Devisen bestehen keine Beschränkungen. Mit der Verwirklichung des EG-Binnenmarktes ab dem 1. Januar 1993 entfallen im Prinzip die Kontrollen des privaten Reise- und Personenverkehrs an der deutsch-belgischen Grenze. Auch die früheren Beschränkungen für die Mitnahme von Alkoholika und Tabakwaren für den persönlichen Bedarf oder von Geschenkartikeln sind aufgehoben.

Straßenverkehr

In Belgien gilt Rechtsverkehr. Vorfahrt hat, wer von rechts kommt, Ausnahmen sind durch Verkehrszeichen kenntlich gemacht. Die meisten Verkehrsregeln weichen nicht oder nur geringfügig von anderen Ländern ab. Die besonderen Verkehrsschilder sind auf einer Straßenkarte abgebildet, die beim Belgischen Verkehrsamt und allen Touristenbüros im Lande erhältlich ist. Die Straßenverhältnisse sind gut, das Autobahnnetz dicht. Auf den Landstraßen ist die Höchstgeschwindigkeit auf 90 km/h begrenzt, auf den nachts hell beleuchteten Autobahnen auf 120 km/h, in den Ortschaften sind 60 km/h vorgeschrieben. Ein Überschreiten der Höchstgeschwindigkeit kann in Belgien recht teuer werden.

Zahlreiche Orte tragen einen niederländischen und einen französischen Namen. Ortsschilder und Wegweiser sind grundsätzlich in der am jeweiligen Ort üblichen Sprache beschriftet.

Bei Pannen hilft der Straßenhilfsdienst der Automobilverbände. Notrufsäulen stehen in kurzen Abständen an den Autobahnen. Bei Unfällen mit Personenschaden ist in ganz Belgien über die Notrufnummer 100 ärztliche Hilfe zu erreichen.

An gelb markierten Bordsteinen ist grundsätzlich Parkverbot. In ›Blauen Zonen‹ ist die Parkscheibe vorgeschrieben, die es u. a. an Tankstellen gibt. In den meisten Städten wird das Parken durch Parkuhren geregelt. Zum Teil wechselt das Halteverbot auf den Straßenseiten täglich (besondere Schilder).

Zahlreiche ausgeschilderte touristische Routen führen durch die reizvollsten Gegenden des Landes. Für diese Routen gibt es auch Karten mit Ortsbeschreibungen, erhältlich bei allen belgischen Tourismus-Informationsbüros im In- und Ausland.

Ganz Belgien mit der Bahn

Nicht nur die Straßenverbindungen sind gut. Das Land verfügt auch über das dichteste Schienennetz der Welt. Die internationalen Verbindungen sind ausgezeichnet. Allein zwischen Köln und Brüssel verkehren täglich mehrere Züge, Fahrzeit mit dem TEE 2¼ Stunden. Neben Brüssel sind die Hauptknotenpunkte Lüttich, Namur, Antwerpen und Gent. Die Anschlußverbindungen sind aufeinander abgestimmt, sie werden durch ein dichtes Busnetz ergänzt.

Die Belgischen Eisenbahnen haben für die Touristen ein ganzes Paket an Vergünstigungen herausgebracht. *Alle Angaben: Stand 1992.* Günstige Angebote der Belgischen Eisenbahnen sind unter anderen:
– B-Tourrail 5/17 an 5 Tagen nach Wahl innerhalb von 17 Tagen gültig, BF 1800,– (rd. 90 DM).

– die Halbpreisberechtigungskarte: sie ermöglicht, einen ganzen Monat lang das belgische Eisenbahnnetz zum halben Preis zu befahren (nur in belgischen Bahnhöfen erhältlich).

– stark verbilligte Wochenendfahrkarten sind von Freitagmittag bis Montagmittag gültig und das ganze Jahr erhältlich. Sie können im Zug beim belgischen Schaffner gelöst werden, doch muß der Reisende im Besitz einer Fahrkarte bis zum ersten belgischen Bahnhof (von Deutschland: Welkenraedt oder Eupen) sein. Der Fahrpreis ist um 40 % reduziert; (bis zu 5) Mitreisende erhalten eine Ermäßigung von 60 %, jeweils für maximal 150 km. Darüber hinausgehende Kilometer sind kostenlos.

– B-Tagesausflugskarten, d. h. Fahrscheine zu einer Reihe von touristischen Zielen zu stark ermäßigten Preisen incl. einer Eintrittskarte zu einer örtlichen Sehenswürdigkeit in Belgien (nur in belgischen Bahnhöfen erhältlich).

– die in vielen europäischen Ländern verkaufte Rail Europe Senior-Karte erhält auf den Belgischen Eisenbahnen 30 % Ermäßigung.

– für kombiniertes Zug-Fahrrad-Reisen können für einen oder mehrere Tage an vielen Bahnhöfen Räder ausgeliehen werden.

Auskünfte gibt es auf allen belgischen Bahnhöfen sowie bei den Generalvertretungen der Belgischen Eisenbahnen in der Bundesrepublik Deutschland: D-5000 Köln 1, Hauptbahnhof, Bahnhofsvorplatz, ✆ (0221) 134761;
im Großherzogtum Luxemburg: Rue du Fort Wallis 2, 3. Etage, Luxembourg, ✆ (00352) 496420;
in Österreich: Opernring 1 E/IV, Wien, ✆ (0043222) 578402;
in der Schweiz: 48/50 Äschenvorstadt, Basel, ✆ (004161) 237285.
Die Deutsche Bundesbahn bietet außerhalb der Reisesaison von zahlreichen deutschen Stationen aus preiswerte Arrangements für belgische Zielorte (›Wochenende am Meer‹, ›Ein schöner Tag in ...‹) an. Einzelheiten stehen in Sonderprospekten, die von den Bundesbahndirektionen herausgegeben werden und auf den Bahnhöfen zu haben sind.

Flugverkehr

Über den Flughafen Brüssel in Belgien an das internationale Flugnetz angeschlossen (Schnellbahn in die City). Über verbilligte Wochenend-Arrangements geben die Fluggesellschaften Auskunft. Dt. Büro der belgischen Flugges. Sabena: ✆ (069) 29900692. In Brüssel: ✆ (00322) 7231111, Reservation: ✆ (00322) 5119030.

Hotels und andere Unterkünfte

Die Zahl der Hotels im Land ist ausreichend, für die Hauptsaison empfiehlt es sich jedoch, für die Fremdenverkehrsorte im voraus zu buchen. Die Häuser sind nicht nach Klassen eingeteilt, sind jedoch durch Gesetz auf hohem Niveau gehalten. Die Preise entsprechen in etwa denen in anderen europäischen Ländern und sind in der Saison wie in den Ferienzentren höher als etwas abseits vom Wege. Jedes Hotel muß den Übernachtungspreis in den

Zimmern und beim Empfang ausweisen. Vom Generalkommissariat für Tourismus wird jedes Jahr ein Hotelverzeichnis herausgebracht, das Preise und andere Hinweise enthält. Aufgeführt ist auch, welche Häuser von Körperbehinderten mit dem Rollstuhl benutzt werden können. In den meisten Hotels ist neben Übernachtung mit Frühstück auch das Buchen von Vollpension möglich.

Ferienwohnungen, Appartements, Camping

Vor allem in den Badeorten an der Küste sowie in den Ardennen gibt es Ferienwohnungen, Appartements und Bungalows, die meist komfortabel eingerichtet sind und wochen- oder monatsweise vermietet werden. Ihr Preis richtet sich nach Ausstattung, Anzahl der Betten, Lage und Jahreszeit. Die Vermietung erfolgt über besondere Agenturen, eine Liste mit Bedingungen und Rahmenpreisen gibt es beim Belgischen Verkehrsamt. Im ganzen Land, vor allem jedoch in den Feriengebieten, gibt es viele Campingplätze, auf denen auch Zelte oder Wohnwagen zu mieten sind. Auch ein fester Standplatz für das ganze Jahr kann fast überall gepachtet werden. Die Plätze sind klassifiziert und erhalten je nach Komfort und Qualität einen bis vier Sterne (höchste Kategorie), die am Eingang gut sichtbar angebracht werden müssen. Voranmeldung ist, besonders in der Hochsaison, auf jeden Fall ratsam. Jedes Jahr erscheint eine auf den neuesten Stand gebrachte Campingliste beim Belgischen Verkehrsamt. Wer außerhalb der offiziellen Plätze zelten will, benötigt dazu stets die Genehmigung des Grundstückseigentümers.

Familienferien

In Belgien gibt es eine ganze Reihe von Ferienheimen und Herbergen, in denen besonders Familien preiswerte Ferien machen können. Hierüber gibt der Prospekt ›Budget Holiday‹ Auskunft, der jährlich in Neuauflage erscheint. In manchen Gegenden hat man ferner die Möglichkeit, preiswerte Ferien auf dem Bauernhof zu verbringen.

Ferien für junge Leute

Preiswerte Jugendherbergen und Wanderheime gibt es im ganzen Land. Jugendliche, die Auskunft und vor allem Hilfe jeder Art brauchen, wenden sich an ›Infor Jeunes‹ in der 27, Rue Marché aux Herbes, ✆ (00322)5123274 in Brüssel. Das Haus ist werktags von 12–18 Uhr geöffnet. Der beim Belgischen Verkehrsamt kostenlos erhältliche, jährlich neu herausgegebene Sonderprospekt ›Budget Holidays‹ gibt neben Hinweisen auf Jugendherbergen und Naturfreundehäuser auch Auskunft über Informationszentren für Jugendliche in den verschiedenen Orten (z. B. in Brüssel: Acotra, Bergstraat 38, Rue de la Montagne, B-1000 Brüssel, ✆ (00322)5134480). Diese Informationsbüros vermitteln Adressen, wo Unterkunft und Verpflegung zu niedrigen Preisen zu finden sind; zudem können sie beim Anknüpfen von Kontakten mit Jugendverbänden helfen. Ebenfalls beim Belgischen Verkehrsamt erhältlich ist ein ausführliches, nach Provinzen/Orten gegliedertes Jugendherbergsverzeichnis mit

Öffnungszeiten, Preisangaben, Ausstattung usw.

Ferien auf dem Rücken der Pferde

In fast jedem Ferienort Belgiens gibt es eine Reitschule, zumindest aber eine Reithalle, in der Pferde Stundenweise für Ausritte zu mieten sind. Darüber hinaus werden wochenweise oder über das Wochenende besondere Reitertouren organisiert, an denen man mit eigenen (aber auch gemieteten) Pferden teilnehmen kann. Die Routen gehen dabei über besonders ausgeschilderte Reiterwege und führen zu sog. ›Reiter-Relais‹, wo Station gemacht und übernachtet werden kann. Für interessierte Gruppen arbeitet Hippotour, 12, Rue de Moulin, B–1331 Rosières, die gewünschten Routen aus. Beim Belg. Verkehrsamt gibt es einen Spezialprospekt.

Thermalbäder

Belgien besitzt eine ganze Reihe natürlicher Mineralquellen. In einem international anerkannten Kurort finden die Patienten alle modernen Behandlungseinrichtungen: Spa, der Kurort in den Ardennen mit Kohlensäure- und Moorbädern für Herzleiden, Arteriosklerose, Hypertonie, Rheumaleiden, Krampfadern, Erkrankungen der Atemwege usw. Ausführliche Beschreibungen der Kurmöglichkeiten stehen in den speziellen Orts- oder Regionsprospekten.

Einkäufe

Die Städte haben gute Einkaufsstraßen mit eleganten Läden, z. T. als reine Fußgängerstraßen oder sogar als Passagen (Brüssel). Die Mode ist größtenteils auf Paris ausgerichtet.

Die Öffnungszeiten der Geschäfte sind nicht einheitlich. Als Faustregel gilt: Kaufhäuser sind durchgehend meist von 9.15 bis 18 Uhr geöffnet; die übrigen Geschäfte beginnen gegen 9 Uhr, machen von 12 bis 14 Uhr Mittagspause und schließen zwischen 18 und 20 Uhr.

Die großen Shopping Center müssen die Pforten zwar um 20 Uhr dichtmachen, wer drinnen ist, kann aber bis 21 Uhr kaufen. Kaufhäuser und viele Läden haben meist freitags bis 21 Uhr offen, sonntags gibt es am Vormittag frisches Brot und oft auch Lebensmittel.

An den recht zahlreichen, zumeist kirchlichen Feiertagen (Belgien ist ganz überwiegend katholisch) bleiben die Geschäfte wie auch die Büros im ganzen Land geschlossen: 1. Januar (Neujahr), Ostersonntag, Ostermontag, 1. Mai (Maifeiertag), Christi Himmelfahrt, Pfingstsonntag, Pfingstmontag, 11. Juli (Fest der flämischen Gemeinschaft), 21. Juli (Nationalfeiertag), 15. August (Mariä Himmelfahrt), 1. November (Allerheiligen), 11. November (Waffenstillstand), 25. und 26. Dezember (1. und 2. Weihnachtstag).

In allen Städten und Dörfern finden an bestimmten Tagen die Wochenmärkte statt, deren Besuch sich immer lohnt.

Töpferwaren und andere folkloristische Mitbringsel sind hier meist preiswert zu erstehen.

Fundgruben sind auch die Floh- und Antiquitätenmärkte in verschiedenen Städten.

Auskünfte (Post-Telefon, Banken) und Verkehrsbüros

Post-Telefon

Die Postschalter sind werktags von 9–12 und 14–17 Uhr geöffnet, in den großen Städten in Bahnhofsnähe meist durchgehend. Der Telefonverkehr ist voll automatisiert. Ferngespräche können von den meisten Telefonzellen aus geführt werden, an der Küste und in den Hauptferiengebieten auch ins Ausland. Diese Telefonzellen sind durch ein Band von europäischen Flaggen gekennzeichnet. Vorwahl für die Bundesrepublik: 0049, für Österreich: 0043, für die Schweiz: 0041.

Jeder Ort in Belgien hat eine Vorwahlnummer, Direktwahl vom Ausland ist möglich. Die Landesvorwahl für Belgien ist 0032.

Banken

Die Banken sind in der Regel montags bis freitags von 9–12 und 14–16 Uhr (Hauptgeschäftsstellen durchgehend) geöffnet. In großen Bahnhöfen gibt es Wechselstuben, die länger geöffnet sind. Auch viele Verkehrsämter wechseln Devisen ein.

Nützliche Adressen

Jeder Fremdenverkehrsort hat ein Touristikbüro, das Auskünfte gibt und eine ganze Reihe von Prospekten (auch in deutscher Sprache) bereithält. Ihre Adressen sind im anhängenden Ortsverzeichnis angegeben.

Darüber hinaus gibt es zentrale Büros, die ebenfalls Material zur Verfügung halten. Für ganz Belgien zuständig ist das Generalkommissariat für Fremdenverkehr, 61, Rue Marché aux Herbes, B-1000 Brüssel, ✆ 5123030 und 5139090.

Die zentrale Vertretung in der Bundesrepublik Deutschland ist das Belgische Verkehrsamt, Berliner Allee 47, D-4000 Düsseldorf, ✆ (0211) 326008.

Die neun belgischen Provinzen haben ebenfalls eigene Verkehrsbüros:

Toeristische Federatie van de Provincie Antwerpen, 11, Karel Oomsstraat, B-2018 Antwerpen, ✆ (00323) 2216 2810;

Toeristische Federatie van Brabant – Fédération du Tourisme du Brabant, 61, Rue Marché aux Herbes, B-1000 Brüssel/Bruxelles, ✆ (00322) 5130750;

Fédération du Tourisme de la Province du Hainaut, 31, Rue de Clercs, B-7000 Mons, ✆ (003265) 360464;

Fédération du Tourisme de la Province de Liège, 77, Boulevard de la Sauvenière, B-4000 Liège, ✆ (003241) 224210);

Provinciaal Verbond voor Toerisme in Limburg, Domein Bokrijk, B-3600 Genk, ✆ (003211) 222958;

Fédération Touristique du Luxembourg Belge, 9, Quai de l'Ourthe, B-6980 La-Roche-en-Ardenne,
✆ (003284) 411011;

Fédération du Tourisme de la Province de Namur, 3, Rue Notre-Dame, B-5000 Namur, ✆ (003281) 222998;

Federatie voor Toerisme in Oost-Vlanderen, 64, Koningin Maria-Hendrikaplein, B-9000 Gent, ✆ (003291) 221637;

Westtoerisme, Kasteel Tillegem, B-8200 Brugge, ✆ (003250) 380296

Touristen-Orte in Belgien

In dieses Verzeichnis wurden die touristisch interessantesten Orte des Landes aufgenommen. Soweit ein besonderer deutscher Ortsname besteht, wurde dieser an die erste Stelle gesetzt, sonst wurde die offizielle Schreibweise gewählt und – falls in Niederländisch oder Französisch ein weiterer Name besteht – dieser in Klammer dazugesetzt.

Die Klammer hinter der Einwohnerzahl nennt das Sprachgebiet des Ortes (F = Französisch, Nl = Niederländisch, D = Deutsch).

Soweit bekannt, wurden hinter den Sehenswürdigkeiten die Öffnungszeiten festgehalten**, Abweichungen sind jedoch möglich. Einzelne Museen haben einen Tag in der Woche geschlossen. Die örtlichen Prospekte geben genaue Auskunft. Die Kirchen sind meist von morgens bis Einbruch der Dunkelheit geöffnet.

Aalst (Alost): Mittelpunkt des Denderlandes (Ostflandern), ehem. Grafensitz, 77000 Einwohner (Nl). Historischer Stadtkern, auf dem Belfried Glockenspiel mit 52 Glocken (Glockenspiel Sa 11–12, So 16–17 Uhr); Blumengroßmarkthalle; Sehenswürdigkeiten sind nicht tägl. geöffnet (Termine im Prospekt ›Stadrundgang‹); Karnevalshochburg. Ausk/Prosp: Stedelijke Commissie voor Toerisme, 33, Kattestraat, B-9300 Aalst, ✆ (003253) 771111.

Annevoie: Schloß im Maastal zwischen Namur und Dinant, ca. 700 Einwohner (F). Schloß aus dem 18. Jh. (April u. Sept. So u. Fei, Mai–Juni Sa, So u. Fei, Juli–Aug. tgl. 9.30–13 u. 13.30–18.30 Uhr), berühmte Gärten in franz., engl. und ital. Stil (Ostern–Allerheiligen 9–19 Uhr), wechselnde Blumenausstellungen. Ausk/Prosp: Syndicat d'Initiative, 13, Place de l'Eglise, B-5181 Annevoie, ✆ (003282) 611555.

Antwerpen (Anvers): Kunstzentrum von intern. Rang, großer Seehafen, 500000 Einwohner (Nl), Kulturhauptstadt Europas 1993. Bedeutendste Kunstdenkmäler aus dem 16. und 17. Jh., viele Museen (dienstags bis sonntags durchgehend von 10 bis 17 Uhr geöffnet), Universität, Hochschulen, Diamantenhandelszentrum (Museum, Besichtigung von Schleifereien), Brabobrunnen nach Entstehungssage der Stadt, zahlreiche Galerien, Flandern-Festival mit Konzerten, Ballett, Theater (Aug.–Okt.), Glockenspielkonzerte Liebfrauenkathedrale (Fr 11.30 bis 12.30 Uhr, außerdem Mitte Juni bis Mitte September Mo 21–22 Uhr), Biennale für Bildhauerei im Freilichtmuseum für Bildhauerkunst Middelheim (alle 2 Jahre/1993), Mahl der Apostel (Gründonnerstag), Kirmeswoche (2. So Aug.), Schwerttänze, ›Ganzer‹-Reiten (Ende

März), Scheldeweihe (1. So Okt.), Vogelmarkt auf dem Oudevaartplaats, Blauwtorelein und Umgebung (So vormittag), Freitagsmarkt mit gerichtlichen Versteigerungen auf dem Vrijdagmarkt (Mi u. Fr vormittag), Antiquitätenmarkt, Lijnwaadmarkt (Ostern bis Ende Sept. Sa nachm.), Kunstmarkt auf dem Dageraadsplaats (Ostern bis Ende Sept. Sa nachmittag); Hafen an 500 m breiter Schelde, 100 km Schiffskai (beschilderte Rundfahrt 65 km, Station machen in typ. Hafenrestaurant), Rundfahrten durch Hafen oder auf der Schelde, auch Tagesausflüge ab Floßbrücke am Steenplein (Ende März–Sept.). In Gaststätten z. T. noch das alte Ton-Spiel (z. B. De Engel am Markt oder Quinten Metsys, Hoofdkerkstraat); Stadtplan, ausführl. ›Kurzer Führer‹, Besichtigungsrouten, Veranstaltungskalender, Ausk/Prosp: Dienst voor Toerisme, Grote Markt 15, B-2000 Antwerpen, ✆ (00323) 2320103.

Arlon (Aarlen): Hauptstadt der belg. Provinz Luxemburg, 23000 Einwohner (F). Archäologisches Museum mit römischer u. merowingischer Sammlung (tgl. 10–12 u. 14–17 Uhr), Römerturm; vor der St. Donatuskirche audio-visuelle Vorführungen (1. Juli–31. Aug., tgl. 14–17 Uhr) Ausk/Prosp: Syndicat d'Initiative, Parc Léopold, Pavillon, B-6700 Arlon, ✆ (003263) 216360.

Ath (Aat): Alte Festung im Hennegau, 24000 Einwohner (F), Rathaus, Kirchen, Eremitage; Umzug der Riesen-Figuren (4. So August), Tag davor Kampf Davids gegen Goliath, volkskundl. Umzug ›Faubourgh de Mons‹ (1. So nach Pfingsten). In der Nähe (6 km) Schloß Attre mit zeitgenöss. Mobiliar, romant. Park, künstl. Grotte (Besichtigung im Sommer möglich). Ausk/Prosp: Syndicat d'Initiative Régional du Pays d'Ath, 176, Rue de l'Agriculture. B-7800 Ath, ✆ (003268) 221094.

Aywaille: Städtchen a. d. Amblève, 9000 Einwohner (F). Ruinen von Burg Amel (Burg der vier Haimonskinder, 1. 5.–25. 6. Sa/So, Juli/Aug. tgl. 9.30–12 u. 13.30–17 Uhr), Reste einer Benediktinerabtei. Ausk/Prosp: Syndicat d'Initiative, Rue de Soeurs 10, B-4070 Aywaille, ✆ (003241) 846178.

Baarle-Hertog (Baerle Duc, Baarle-Nassau): Belg. Enklave i. d. Niederlanden, 6000 Einwohner (Nl). Sehr verworrene Grenzverhältnisse, verläuft z. T. mitten durch Häuser, im Ort 2 Bürgermeister (belg. und ndl.), 2 Polizeistationen, 2 Postämter, 2 verschied. Laden- und Gaststättenschlußzeiten, 2 Feuerwehren, 2 verschiedene Währungen und auch sonst allerlei Kuriosa. Ausk/Prosp: Dienst voor Toerisme, 10, St-Annaplein, NL-5111, ✆ (00314257) 9921.

Battice: Käsezentrum, 31 km hinter der Aachener Grenze, Autobahnabfahrt, 15000 Einwohner (F). Ausk/Prosp: Syndicat d'Initiative, Administration Communal, B-4651 Battice, ✆ (003287) 665158.

Beloeil: Das ›belgische Versailles‹ im Hennegau, 14000 Einwohner (F). Schloß des Prinzen de Ligne (tgl. von 10–18 Uhr geöffnet v. 1. April bis 1. Nov.), großer

Schloßpark. Ausk: Dienst voor Toerisme, Kasteel Beloeil, B-7970 Beloeil, ✆ (003269) 689655 oder 689426.

Binche: Mittelalterliche Stadt im Hennegau, 34000 Einwohner (F). Einzig erhaltene Stadtbefestigung, 27 Türme, historischer Stadtkern, Internationales Karneval- und Maskenmuseum; Karnevalshochburg. Ausk/Prosp: Syndicat d'Initiative, Hôtel de Ville, Grand'Place, B-7130 Binche, ✆ (003264) 333721.

Blankenberge: Lebhafter Badeort, 16000 Einwohner (Nl). Breite Strandpromenade, Landungsbrücke mit Aquarama, Hafen, Leuchtturm, altertüml. Ortskern; Hafenfest (Mai), Seeweihe (Juli), Blumenkorso (letzter So August), Sommerkonzerte, Casino, Nachtleben. Ausk/Prosp: Dienst voor Toerisme, Koning Leopold III Plein, B-8370 Blankenberge, ✆ (003250) 412921.

Bokrijk: Staatsdomäne i. d. Gemeinde Genk, zwischen Genk u. Hasselt (Nl): 540 ha groß, mit größtem Freilichtmuseum Europas, Rekonstruktion flämischer Gebäude u. Höfe a. d. 16.–20. Jh., Teiche, Hirschgehege, Arboretum, Rosengarten, Großspielplatz, Naturschutzgebiet. Ausk/Prosp: Administratieve Diensten van het Domain Bokrijk, B-3600 Genk, ✆ (003211) 224575.

Bouillon: Altes Städtchen a. d. Semois, 6000 Einwohner (F). Älteste mittelalterl. Burg, gut erhalten (März–Dez. tgl., Jan.–Febr. Sa, So 9–19 Uhr), Herzgl. Museum, u. a. über Kreuzzüge (1. April–1. Nov. 9–18.30 Uhr). Ausk/Prosp: Syndicat d'Initiative, In der Burg, B-6830 Bouillon, 1 (003261) 466257.

Braine-l'Alleud (Eigenbrakel): Schlachtfeld von Waterloo, 17000 Einwohner (F). Löwenhügel (45 m hoher Kegel), Schlachtpanorama, Wachsfigurenkabinett (9.30–19 Uhr, nicht Mi), Eremitenkapelle; im Sommer Wallonische Musikfestspiele. Ausk/Prosp: Syndicat d'Initiative, Place Cardinal Mercier, B-1420 Braine-l'Alleud, ✆ (003202) 3842714.

Bredene: Gemütlicher Badeort bei Ostende, 10000 Einwohner (Nl). Breiter Dünengürtel. Ausk/Prosp: Toeristenbureau, 6, Dirftweg, B-8401 Bredene, ✆ (003259) 320998.

Brügge (Brugge/Bruges): Alte Kunst- und Handelsstadt, Hauptstadt der Provinz Westflandern, 119000 Einwohner (NL). Gut erhaltener mittelalterl. Stadtkern, Grachten, viele Museen (die wichtigsten i. allgem. tgl. 9.30–12 u. 14–18, außer Saison bis 17 Uhr, genaues Verzeichnis erh.), viele histor. Gebäude, alte Stadtwälle mit 4 Toren u. 3 Windmühlen, Beginenhof, Kantcentrum, Balstraat, Lehrwerkstätten für Spitzenklöpplerinnen, Haus Storie (bei Vismarkt), Wohnhaus im Brügger Stil und Sammlung belg. Spitzen, Dolfinarium und Freizeitpark Boudewijnpark; Grachtenrundfahrten (35 Min) ab Rozenhoedkaai, Wollestraat, Niewstraat, Katelijnestraat oder Huidenvettersplein, Stadtrundfahrten mit Pferdedroschke (40 Min) ab Rathaus, Fremdenführer über Verkehrsamt; Heiligblutprozession (jedes Jahr Christi Himmelfahrt, 15 Uhr), Glockenspielkonzerte,

Belfried, intern. Musikfesttage Flandern Festival (1. Hälfte Aug.), Jagdfeste (Aug.), Grachtenfeste alle 3 Jahre (1995), hist. Prunk-Festzug des Goldenen Baumes alle 5 Jahre (1995); Wochenmarkt a. d. Marktplatz (Sa), Flohmarkt a. d. Dyver (So-vorm. März–Okt.); Stadtplan, ill. Führer mit Rundgängen. Ausk/Prosp: Dienst voor Toerisme, Burg 11, B-8000 Brügge 1, ✆ (00 32 50) 44 80 80 – hier auch Zimmerreservierung.

Brüssel (Bruxelles/Brussel): Hauptstadt Belgiens, Sitz d. Europäischen Gemeinschaft (EG) und NATO, Kunststadt v. internat. Rang, 970 000 Einwohner (F/Nl). Sehenswürdigkeiten in der ganzen Stadt, einer d. schönsten Marktplätze der Welt (Erklärung auf Kassettenrecorder beim Verkehrsamt zu mieten), Kirchen mit reichen Schätzen, 40 Museen (zumeist tgl. 10–17 Uhr, genaues Verzeichnis erhältlich), Theater, Oper, Konzert, Ballett, Flandern Festival (Aug./Sept.), Straßenzüge in reinstem Jugendstil (Horta u. van de Velde), prunkvolle Bürgerhäuser und Palais, elegante Geschäftsstraßen, viele überdachte ›Galerien‹; Stadtrundfahrten per Bus (tgl. 10, April–Ende Okt. auch 15 Uhr), Stadtplan, Rundgangvorschläge; Fremdenführer; in der Umgebung Schloß Laken (Sitz d. königl. Familie); Atomium (mit Aussichtsrestaurant); über 300 Restaurants, i. d. City bes. Rue des Bouchers und Petite Rue des Bouchers, vgl. dazu auch S. 205 ff.; Umzug ›Ommegang‹ Marktplatz (1. Do Juli), Bruegel-Feste (Mitte Sept.), Einzug St. Nikolaus (3. Mi Okt.), ›Marché du Midi‹ Wochenmarkt am Südbahnhof (So 8–12 Uhr), tgl. Blumen- und So Vogelmarkt auf dem Marktplatz, Antiquitätenmarkt Place du Sablon (Sa 10–18, So 10–13 Uhr), Flohmarkt Place Jeu de Balle u. Vieux Marché (So 9–13 Uhr), zahlr. Antiquitätengeschäfte. In der Nähe (10 km) Burg Beersel (gegr. 13. Jh.) mit imposanter Architektur sowie Schloß Gaasbeek (14 km) a. d. 13. Jh. mit Teppichmuseum. Ausk/Prosp: Tourisme Information Bruxelles, 61, Rue du Marché aux Herbes (Nähe Grand'Place), B-1000 Bruxelles, ✆ (00 32 2) 513 89 40, 513 90 90 und 512 30 30.

Bütgenbach (Butgenbach): Ort an der Warche, 5000 Einwohner (D). Schloßruine, alter Bauernhof, Wälder, 120 ha große Stausee mit Wassersport, Tennisplätze, Minigolf, Camping. Ausk/Prosp: Syndicat d'Initiative, 1, Worriken Center, B-4750 Bütgenbach, ✆ (00 32 80) 44 63 58.

Charleroi: Wichtiges Industriezentrum im Hennegau, 220 000 Einwohner (F). Rathaus (1931) mit 70 m hohem Glokkenturm und Glockenspiel, Universität, Ausstellungshalle, Landesinstitut für Glasarbeit mit Ausstellg.; Erholungszentrum (Marcinelle) mit Jugendherberge. Feste: Karnevalshochburg; im Sommer Wallonische Musikfestspiele. In der Nähe (13 km) Abteiruine Aulne im idyll. Tal d. Sambre sowie Schloß u. Park Mariemont (20 km). Ausk/Prosp: Informationspavillon, Square de la Gare du Sud, B-6000 Charleroi, ✆ (00 32 71) 31 82 18.

Chaudfontaine: 19 700 Einwohner (F). Warmer Brunnen (36,6°), Thermalschwimmbad, Spazierwege, Casino, große Sommerfeste. Ausk/Prosp: Syndicat d'Initiative, Maison Sauveur, Parc des Sources, B-4930 Chaudfontaine, ✆ (00 32 41) 65 18 34.

Chimay: Malerisches Städtchen im Hennegau, 9400 Einwohner (F). Alte Häuser, schöner Marktplatz, Kirchturm mit Zwiebelspitze, Schloß d. Prinzen v. Chimay (Besichtigung möglich), darin Theater der Madame Tallien, Wallonische Musikfestspiele (Juni/Juli); Autorennbahn (Pfingstsonntag). Ausk/Prosp: Syndicat d'Initiative de Chimay-Virelles, 1, Grand'Place, B-6460 Chimay, ✆ (00 32 60) 21 18 46.

Comblain-au-Pont: Ort an der Ourthe, 3700 Einwohner (F). Felsen, Tropfsteinhöhle, roman. Kirche, prähist. Museum (1. 4.–30. 6. u. 1.–30. 9. So 14–17, Juli/Aug. tgl. 14–17 Uhr); Kunst- und Kunsthandwerksausstellung (Nov.). Ausk/Prosp: Syndicat d'Initiative, 5, Rue des Pêcheurs, B-4170 Comblain-au-Pont, ✆ (00 32 41) 69 20 57.

Coo: Ferienzentrum a. d. Amblève, gehört zu Stavelot, 6000 Einwohner (F). Wasserfall, Aquarium, das die Fische in den Gewässern der Gegend enthält, Seilbahn, Aussichtsturm; gastronom. Wochenende (Okt.–März). Ausk/Prosp: Syndicat d'Initiative, 10, Rue Biester, B-4970 Coo-Stavelot, ✆ (00 32 80) 68 43 76.

Damme: Ehemal. Vorhafen von Brügge (5 km), 10 500 Einwohner (Nl). Die Eulenspiegel-Stadt mit alten Patrizierhäusern, romantisch in typischer Polderlandschaft; Maritimmuseum/Atelier Devaere (alte Schiffsmodelle), restaur. Rathaus, intakte Mühle, Freizeitpark/Naturgebiet; empfehlenswerte Restaurants a. Markt, Ausk/Prosp: Dienst voor Toerisme, 3, Jacob van Maerlantstraat, B-8340 Damme, ✆ (00 32 50) 35 33 19.

De Haan (Le Coq-sur-Mer): Ferienbadeort nördl. v. Ostende (11 km Sandstrand) mit den landeinwärts gelegenen Dörfern Klemskerke und Vlissegem, 9000 Einwohner (Nl). Mühlenfest (Juni), Garnelenfest (Sept.).
Ausk/Prosp: Dienst voor Toerisme, 24, Leopoldplaan, B-8420 De Haan, ✆ (00 32 59) 23 57 23.

Dendermonde (Termonde): Gewachsen aus einer Festungsstadt an der Mündung der Dender i. d. Schelde, 43 000 Einwohner (Nl). Mittelalterl. Stadtkern, Rathaus, Fleischhalle (jetzt Museum), Benediktinerabtei; Volksfest u. Umzug der Riesen (Aug.); Intern. Jazzfestival (Anf. Sept.). Ausk/Prosp: Vereinigung voor Vreemdelingenverkeer (VVV), Stadhuis, B-9330 Dendermonde, ✆ (00 32 52) 21 39 57.

De Panne (La Panne): Seebadeort v. d. franz. Grenze, 9500 Einwohner (Nl). Breitester Strand d. belg. Küste, 600 ha Dünen- und Waldgebiet, Naturreservat (tgl. geöffnet); Meli-Freizeitpark (v. a. für Kinder); Folklore-Festival (Anf. Aug.), Seeweihe (1. So Aug.). Ausk/Prosp: Comité voor Expansie en Toerisme, 21, Zeelaan, Gemeentehuis, B-8470 De Panne, ✆ (00 32 58) 41 13 02/04.

Diest: Histor. Städtchen a. d. Demer, 21 000 Einwohner (Nl). Teils noch von

Wällen umgeben, Markt mit alten Gebäuden, einer d. größten Beginenhöfe. Ausk/Prosp: Stedelijke Dienst voor Toerisme, 1, Grote Markt, Stadhuis, B-3290 Diest, ✆ (00 32 13) 31 21 21.

Dinant: Bedeutende Kunststadt a. d. Maas, 13 000 Einwohner (F). Romantisches Flußpanorama, oberhalb a. d. Felsen Zitadelle (Seilbahn), Liebfrauenkirche (innen viele Kupferarbeiten), seit d. Mittelalter Kupferstadt: ›Dinanderien‹, (viel Kunstgewerbe); Ausflugsschiffe a. d. Maas (Sommer), Boots- und Kanufahrten flußabwärts auf der Lesse, die vor der Stadt i. d. Maas mündet (bes. reizvoller Fluß), Grotte La Merveilleuse (Sesselbahn), alte Abtei Leffe; Musiksommer, Messe der drei Künste (15. Aug.). Im 10 km entfernten Dorf Celles roman. Kirche (11. Jh.) in reinem maasländ. Stil, bei Waulsort (10 km) Schloß von Freyr (16. Jh.) mit französ. Gärten. Ausk/Prosp: Syndicat d'Initiative, 37, Rue Grande, B-5500 Dinant, ✆ (00 32 82) 22 28 70.

Doel: Kleiner Ort a. d. Schelde (Nl). Auf dem Deich alte Windmühle (Museum), guter Ausblick auf breite Unterschelde. Ausk/Prosp: T.F.P.A., 11, K. Oomsstraat, B-2018 Antwerpen, ✆ (00 3 23) 2 16 28 10.

Durbuy: »Kleinste Stadt der Welt« a. d. Ourthe, 320 Einwohner (F). Alte Straßen und Häuser, Schloß (mit Museum), Kloster, Galgenberg, Hexenberg; die Altstadt ist an Wochenenden und Juli–Aug. Fußgängerzone; blumengeschmückte Stadt v. Juni–Okt.; zahlr. Antiquare und Handwerker, Antiquitätenmarkt (Ostern und Allerheiligen). Ausk/Prosp: Syndicat d'Initiative, Rue Halle aux Blés, B-5480 Durbuy, ✆ (00 32 86) 21 24 28.

Ecaussinnes-Lalaing: Kleine Stadt im Hennegau, 10 000 Einwohner (F). Mitten i. d. Stadt auf steilem Fels Burg (Besichtigung möglich); Fest der einsamen Herzen, Marktplatz (Pfingstmontag). Ausk/Prosp: Association des ›Haute Senne, Sennette et Samme‹, 7, Rue de l'Avenir, B-7490 Braine-le-Comte, ✆ (22 32 67) 55 36 75.

Eupen (Néan): Stadt a. d. Vesdre (Weser), am Fuße des Hohen Venns. 17 000 Einwohner (D). St. Nikolaus-Kirche (18. Jh.), Patrizierhäuser (17. u. 18. Jh.); einer der größten Stauseen Belgiens, Aussichtsturm, Tennisplätze, Reithallen, Frei- und Hallenschwimmbad, markierte Wanderwege, nahes Naturschutzgebiet Hohes Venn; St. Martinszug (11. Nov.); Karnevalshochburg. Ausk/Prosp: Verkehrsverein, Bergstr. 6, B-4700 Eupen, ✆ (00 32 87) 55 34 50.

Francorchamps: Ort zwischen Stavelot und Spa, 1100 Einwohner (F). Internat. Automobilrennstrecke. Ausk/Prosp: Syndicat d'Initiative, Maison communale, B-4878 Francorchamps, ✆ (00 32 87) 27 52 51.

Geel: Großgemeinde im Südkemperland (12 Kirchspiele), 31 600 Einwohner (Nl). Wind- und Wassermühlen, alte Kirchen (Wallfahrtsort), Rathaus, Hospital, Freibad und Hallenbad, wald- und wasserreiche Umgebung. Geel wurde bekannt als ›barmherzige Stadt‹, weil hier zahlreiche Familien Geisteskranke aufnehmen und bei Familienanschluß versorgen; Palmenmarkt (Jahrmarkt am Palmsamstag/Sonntag), alle fünf Jahre ›St.-Dimpnaemmegang‹ mit 200 Figuranten. Ausk/Prosp: T.F.P.A., 11, K. Oomsstraat, B-2018 Antwerpen, ✆ (00323) 2162810.

Gent (Gand): Wichtige Kunststadt, Hauptstadt der Provinz Ostflandern, zweitgrößter Hafen Belgiens, 250000 Einwohner (Nl). Große mittelalterliche Altstadt mit vielen Sehenswürdigkeiten (Rundgang-Prospekt), zahlreiche Museen (durchgehend 9.30–17 Uhr, Wasserburg Gravensteen ab 9 Uhr geöffnet), Grafenburg, Patrizier- und Zunfthäuser, Cour Saint-Georges, Botermarkt, ältestes Hotel Europas (1228). Schauspiel, Oper, alte Kirchen; Flandern-Festival in 20 mittelalterlichen Sälen (Ende Aug.–Anf. Nov.); Intern. Gartenausstellung ›Genter Floralien‹ (April/Mai alle 5 Jahre/1995), Tuchhalle (Belfried) audio-visuelles Spiel ›Gent und Kaiser Karl‹ (tgl.), Stadtrundfahrten mit Pferdedroschke ab St.-Baafsplein (45 Min., von Ostern–Ende Sept.), Bootsrundfahrten durch die Kanäle Gents ab Korenlei und Graslei (von Ostern–Ende Sept.), abendl. Anstrahlung der hist. Gebäude (Saison); Blumenmarkt, Kouter (tgl. 7–13 Uhr), Vogelmarkt, Prof. Laurentplein (So 7–13 Uhr), Haustiere, Oude Beestenmarkt (So 7–13 Uhr), Trödelmarkt, Beverhoutplein (Fr 7–13, Sa 7–14 Uhr). In der Nähe Schloß Laarne (13 km) mit Slg. von fläm. Silber. Ausk/Prosp: Dienst voor Toerisme, 9, Belfortstraat, B-9000 Gent, ✆ (003291) 253641.

Geraardsbergen (Grammont): Romantisches Städtchen a. d. Dender, 31000 Einwohner (Nl). Hist. Marktplatz, vom Oudenberg prächtiger Ausblick, in der Nähe alte Abtei, Manneken Pis; Volksfest Krakelingenworp und Tonnekenbrand (letzter Sonntag Febr.), Ausk/Prosp: Verenigung voor Vreemdelingenverkeer (VVV), Stadhuis, B-9500 Geraardsbergen, ✆ (003254) 414121.

Halle (Hal): Hübsches Städtchen 15 km südl. von Brüssel, 33000 Einwohner (Nl). Alte Kirche, Rathaus, barockes Krankenhaus; Wallfahrtsort – Histor. Prozessionen (Pfingsten u. 1. So. Sept.). Ausk/Prosp: Dienst voor Toerisme, 7, Kardinal Cardijnstraat, B-1500 Halle, ✆ (00322) 3564174.

Han-sur-Lesse: Ausflugsort a. d. Lesse, 890 Einwohner (F). Viele Naturschönheiten, großartige Grotten, zahlr. Säle (Domsaal, 129 m hoch) mit Wald von Stalaktiten und Stalagmiten, Führungen halbstündl., stündl. oder alle 2 Std., geöffnet: März 10–16, April 10–16.30, Mai–Juni 9.30–17, Juli–Aug. 9.30–18, Sept.–Okt. 10–16.30, Nov. u. Weihnachtsferien 10–16 Uhr, Besichtigungsdauer knapp 2 Stunden; Wild- und Safaripark. In Lessive (5 km) belg. Satellitenstation. Ausk/Prosp: Syndicat d'Inititative, B-5432 Hansur-Lesse, ✆ (003284)377596.

Hasselt: Altertümliche Hauptstadt der Provinz Limburg, 65000 Einwohner (Nl). Alte Kirchen, Rathaus und Hausgiebel. Die Schwarze Muttergottes (›Virga Jesse‹) in der barocken Liebfrauenkirche; Marienfest Virga-Jesse (alle 7 Jahre am 13. August / 1996); Flugplatz Kiewit Sport- und Segelfliegen. Ausk/Prosp: Dienst voor Toerisme, Stadhuis 3, Lombaardstraat. B-3500 Hasselt, ✆ (003211) 225961.

Hekelgem: Kleiner Ort zwischen Aalst und Asse, 12000 Einwohner (Nl). Berühmt wegen seiner bunten ›Sandteppiche‹, Klosterruine (Abtei Affligem). Ausk: Federatie voor Toerisme von Brabant, Grasmarkt 61, B-1000 Brüssel, ✆ (00322) 5130750.

Herentals: Alte Stadt an Kleiner Nete und Albertkanal, 25000 Einwohner (Nl). Historischer Stadtkern, alte Stadttore; waldreiche Umgebung, Aussichtsturm. Ausk/Prosp: Vereniging voor Vreemdelingenverkeer en Toerisme, Stadhuis, B-2410 Herentals, ✆ (003214) 219088.

Huy (Hoei): Bedeutende Kunststadt a. d. Mündung des Houyoux i. d. Maas, 18000 Einwohner (F). Stadt überragt v. d. Zitadelle (Mai–Mitte Sept. 10–18 Uhr) mit vorzügl. Aussicht, malerische Gassen, gotische Stiftskirche mit Schatzkammer (Mai–Sept. So 14–18, Juli/Aug. tgl. 10–12 u. 14–18 Uhr, sonst nach Anmeldung); Drahtseilbahn, 3 km von Batta nach La Sarte (Wallfahrtskapelle); Bootsfahrten auf der Maas; Musikfestival (Okt.). Ausk/Prosp: Bureau de Tourisme, 1. Quai de Namur, B-5200 Huy, ✆ (003285) 212915.

Kalmthout: Große Gemeinde nördl. von Antwerpen, 15000 Einwohner (Nl). Naturschutzgebiet Kalmthouter Heide, eine der eigenartigsten Landschaften Belgiens mit Dünen, Heide, Tannen- und Birkenwäldern und kleinen Seen. Ausk/Prosp: Vereniging voor Vreemdelingenverkeer (VVV) De Kalmthoutse Heide, 21, Heidestatiestraat, B-2180 Kaltmhout, ✆ (00323) 6668442.

Knokke-Heist: Internat. Badeort a. d. niederl. Grenze, 30000 Einwohner (Nl). Fischerkapelle, Leuchtturm, Heimatmuseum, berühmte Naturschutzgebiete, Casino, Nachtleben; Humorfestival (2. H. Juli), Weltwettbewerb für Karikaturen (Ende Juni–Anf. Sept.), Seeweihe (15. Aug.). Ausk/Prosp: Toerisme Knokke-Heist, 660, Zeedijk, Lichttorenplein, B-8300 Knokke-Heist, ✆ (003250) 601616.

Koksijde (Coxyde): Mit dem benachbarten Sint-Idesbald und Oostduinkerke bekannt als Blumen-Badeort nahe d. franz. Grenze, 16000 Einwohner (Nl). Großes Dünengebiet, Ruinen der Dünenabtei a. d. 12. Jh. (Ausgrabungen); Orgelmuseum; Fischereimuseum; Paul Delvaux Museum; Blumenmarkt (Ostersamstag), Festzug ›Hulde aan de Vlaamse Schilderkunst‹ (1. So Aug.), Krabbenfest (vorl. Wo.-Ende i. Juni). Ausk/Prosp: Verenigung voor Vreemdelingenverkeer (VVV), Gemeentehuis, B-8460 Koksijde, ✆ (003258) 511062 u. 516341.

Kortrijk (Courtrai): Eine der ältesten Städte Belgiens, 10 km v. d. franz. Grenze, 76000 Einwohner (Nl). Schon römische Besiedlung (Ausgrabungen), Schlacht der ›Goldenen Sporen‹ von 1302 (jährl. am 11. 7. Volksfest), heute lebhafte Wirtschafts- und Universitätsstadt; alter

Stadtkern, Schloß 't Hooghe mit Versuchsrosengarten; Intern. Chorfestival (Ende April–Anf. Juni), Jazz-Festival (1. So Sept.); Museen nicht tgl. geöffnet. Ausk/Prosp: Dienst voor Toerisme, Schouwburgplein, Grote Markt, B-8500 Kortrijk, ✆ (003256) 202500.

Lavaux-Sainte-Anne: Schloß a. d. Wimbe, 800 Einwohner (F). 23 Säle i. d. Schloß a. d. 15. Jh. für Publikum geöffnet (tgl. 9–18 Uhr), Wildpark, Nationales Jagdmuseum; St. Hubertus-Messe (letzter So Okt.). Ausk/Prosp: Syndicat d'Initiative Lesse et Lomme, 5, Rue de Behogne, B-5430 Rochefort, ✆ (003284) 212537.

Lier (Lierre): Kunststadt, Tor zum Kempenland, 31000 Einwohner (Nl). Sehenswerter mittelalterl. Stadtkern, Rokoko-Rathaus, Heimat d. Schriftstellers Felix Timmermans (Museum) und des Astronomen L. Zimmer (sein Studio im Zimmerturm), draußen Uhr mit 13 Zifferblättern, schöner Beginenhof. Ausk/Prosp: Zimmertorencomité (VVV), Stadhuis, B-2500 Lier, ✆ (00323) 4891111.

Löwen (Leuven/Louvain): Wichtige Kunststadt in Brabant, 85000 Einwohner (Nl). Imponierender Marktplatz mit berühmtem Rathaus, mit wertvoller Kunst ausgestattete Kirchen, Beginenhof, alte Universität (gegr. 1425), Stadtmuseum (Di–Sa 10–12 u. 14–17 Uhr, i. d. Saison auch So nachm.), reizvolle Umgebung; Flandern-Festival-Musiktage (Aug./Sept.); Stadtplan; in der Nähe (30 km) Abtei Averbode (gegr. 1129), eines der bedeutendsten Klöster Belgiens mit sehr schöner Barockkirche. Ausk/Prosp: Dienst voor Toerisme, 1a, Naamsestraat, B-3000 Leuven, ✆ (003216) 234941.

Lommel: Ferienort i. Flandern, 26300 Einwohner (Nl). Weite, unberührte Natur; polnischer u. deutscher Soldatenfriedhof (40000 Gräber). Ausk/Prosp: Vereniging voor Vreemdelingenverkeer (VVV), 16, Gemeentehuis Markt, B-3900 Lommel, ✆ (003211) 545221.

Lüttich (Liège/Luik): Alte Provinzhauptstadt a. d. Mündung der Ourthe i. d. Maas, 500000 Einwohner (F). Hist. Stadtkern, viele Museen (die bedeutendsten meist v. 10–12.30 u. 14–17 Uhr geöffnet – Sonderprospekt mit genauen Terminen erhältl.); Universität, Kongreßzentrum (mit ›leuchtenden Plastiken‹), Planetarium, Parks; Blumenmarkt (Place de la République Française); Theater, Konzertsäle; Ausflugsschiffe a. d. Maas (Mai–Sept.); die ›Batte‹: sonntgl. Flohmarkt; Stadtplan, Prospekt mit 4 empfohlenen Rundgängen; Folklorefestival St. Pholien (4. So Juni), Volksfest im Outhre-Maas-Viertel (15. 8.), ›Nächte des September‹, Wallonische Musikfestspiele (4. So Sept.), Lebende Krippen (25. Dez.). Ausk/Prosp: Office du Tourisme, 92, En Féronstrée, B-4000 Liège, ✆ (003241) 222456, Ausk auch Gare des Guillemins (Hbf), ✆ 524419.

Maaseik: Altes Städtchen a. d. Maas, nahe d. niederl. Grenze, 21000 Einwohner (Nl). Hist. Marktplatz, älteste Apotheke des Landes (Museum). Ausk/Prosp: Dienst voor Toerisme, Markt 45, B-3680 Maaseik, ✆ (003211) 566372.

Malmédy: Stadt a. d. Warche, 10000 Einwohner (F). Sehensw. Abteikirche, schöne Patrizierhäuser a. d. Marktplatz; bekannter Karnevalsort. Ausk/Prosp: Syndicat d'Initiative, 11, Place de Rome, B-4980 Malmédy, ✆ (00 32 80) 33 02 50.

Mechelen (Malines): Sehenswerte Kunststadt, kirchliche Metropole Belgiens (Sitz des Erzbischofs), 80000 Einwohner (Nl). Im Mittelalter reiche Handelsstadt, zahlreiche alte Patrizierhäuser, Kirchen, vor allem Metropolitankirche St.-Rombout mit 97 m hohem, unvollendetem Turm (berühmtes Glockenspiel, Juni–Mitte Sept. Mo 20.30 Uhr); Palais Schlösser und reizvolle Orte i. d. Umgebung, Gruppen werden kostenlos geführt (Anm. 5 Tage vorher); kostenlose Stadtführungen sonst von Ostern bis Ende Sept. (Sa u. So 14 Uhr) sowie Turmführungen v. Juni bis Mitte Sept. (Mo 19 Uhr); Blumen- und Früchtekorso (Mitte Sept.) mit ›Uhrenwerfen‹, hist. Hanswijk-Prozession (Mai). Ausk/Prosp: Dienst voor Toerisme, Stadhuis, B-3800 Mechelen, ✆ (00 32 15) 20 12 56.

Middelkerke: Badeort bei Ostende, 15000 Einwohner (Nl). 7 km Meerpromenade, alte Fischerhäuschen, kleinstes Casino Europas (renov.); Internat. Folkloretage (Juli/Aug.). Ausk/Prosp: Dienst voor Toerisme, 4, J. Casselaan, B-8430 Middelkerke, ✆ (00 32 59) 30 03 68.

Mol: Große Gemeinde im Kemperland, 30000 Einwohner (Nl). Waldreiche Umgebung, Norbertiner Abtei Postel (berühmte Bibliothek), Prov. Domäne Zilvermeer (großes Ferien- und Erholungsgebiet); Kernforschungszentrum; Folkl. Johanneszug (Juni), Lichtumzüge in Ginderbuiten und Rozenberg (Sept.). Ausk/Prosp: Dienst voor Toerisme, Markt 22, B-2400 Mol, ✆ (00 32 14) 31 28 41.

Mons (Bergen): Kunststadt, Hauptstadt des Hennegaus, 100000 Einwohner (F). Histor. Stadtkern, Kirchen, Grafenschloß, alte Patrizierhäuser, enge Gassen, 5 Museen (diese wie Rathaus, unterird. Gefängnis, tgl. außer Mo 10–18 Uhr); histor. Prozession des Goldenen Wagens (Dreifaltigkeitssonntag, 10 Uhr) und Kampf St. Georg mit dem Drachen (12.30 Uhr); im Sept. Wallonische Musikfestspiele, Internationales Militärmusik-Festival (Anf. Juni); in der Nähe (29 km) Schloß Roeulx (15. Jh.) mit Gemäldeslg. Ausk/Prosp: Office du Tourisme, Grand'Place 20, B-7000 Mons, ✆ (00 32 65) 33 55 80.

Namur (Namen): Wichtige Kunststadt a. d. Mündung der Sambre i. d. Maas, Provinzhauptstadt, 100000 Einwohner (F). Alte Zitadelle (Seilbahn), bedeutende Kirchen, vor allem St. Alban mit bes. Kirchenschatz (Diözesanmuseum), 8 Museen, hist. Straßenzeilen; Casino, Theater, Konzertsäle, Galerien; Frühlingsfest (April), Freuden- und Konfettifest (1. Wochenende Juli); Motocross, Gr. Preis v. Belgien (1. Wochenende Aug.); Wallonisches Fest (3. Wochenende Sept.). Ausk/Prosp: Syndicat d'Initiative, Square Léopold, B-5000 Namur, ✆ (00 32 81) 22 28 59.

Nieuwpoort (Nieuport): Historisches Städtchen und Familienbadeort, 8700

Einwohner (Nl). Bedeutendster belg. Jachthafen. Ausk/Prosp: Vereniging voor Vreemdelingenverkeer (VVV), Stadhuis, B-8450 Nieuwpoort, ✆ (003258) 235594.

Nivelles (Nijvel): Kunststadt a. d. Thines, 30 km südl. v. Brüssel, 22000 Einwohner (F). Im letzten Krieg schwer zerstört, wiederaufgebaut; Stiftskirche Ste-Gertrude mit Unterbau aus Merowingerzeit (werktags 10–12 u. 14.30–18, So 14.30–18 Uhr), Kirchen und Kapellen, altes Stadttor, Park De la Dodaine, Festungsturm; hist. St. Gertruden-Prozession (So nach St. Michaelis); im Sommer Konzerte i. Rahmen d. Wallonischen Musikfestspiele. Ausk/Prosp: Syndicat d'Initiative, Hôtel de Ville, B-1400 Vivelles, ✆ (003267) 212161 und 215413.

Oostduinkerke: Ruhiger Badeort mit ausgedehntem Sandstrand im Südteil d. belg. Küste (Nl). Naturschutzgebiete, Nationales Fischereimuseum, Heimatmuseum; Garnelenfischen zu Pferde; Garnelenfest (vorl. Wochenende Juni); Internat. zweitägiges Strandsegelrennen (Sept. oder Okt.). Ausk/Prosp: Vereniging voor Vreemdelingenverkeer (VVV), 6, Astridplein, B-8458 Oostduinkerke, ✆ (003258) 511389 (Saison), sonst 511189 (Rathaus).

Ostende (Oostende): Weltbekannter Badeort, Stadt von James Ensor, 68000 Einwohner (Nl). 8,5 km Badestrand, Parken, verkehrsfreie Geschäftsstraßen, Museen, Nordseeaquarium, Kirchen und Kloster, Dreimaster ›Mercator‹, Jacht-, Fischerei-, Passagier- und Handelshafen, Fischhalle (Versteigerungen 7–9 Uhr), Landungsbrücke, Ausflüge aufs Meer, Fischerkai, Casino-Kursaal, Pferderennbahn, Olympisches Hallenbad und Freibad im Grünen, Angeln auf See, Windsurfing – auch auf dem Meer –, Tennis, Kegeln.

Kur- und Glockenspielkonzerte, Markttage, Karneval-Wochenende (1. W. E.) Trabrennen, intern. Drumbandfestival, Tag der Seeleute und Seeweihe, Folklorefeste, Festspiele im Casino-Kursaal, Galopprennen, Feuerwerke, Intern. Opera- und Belcantofestspiele, Europreis für Malerkunst, Fischerumzug. Auskunft/Prospekte/Hotelvermittlung: Verkehrsamt, Festpalast, Wapenplein, B-8400 Oostende, ✆ (003259) 701199 und 803315.

Oudenaarde (Audenarde): Kunststadt, kleine Stadt a. d. Schelde am ›Tor zu den flämischen Ardennen‹, 28000 Einwohner (Nl). Berühmt wegen der Gobelins (16./17. Jh.), alter Ortskern mit spätgotischem Rathaus; Adriaen-Brouwer-Bierfest (letztes Wochenende Juni). Ausk/Prosp: Vereniging voor Vreemdelingenverkeer en Monumentenzorg (VVV), Stadhuis, B-9700 Oudenaarde, ✆ (003255) 317251.

Poperinge: Alte Hansestadt bei Ypern, 20000 Einwohner (Nl). Großes Hopfenanbaugebiet; Hopfenfest (alle 3 Jahre 3. So im Sept./1990). Ausk/Prosp: Dienst voor Toerisme, Stadhuis, B-8970 Poperinge, ✆ (003257) 334081.

Remouchamps: Reizender Ausflugsort im Amblèvetal, 9000 Einwohner (F).

Große unterird. Grotten (Bootsfahrt), besonders beleuchtet (tgl. 9–18, Juni/Aug. 9–19 Uhr); Margaretenfest (Pfingsten). Ausk/Prosp: Syndicat d'Initiative, Rue du Broux, B-4068 Sougné-Remouchamps, ✆ (003241) 845242.

Rochefort: Malerisches Städtchen a. d. Lomme, 11000 Einwohner (F). Burgruine, Schloß Beauregard, alte Häuser, Tropfsteinhöhle (Ostern–30. Sept. 9–18 Uhr, sonst auf Anfrage), Nationalpark von Lesse und Lomme mit Touristenzug ab Touristenbüro (1. Mai–1. Sept.); Bittprozession Notre-Dame de Foy (Pfingstmontag). Ausk/Prosp: Office de Tourisme, 5, Rue de Behogne, B-5430 Rochefort, ✆ (003284) 212537.

Ronquières: Kleiner Ort i. d. Fläm. Ardennen (9 km von Braine-le-Comte) am Kanal Brüssel–Charleroi, 1200 Einwohner (F). Riesiges Schiffshebewerk, Höhenunterschied 68 m, 1,4 km lange ›schiefe Ebene‹ (1.5.–31.8. tgl. 9–18.30 Uhr); Rundfahrtboote. Ausk/Prosp: Fédération du Tourisme de la Province Hainaut, 31, Rue des Clercs, B-7000 Mons, ✆ (003265) 316101.

Ronse (Renaix): Stadt i. d. Flämischen Ardennen, 26000 Einwohner (Nl). St. Hermes-Kirche mit romanischer Krypta, reizvolle Umgebung mit vielen Wandermöglichkeiten; religiös-folkloristische Prozession ›Fiertel‹ über 32,6 km (So n. Pfingsten), Blumenmarkt (So v. Pfingsten), Septemberfest (2. Wochenende Sept.). Ausk/Prosp: Toeristische Dienst, Stadhuis, B-9600 Ronse, ✆ (003255) 212501.

Saint-Hubert: Treffpunkt der Jäger, westl. von Bastogne, 5500 Einwohner (F). Sehr schöne St. Hubertus-Abtei (Wallfahrten), Wildpark, nahebei (7 km) Fourneau Saint-Michel mit Freilichtmuseum; Wallonische Musikfestspiele (Juli), Ausstellung ›Wald und Tiere‹ (Juli–Aug.), Jagdfest (1. Wo–Ende Sept.), St. Hubertus-Prozession (3. Nov.). Ausk/Prosp: Royal Syndicat d'Initiative, 18, Rue de la Liberté, B-6900 Saint-Hubert, ✆ (003261) 612070.

Sint-Niklaas (Saint-Nicolas): Hauptstadt des Waaser Landes, zwischen Schelde und Durme, 68000 Einwohner (Nl). Altertüml. Stadtzentrum, größter Marktplatz Belgiens (seit 1513 Do großer Markt); Schloß Walburg mit gr. Weltuhr; Glockenspielkonzerte (So–Do im Sommer), Internat. Ballonwettfliegen (1. Sa Sept.). Ausk/Prosp: Dienst voor Toerisme, Stadhuis, 45, Grote Markt, B-2700 Sint-Niklaas, ✆ (00323) 7763471.

Sint-Truiden (Saint-Trond): Altes Städtchen bei Hasselt, 37000 Einwohner (Nl). Romantischer Stadtkern, 6 m hohe astronomische Uhr (Festraetsklok) gegenüber der Beginenkirche; bedeutender Obstmarkt; Rosenmontagszug; Kirschblüte (April). Ausk/Prosp: Dienst voor Toerisme, Stadhuis, B-3800 Sint-Truiden, ✆ (003211) 686872.

Soignies (Zinnik): Stadt a. d. Straße Brüssel – Mons, 24000 Einwohner (F). Impos. frührom. Stiftskirche, alte Kapellen; Haus des Gesangs; histor. St. Vinzenz-Prozession (Pfingstmontag), Fest ›Simple et Lourd‹ mit Umzug (3. Sa

Okt.). Ausk/Prosp: Syndicat d'Initiative régional Senne, Sennette, Samme, 7, Rue de l'Avenir, B-7490 Braine-le-Comte, ✆ (003267) 553675.

Spa: Internat. Kurbad i. d. Ardennen, 9700 Einwohner (F). Thermalbrunnen, Museen, Casino; Bummelzüge ab Casino (Mai–Oktober 10–19); Wanderwege; Karnevalsfeste; Segnung d. Waldes (Mai); Internat. Festival des franz. Liedes (Pfingsten); Blumenkorso (vorl. So Aug.); Internat. Tanzwettbewerb (1. Sa Sept.). Ausk/Prosp: Office du Tourisme, 11, Pavillon des Petits Jeux, 43, Pl. Royale, B-4880 Spa, ✆ (003287) 771700 u. 772913.

Spontin: Idyllischer Ort zwischen Namur und Dinant, 990 Einwohner (F). Mittelalterl. Wasserburg, Führungen (ganzjährig tgl. 9–19 Uhr geöffnet), Mineralbrunnen. Ausk/Prosp: Verkehrsamt, Herr Huby, 36, Chaussée de Dinant, B-5311 Spontin, ✆ (003283) 699565 oder 699055 (Schloß).

Stavelot: Reizendes Kunststädtchen a. d. Amblève, 6000 Einwohner (F). Enge Gassen, alte Häuser, sehensw. Kirchen, St-Sébastien mit Schatzkammer (Juli–Aug. 10–12 u. 14–17 Uhr, sonst auf Anfrage), alte Brunnen, Apollinaire-Museum und Museum Alte Abtei; Kunstausstellungen (Ostern bis Ende Sept.); Ferientheater (Juli); Wallonische Musikfestspiele (Aug.); Ardennenfest (letzter So Aug.). Ausk/Prosp: Office du Tourisme, Ancienne Abbaye, B-4970 Stavelot, ✆ (003280) 862339 oder 862343.

St. Vith: Freundlicher alter Marktort 21 km südlich von Malmédy, 3500 Einwohner (D), Stadtrechte 1451 erstmals urkundlich erwähnt. Aus der im Krieg zerstörten alten Ortskirche (15./16. Jh., Turm aus dem 12. Jh.) konnte nur eine Glocke gerettet und in das Geläut des Neubaus (1959) integriert werden. Gilt als kulturelles Zentrum der deutschsprachigen Gemeinde. Die hier erscheinende Zeitschrift »Krautgarten« versammelt neben Autoren der belgischen Ostkantone auch solche aus dem angrenzenden Luxemburg und dem linksrheinischen Raum. Ausk/Prosp: Verkehrsamt der Ostkantone, Mühlenbachstr. 2, B-4780 St. Vith, ✆ (003280) 227664.

Tielt: ›Europastadt‹, 19100 Einwohner (Nl). Mittelalterl. Stadtkern; Europafeste (1. Wochenende Juli), Folklorejahrmarkt (Juli); Gastronomische Tage (März–April und Nov.). Ausk/Prosp: Dienst voor Toerisme, Stadhuis, B-8880 Tielt, ✆ (003251) 401011.

Tongeren (Tongern/Tongres): Älteste Stadt Belgiens nördl. v. Lüttich, 30000 Einwohner (Nl). Reste röm. und mittelaltl. Stadtmauer, Kirchen und Museen reich an Schätzen; Flandern-Festival i. d. Liebfrauen-Basilika u. i. südlimburgischen Kirchen, Schlössern und Rathäusern (Juni). Ausk/Prosp: Vereniging voor Vreemdelingenverkeer, Stadhuis, B-3700 Tongeren, ✆ (003212) 232961.

Tournai (Doornik): Internat. Kunststadt a. d. Schelde, 70000 Einwohner (F). Ehemalige Hauptstadt des Frankenreiches, Bischofssitz, trotz Zerstörungen im letzten Krieg immer noch sehr viele Sehenswürdigkeiten, Dom (1171) mit Domschatz, ältester Belfried (ca. 1200), älteste europäische Bürgerhäuser (1170) romanisch, ebenso Häuser d. Gotik, Renaissance und Louis XIV., prächtige Kirchen, Stadtmauern, Locherbrücke (1281–1304), röm. Ruinen, zahlreiche Schlösser i. d. Umgebung, 6 Museen (Apr.–Okt. tgl. 10–12 u. 14–18 außer dienstags, Nov.–März so 10–12 u. 14–17.30 Uhr); Blumenmarkt (Karfreitag), Militärfeste (2. So Juni), histor. Pest-Prozession (So um den 8. Sept.); Wallonische Musikfestspiele mit Maskenumzug (So um den 8. Juni). Ausk/Prosp: Bureau de Tourisme, 14, Vieux Marché-aux-Poteries, B-7500 Tournai, ✆ (00 32 69) 22 20 45.

Turnhout: Spielkartenstadt a. d. niederl. Grenze und Europastr. 3; 40 000 Einwohner (Nl). Sehenswerte Altstadt mit 3 Museen, einziges Spielkartenmuseum Belgiens, altes Schloß; Tillfeste (Sept.); Antiquitäten- und Trödelmarkt, Blumenmarkt, Warande, Kultureel Centrum (So 9–12 Uhr). Ausk/Prosp: Dienst voor Toerisme, Stadhuis, 1, Grote Markt, B-2300 Turnhout, ✆ (00 32 14) 41 89 41.

Verviers: Schön gelegene Stadt an der Vesdre, 54 000 Einwohner (F). Alte Fachwerkhäuser, Stadtmuseum mit Gemälden und Porzellan (Sa u. So, im Winter nur nachmittags); ›Friedenstreppe‹ zur Oberstadt (schöne Aussicht); Internat. Kostümumzug (3. So Juni), Freilufttheater (Juli–Aug.). Ausk/Prosp: Syndicat d'Initiative, 11, Rue Vieille Xhavée, B-4800 Verviers, ✆ (00 32 87) 33 02 13.

Veurne (Furnes): Alte, gastfreundliche Stadt, nahe Küste und franz. Grenze, 11 300 Einwohner (Nl). Histor. Stadtkern, reizvolle Umgebung; Bußprozession (letzter So Juli), Fest ›Veurne Anno 1900‹ (15. Aug.). Ausk/Prosp: Dienst voor Toerisme, Grote Markt 29, B-8480 Veurne, ✆ (00 32 58) 31 21 54.

Villers-la-Ville: Reizvoller Ort an der Thyle, 7700 Einwohner (F). Bedeutende Ruine der Zisterzienserabtei, gebaut 1147 (1. März–31. Okt. tgl. 8–18, im Sommer 8–20, sonst so 9–16 Uhr); histor. Prozessionen; im Sommer Wallonische Musikfestspiele. Ausk/Prosp: Syndicat d'Initiative, 10, Avenue Arsène Tourney, B-6320 Villers-la-Ville, ✆ (00 32 71) 87 75 89.

Virton: Idyllischer Ferienort a. Zusammenfluß von Vire und Ton, 11 000 Einwohner (F). Archäologische Fundstätten, Gaumeland-Museum; Kultureller Frühling, Heiratsmarkt (26. Dez.). In der Nähe (20 km) Abtei von Orval (gegr. 11. Jh.) mit Museum. Ausk/Prosp: Verkehrsamt, Tourismuspavillon, B-6760 Virton, ✆ (00 32 63) 57 89 04 oder 57 78 74.

Waterloo: Eines d. bekanntesten Schlachtfelder Europas (17./18. Juni 1815), 25 000 Einwohner (F). Wellington-Museum, Napoleon-Museum, St. Joseph-Kirche mit zahlr. Grabtafeln. Ausk/Prosp: Syndicat d'Initiative, 267, Chaussée de Bruxelles, B-1410 Waterloo, ✆ (00 32 2) 354 72 15.

Wenduine: Ruhiger Familienbadeort, 9000 Einwohner (Nl). Weite Polderlandschaft, Tiergarten; Seeweihe (2. Pfingsttag), Internat. Foto- und Diawettbewerb (Aug.). Ausk/Prosp: Dienst voor Tourisme, Gemeentehuis, B-8410 Wenduine, ✆ (00 32 50) 41 50 01.

Westende: Kleiner Badeort bei Ostende, 14 300 Einwohner (Nl), mit Familienstrand Lombardsijde. Tennisturniere (Juli/Aug.), Feste auf dem Bauernhof. Ausk/Prosp: Dienst voor Toerisme, 4, J. Casselaan, B-8430 Middelkerke, Saisonbüro Westende, ✆ (00 32 59) 30 20 85.

Ypern (Ieper/Ypres): Mittelalterl. reiche Tuchhandelsstadt, 34 000 Einwohner (Nl). Im 1. Weltkrieg zerstört, im Stil wieder aufgebaut; Festungsanlagen, reizvolle Umgebung; Museen, u. a. Lakenhalle; Katzenfest und -zug (alle 2 Jahre/ 1990, 2. So im Mai); ›Last Post‹ (tgl. 20 Uhr). Ausk/Prosp: Dienst voor Toerisme, Stadhuis, Grote Markt, B-8900 Ieper, ✆ (00 32 57) 20 26 23.

Zeebrugge: Familienbadeort mit Handels-, Passagier- und Fischereihafen (gebaut um 1900), vor Brügge gelegen, 118 000 Einwohner (Nl). Hafenmole 2,5 km lang mit breiter Promenade, Fischereihafen (150 Boote), Versteigerungshalle (Fische Mo–Fr 7 Uhr, Garnelen 10.30 u. 15 Uhr), Jachthafen, Containerhafen, Autofährschiffe nach Dover, Felixstowe und Hull, westl. des Hafens breiter ruhiger Strand mit schöner Dünenlandschaft; Tag der Seeleute (Juli), Seeweihe (So v. d. 21. Juli). Ausk/Prosp: Während der Saison Dienst voor Toerisme, Zeedijk, B-8380 Zeebrugge, ✆ (00 32 50) 54 50 42.

Zoutleeuw (Léau): Flämisches Städtchen, 8000 Einwohner (Nl). Sehenswerte mittelalterl. Bauwerke, Sint-Leonarduskerk, einzige belg. Kirche, die den Bilderstürmern (16. Jh.) nicht zum Opfer fiel. Ausk/Prosp: Dienst voor Toerisme, Stadhuis-Grote Markt, B-3440 Zoutleeuw, ✆ (00 32 11) 78 12 88.

DuMont Buchverlag, Postfach 10 04 68, 5000 Köln 1.

Abbildungsnachweis

A.C.L., Brüssel Abb. 9, 11, 12, 18, 24, 28, 29, 30, 34, 35, 37, 39, 40, 43, 51, 52, 53, 55, 56, 58, 59, 62, 63, 64, 65, 66, 67, 68, 77, 79, 80, 81, 82, 83, 84, 95, 103, 108, 131
Belgisch Inst. voor Voorlichting en Documentatie, Brüssel Abb. 36, 76
Bibliothèque Royale Albert 1er, Brüssel Abb. 54, Seite 15, 45, 74, 117, 122, 127, 156, 196
Paul Bijtebier, Brüssel Abb. 107
Bildarchiv Foto Marburg Abb. 5, 6, 8, 10, 17, 20, 25, 26, 27, 31, 32, 33, 38, 41, 42, 61, 73, 90, 91, 97, 98, 99, 102, 105, 119, 122, 123, 127, 128, 129, 130; Seite 182
CEDRI, Paris (Christian Sappa) Ft. 34
Cliché C.G.T.-Foto Dédé Abb. 95, 100, 101, 124
– Foto Degroote Abb. 22, 125
– Foto De Meyer Abb. 2
– Foto Dsutter Abb. 21
– Foto Esterhazy Abb. 1, 111
– Foto Isselée Abb. 45, 71
– Foto-News Abb. 93
– Foto Niffle Abb. 16
– Foto Poncin Abb. 70, 75, 87, 115
– Foto L. v. Rafelghem Abb. 96, 110, 114
Charles Dessaert, Brüssel Abb. 3, 7, 14, 19, 118, 120, 121
DuMont Buchverlag, Köln Ft. 7, 22; Abb. 4, 50
Photographie Giraudon, Paris Umschlagklappe vorn; Ft. 20; Abb. 57, 60
Max Gronert, Köln Umschlagrückseite
Foto Inbel, Brüssel Abb. 126
M. Jeiter, Aachen Ft. 12; Abb. 72
Kinkelin-Hackenberg Umschlagvorderseite; Ft. 8
– Hackmann Ft. 37
– Herfort Ft. 28
– Schneiders Ft. 18, 24, 26, 30
– Fred Wirz Ft. 13, 19, 29
– Ziegler Abb. 23
G. Klammet, Ohlstadt Ft. 4, 14, 27; Abb. 113
Königl. Museum der Schönen Künste, Antwerpen Abb. 78
Memling-Museum, Brügge Abb. 104
Königl. Museen für Kunst und Geschichte, Brüssel/Christine Valkenberg Ft. 11
Königl. Museen der Schönen Künste, Brüssel Ft. 6
Groeninge-Museum, Brügge Abb. 106
Office du Tourisme, Lüttich (Photo Niffle und Studio 9) Abb. 13, 15
Foto Pichonnier, Brüssel Abb. 69
Ets. Sado, Brüssel Abb. 117
Toni Schneiders, Lindau Ft. 35
Kh. Schuster, Oberursel Ft. 23
– Dimpl Ft. 9
– Kanne Ft. 25, 31
– Kinne Ft. 1
– Pittius Ft. 32, 33
Walter Steinkopf, Berlin Abb. 116
Tony Stone Ass. Ltd., London Abb. 44, 46
Wim Swaan, New York Abb. 86, 109
ZEFA, Düsseldorf Abb. 47, 48, 49, 74, 85, 88, 89, 92, 112
– Actualit Ft. 17
– W. Borrenbergen Ft. 10, 15, 16
– K. D. Fröhlich Ft. 36
– H. Herfort Ft. 21
– Westermann Ft. 2, 3, 5

Karten: DuMont Buchverlag, Köln

Personenregister

(A = Architekt, B = Bildhauer, M = Maler. Bei Künstlern, die in diesem Buch eine besondere Wichtigkeit haben, wurden die Lebensdaten hinzugefügt, bei Herrschern die Regierungszeit.)

Orts- und Sachregister